KB202252

✕

일하지 않을 용기

* 《The Refusal of Work》는 2017년 《일하지 않을 권리》로 동녘 출판사에서 출간되어 많은 독자의
 사랑을 받았습니다. 이후 국내에서는 절판되었지만, 끌리는책이 《The Refusal of Work》의 개정판
 을 재계약하고 새롭게 번역하여 출간했습니다.

THE REFUSAL OF WORK:
The Theory and Practice of Resistance to Work, First Edition by David Frayne
Copyright © David Frayne 2015 All rights reserved.
This translation of *The Refusal of Work: The Theory and Practice of Resistance to Work,
First Edition* was published by happybookpub in 2025 by arrangement
with Bloomsbury Publishing Plc through KCC(Korea Copyright Center Inc.), Seoul.

일해야 산다는 강요에
맞서는 사람들

일하지 않을 용기

데이비드 프레인 지음 ㅣ 장상미 옮김

클라는책

일하지 않을 용기

초판 1쇄 인쇄 2025년 5월 7일
초판 1쇄 발행 2025년 5월 16일

지은이 데이비드 프레인
옮긴이 장상미

펴낸이 김찬희
펴낸곳 끌리는책

출판등록 신고번호 제25100-2011-000073호
주소 서울시 구로구 연동로 11길 9, 202호
전화 영업부 (02)335-6936 편집부 (02)2060-5821
팩스 (02)335-0550
이메일 happybookpub@gmail.com
페이스북 www.facebook.com/happybookpub/
블로그 blog.naver.com/happybookpub

ISBN 979-11-989397-4-6 03300
값 19,000원

삶을 사랑하는 펜(Fen)에게

차례

...

지금 세계는 돈벌이 공간이 되었다. 어찌나 소란스러운지! 우르릉대는 기관차 소리에 거의 매일 밤잠을 이룰 수 없다. 꿈마저 방해받는다. 휴일은 없다. 단 한 번이라도 인류가 휴식을 취하는 모습을 본다면 기쁘기 그지없겠다. 온 천지가 일, 일, 일뿐이니.

　　　　　　　　　　　– 헨리 데이비드 소로, 《원칙 없는 삶》 (1962: 356)

그저 먹고사는 게 이렇게 지겹고 힘들 줄이야.

　　　　　　　　　　　　　　　　　　　– 무명씨 (2014년 11월)

×

왜 이렇게까지 일해야 하나?

> 지금은 아침 8시입니다.
>
> 나오면 어두워진 후일 겁니다.
>
> 오늘의 태양은 여러분을 위해 빛나지 않을 것입니다.

엘리오 페트리의 영화 〈천국으로 가는 노동계급〉(1971)에 나오는 말이다. 이탈리아를 배경으로 하는 이 영화는 1960~1970년대 학생, 노동자, 페미니스트, 실업자들이 느슨하게 연대해 봉기한 이탈리아 자율주의 운동에 기반한 가상의 투쟁을 보여준다. 반복적이고 위험한 노동으로 또 하루를 보내기 위해 오전 8시에 줄지어 공장 정문을 통과하는 수백 명의 노동자를 향해 위의 인용문이 메가폰을 통해 울려 퍼진다. 자율주의자들이 투쟁으로 무엇을 얻고자 했는지 완벽히 보여주는 구호이다. 그들은 공정한 임금과 노동환경 개선이라는 기존 노동조합의 요구를 넘어서고자 했다. 더 자유롭고 평등하게 일할 권리는 물론이고 일을 **벗어나서도** 더 풍부한 삶을 누릴 권리를 보장해달라 주장했다. 자율주의자들은 노동자의 시간을 앗아가고 다양성을 억누르며 일상을 지나치게 통제하려 드는 자본주의 사회에 반기를 들었다. 햇빛을 피부로 느끼고 자녀와 함께 시간을 보내고 공장 밖에서 취미와 기술을 익히고 밤에는 평온하게 쉴 권리를 얻고자 했다. 부당한 착취는 물론이고 세계를 감각적으로 경험할 권리까지 박탈하는 문제를 제기했던 것이다.

이와 동일하게 해방적인 관점에서, (프랑크푸르트학파 저자들부터 앙드레 고르츠 같은 비평가에 이르기까지) 수많은 사회 비평가가 일에 의문을 제기하며 노동 단축과 자유시간 확대에 기초한 사회 진보의 이상을 지지해왔다. 일의 중요성을 부정하거나 생산적인 활동에서 얻는 온갖 즐거움을 외면한 것이 아니라, 일을 줄이면 사람들이 자기계발에 쓸 시간과 기력이 더 늘어날 것이라고 제안했다. 이들은 상업적 생산과 소비에만 집중하는 협소한 자본주의적 관점 때문에 정치, 사색, 기쁨, 자연스럽게 솟아나는 즐거움 등에 쓸 시간이 사라졌다고 말하며, 일 중심 사회가 희생시킨 이러한 요소를 부각하는 비평으로 독자들을 자극했다. 주로 미래의 직업 역할에 맞추어 청소년을 사회화하는 데에 집중하는 교육을 받아온 오늘날의 학생들에게 이러한 비평은 욕구에 맞춘 교육을 받을 기회를 누리고, 시간을 다르게 쓸 수 있다는 사실을 깨닫게 해주었다. 하지만 이런 이론은 급진적 속성 때문에 한동안 학계와 공적 논의에서 주변부로 밀려났다. 임금 차별과 열악한 노동조건 같은 중요한 사안에 관한 논의는 계속되고 있지만, 일 자체의 윤리적 지위에 의문을 제기하는 논평가는 드물다.

현실은 이래도 최근 들어 일 중심성이 덜한 미래를 요구하는 목소리를 반영한 대안적인 사회 발전상이 되살아나는 조짐이 나타나고 있다. 서점에 가보면 다른 사람에게 영향을 미치는 법, 부를 축적하는 방법, 직업적 성공을 이루는 방법 따위를 알려준다고 장담하는 책들로 가득한 서가 한편에 속도를 줄여 '일-생활 균형'을 잡고 덜 소비하면서 행복을 찾으라고 말하는 책들이 보인다. 일과 소비에 관련된 활동에만 집착하게 만드는 현대 자본주의 사회에서 이런 책은 궁극적으로 일이 우리 삶을 파고들어 지배하는 방식을 불편하게 느끼게 하는 소중한 메시지를 전한다. 하지만 이런 대중적인 논평은 자기계발 영역으로 치우치는 경향이 있어 근본적으로 사회의 우선순위를 바꾸는 데는 한계가 있다. 이런 책의 저자들은 일에 지배당하는 현상을 주로 개인의 생활습관 문제로 접근하는 실수를 저질렀으며, 더 진정한 생활방식을 선택하게 해줄 체계적인 경제적·정치적 변화를 논의하는 데는 다소 보수적인 입장을 취했다고 평가해야 마땅하다.

'일-생활 균형'에 관한 지지부진한 논의보다는 최근 경제 성장이라는 기본 틀에 대한 더 과감한 비판이 늘고 있는 현상에 기대를 걸어볼 만하다. 전통적으로 정부는 경제 성장과 삶에 대한 만족을 동일시하여 이 둘을 1인당 국민총생산(GDP)을 기준으로 삼아 측정해 왔다. GDP는 한 해에 발생한 소득과 지출의 총량을 집계하여 국가 의 전반적인 경제 활동을 수치로 나타난 지표로, GDP가 오르면 암 묵적으로 국민의 부가 전반적으로 향상되었다고 본다. 최소한의 필 요를 채우지 못하는 저개발국가에서는 경제 성장이 대단히 중요하 지만 비교적 풍요로운 사회에서는 GDP 상승을 사회가 추구할 목 표이자 진보의 지표로 취급할 가치가 있는지 의문을 제기하는 논 평가가 많다. 2008년 프랑스 대통령 니콜라 사르코지의 지시로 작 성된 보고서는 "경제 생산량이 아니라 시민이 누리는 행복의 정도 로 측정 체계의 강조점을 옮길 때가 되었다."라고 주장했다(스티글리 츠 외, 2010). 인류 번영에는 무엇보다 보건, 교육, 관계, 환경이 중요한 역할을 한다고 강조하는 이 보고서는 이제 GDP 상승이 자연스럽 게 행복, 안전, 인류 진보로 이어지지는 않을 것임을 보여주는 여러 증거 중 하나일 뿐이다(잭슨, 2009를 보라).

이처럼 경제 성장이 곧 삶에 대한 만족이라는 인식이 흔들리면서 좋은 삶을 산다는 것이 무엇인지에 관한 철학적 질문이 사회학자와 일부 경제학자 사이에 다시금 떠오르고 있다. 비판적 논평가와 신 진 행복사회학자들은 아르스 비타이ars vitae, 즉 '삶의 예술'에 관해 재논의하고 있으며, 이는 경제 성장에만 골몰하는 자본주의적 삶 의 방식이 행복을 누리는 최선의 방법인지에 관한 의문으로 이어졌 다. 이들 중에는 (항상 설득력이 있지는 않지만) 사람들의 주관적 행복 에 관한 통계치를 활용하는 경우가 있는가 하면, 철학 분야의 자료에서 영감을 받는 경우도 있다. 여기에 주로 활용한 자료는 좋은 삶에 대한 아리스토텔레스의 이상이다. 아리스토텔레스는 인간이 세상과 조화를 이루며 현명하고 정의롭게 살 때 번영할 수 있다고 주장했다. '행복감'을 뜻하는 에우다이모니아eudaemonia는 감각적 쾌락만이 아니라 건강, 안전, 자율성, 존중받고 사회적으로 인정받는 감각, 공동체와 주변 환경과의 유대감을 두루 누릴 때 비로소 달성된다고 보았다. 인간은 감각하는 신체를 지닌 동시에 윤리적·사회적·창조적인 존재이기 때문에 이 모두가 다 중요하다. 경제 성장을 촉진하려는 노력이 지속되면서 많은 사람이 곤란을 겪게 된 것은 어느 정도는 물질적 이득이 번영으로 향하는 길이라는 반反아리스토텔레스주의적 집착에 원인이 있을 것이다.

물질적으로 풍요로운 시대가 도래하자 좋은 삶을 바라는 우리의 욕구와 끝없이 생산과 소비를 늘리는 데만 열중하는 자본주의의 지향 사이에 불편한 격차가 발생한 듯하다. 대다수가 자유시간을 늘려 삶의 사회적 측면에 더 많이 투자하기를 갈망하고 있으며, 이런 현상에 대한 관심이 높아졌는데도 주류 정치 의제는 거의 변화가 없었다. (내가 이 글을 쓰고 있는) 영국에서는 2000년대 중반 노동당이 일-생활 균형에 피상적인 관심을 보인 것을 제외하면 노동시간 문제는 대체로 노동자의 구직 가능성과 전 지구적 경제에서 국가 경쟁력을 보장할 인력 양성이라는 의제에 밀려 사라졌다. 최근 복지국가가 쇠퇴하면서 비노동자에게 단계적으로 더 강력한 불이익을 가하는 경향 때문에 일에 저항할 여지도 상당히 축소되었다.

일이 윤리적으로 우월하다는 관념은 거의 절대적이다. 여전히 건강한 몸과 훌륭한 인격을 갖추려면 유급 일자리가 필요하다고 강조하는 사회 분위기 속에서 매체들은 일하지 않고 '거저먹는 자'를 집요하게 악마화하고 있으며, 복지에서 고용으로 사람들을 강제로 밀어넣고자 설계한 구시대적 노동 윤리가 정책의 기반을 계속 차지하고 있다.

이런 정치적 맥락에서 나는 이 책을 통해 근대 사회의 일 중심성에 도전할 때가 왔다고 주장하려 한다. 일 중심성이 확고하기 때문에 일은 대단히 자연스럽고 당연한 일상이 되었다. 아무리 불편한 진실이 드러나도 기이할 만큼 그 윤리적 지위가 되살아나는 현상을 보면 노동에 교리적 속성이 있다는 사실을 알 수 있다. 자신을 표현하고 창조성을 발휘할 수 있는 일자리에 대한 열망을 채우는 데에 현재의 노동시장이 얼마나 처참하게 실패했는지 생각해보라. 만족스러운 일이라는 것은 어린 시절 학교 선생님이나 부모로부터 커서 어떤 사람이 '되고' 싶으냐는 질문을 받을 때부터 추구하도록 훈련받아온 환상이다. 그럼에도 우리는 여전히 유급 고용의 세계에서 흔치 않은 기회에 모든 야망을 쏟아부어야 하는 상황에 직면해 있다. 더욱 당혹스러운 사실은 노동시장이 붕괴하고 있는데도 노동의 윤리적 지위는 그다지 흔들리지 않고 있다는 점이다. 대량실업, 고용 불안정, 저임금 일자리로 인해 갈수록 고용을 소득, 권리, 소속의 원천으로 보기는 어려워지고 있다. 이 상황에 대한 기존의 정치적 해법은 '일자리 창출'이다. 산출을 늘리고 새로운 분야로 경제를 확장해 일자리를 만들어낸다는 것이다. 그러나 현재 이 문제를 고민하는 과학자와 경제학자는 지속 성장으로는 문제를 해결할 수 없을뿐더러 환경적·사회적 불안을 가중할 수 있다고 지적한다. 마지막으로 일상생활 속에서 점점 커지는 일의 지배력을 우리가 얼마나 무의식적으로 수용했는지 생각해보면 노동의 교리적 지위를 가늠할 수 있다. 일은 우리의 감정과 개성을 이전에는 본 적도 용납한 적도 없었던 수준까지 끌어들이며 우리의 집 안으로 침투해 들어왔다. 근면 성실의 윤리가 강조되면서 고용 가능성이 우리의 야망과 상호작용하고, 교육 체제의 원동력이 되고 있다. 이런 현상은 우리 사회가 특정한 활동이 고용 가능성이나 경제적 필요에 도움이 되지 않더라도 나름의 가치와 의미가 있다고 판단하는 기준을 통제하는 능력을 잃을 수 있다는 부작용이 있다. 경제적 기여라는 측면에서 옹호하기 어려운 이런 활동과 관계는 평가절하되고 무시된다.

이런 불편한 진실에도 불구하고 우리가 왜 일하는지, 사회적으로 일을 어떻게 분배해야 하는지에 관한 공적 논의가 대대적으로 일어나지 않는 현실이 당혹스럽다. 미덥지 않은 일자리의 질에서부터 사회 불안정, 갈수록 일상생활을 파고드는 일의 지배력에 이르는 긴요한 문제가 미래를 논의하는 주류 정치에서 일이 차지하는 지위를 흔들지 못하고 있다는 점이 매우 염려스럽다. 이것이 바로 내가 이 책을 쓰게 된 계기이다. 폭풍이 몰아치고 있는데 노동의 교리는 여전히 안전한 요새에 들어앉아 있다.

이 난처한 상황을 맞이한 우리는 현재의 일 중심 사회에서 당연시되는 현실을 돌아보고, 전통적으로 일에서 얻고자 했던 필요를 채울 대안을 알아보고, 더욱 공평하고 자유롭게 일과 자유시간을 분배할 방법을 고민해야 한다. 이 책의 앞부분에서는 주로 이론적 차원에서 접근할 것이다. 하지만 뒷부분에서는 실제로 일에 저항하고자 했던 사람들의 삶을 추적하는 작업으로 초점을 옮긴다.

나는 2009년부터 2014년까지 우리의 삶에서 일이 차지하는 비중을 줄이기 위해 큰 걸음을 내디딘 사람들과 함께 시간을 보냈다. 일하는 시간을 줄인 사람도 있고 아예 일을 그만둔 사람도 있었다. 나는 그들이 어떤 계기로 일에 저항하게 되었으며 그렇게 확보한 시간을 어떻게 썼는지 그리고 저항의 과정에서 어떠한 즐거움과 괴로움을 겪었는지 깊이 이해하고 싶었다. 우선 언급해둘 것은 그들이 비교적 '평범'한 사람이라는 점이다. 여기서 '평범'이라는 말은 조심스럽게 쓴 표현이다. 내가 강조하고 싶은 것은 이들이 이념적 지향이 뚜렷한 활동가나 특정 사회운동의 구성원이 아니라는 점이다. 특정 사명이나 의제를 가진 사람이 아니고, 더러는 자기를 '다운시프트 생활자downshifter' 또는 '게으름뱅이'라고 부르는 경우가 있기는 해도 대부분은 이런 개념을 들어본 적도 없었다. 심지어 이런 명칭을 불쾌하게 여기는 사람도 있었다. 내가 만난 사람들은 그저 조금 덜 일하고 조금 더 살기를 갈망했다.

그래서 결국 일에 저항하고 자신의 이상을 좇아 살고자 했던 그들의 시도는 성공했을까? 이 책을 읽다 보면 일에 저항하는 데는 상당한 재정적·심리적 대가가 따른다는 사실을 알게 될 것이다. 나는 독자에게 이것을 더 하고 저것을 덜어내면 더 풍요롭고 자유로운 삶을 살 수 있다고 말하는 감상적인 책을 또 한 권 보탤 생각이 전혀 없다. 그보다는 내가 만난 사람들의 견해와 경험이 일을 비판하고 저항하는 움직임이 자라날 원천이 되었으면 한다. 그러한 저항 행위는 개인적 차원이 아닌 집단적·정치적 측면에서 전개되어야 한다. 이후 풀어갈 이야기를 통해 독자가 자신이 일하는 방식을 돌아볼 계기를 얻는다면 기쁘겠지만, 내가 만난 사람들이 행복의 열쇠를 발견했다고 주장할 의도는 전혀 없다. 그보다는 소박하게, 열린 자세로 여러 가지 대안을 들여다보고 일이 중심이 된 우리 사회를 비판하는 데에 긍정적으로 기여할 방안을 떠올리도록 독자를 자극하고자 한다.

현실적으로 일에 저항하는 정치가 발달할 가능성은 긍정적으로도, 비관적으로도 볼 이유가 있다. 선진 산업사회는 어떠한 사회 변화든 억제할 능력이 있지만 이 억제를 깰 만한 힘과 경향성 또한 공존한다는 허버트 마르쿠제의 도발적인 주장이 내게 영감을 주었다 (마르쿠제, 2002: xlv). 마르쿠제에게 자유란 늘 불가능할 수도, 가능할 수도 있는 것이다. 이 양 측면에 초점을 맞추면서 나는 일에 저항하는 정치에 영감을 불어넣을 수 있는 대안적 감수성과 실천을 강조할 것이다. 한편, 자본주의에는 사회적 대안의 발달을 가로막는 문화 적·구조적 측면이 어느 정도 내재한다는 점도 인정할 것이다. 이 책에 담긴 논의와 주장은 일종의 도발로 이해하는 편이 가장 적절하다. 나는 이 책이 일을 둘러싼 비판적 논의에 참여하도록 사람들을 불러들이는 초대장이 되기를 바라며, 여기에 제시한 발상들이 논쟁을 거쳐 구축되고 비판받으며 궁극적으로는 기존 정세에 대한 비판적 거리 두기가 시급한 시점에 변화의 열망을 키워내기를 희망한다.

책의 구성

1장 '일이 정말 우리를 행복하게 할까?'에서는 일의 개념을 면밀히 검토하는 것부터 시작한다. 여기서 말하는 **일**이라는 용어의 의미를 명확히 밝히고, 한 사회가 일 중심적이라고 판단하는 근거가 무엇인지 살펴보면서, 일 중심성이 덜한 미래를 구상한 비판적 사상가를 간략히 소개한다.[1] 2장과 3장에서는 일을 비판적으로 바라보게 하는 핵심적인 사회 문제를 짚어본다.

2장 '일이 괴로운 사람들'에서는 소외 현상을 검토한다. 산업 노동에서 수행하는 반복적인 육체노동이든 현대 노동에서 나타나는 감정 투여식 거래 형태이든, 일을 하면서 일상적으로 겪는 수모를 돌아보면서 고용 영역이 점차 의미 있고 창조적 활동에 대한 갈망을 실현하기 어려운 공간이 되어가는 이유를 알아보려 한다.

3장 '내가 하는 일이 나라는 착각'에서는 일 자체에 맞추었던 초점을 좀 더 넓혀서 일이 우리의 일상생활에 미치는 영향을 두루 살펴본다. 일하고, 일하느라 쌓인 피로를 풀고, 번 돈을 쓰고, 고용 가능성을 배양하라는 경제적 요구가 우리 삶에서 경제성을 뛰어넘는 가치를 지닌 활동에 쓸 영역을 어떻게 잠식해나가는지 탐구한다. 나는 속도와 실용성으로 대변되는 현대적 삶 자체도 우리 사회에서 일이 차지하는 위치를 세심히 따져봐야 할 이유 중 하나라고 생각한다.

4장 '일하지 않을 용기'에서는 상황을 비판적으로 진단하는 데서 더 나아가 이 지배력에 얼마나 저항할 수 있을지 알아본다. 우선 부정적인 면에서 출발해, 일을 재평가할 가능성이 노동 윤리로 인해 어떻게 가로막히고 있는지 살펴본다. 비노동자에 대한 언론 매체의 끊임없는 낙인찍기 그리고 일이 사회적 인정과 건강 유지의 필수 요소라고 보는 보수적 신념이 사회적 토론의 진전을 막는 심각한 장애물로 제시된다. 4장은 사회 변화의 전망을 어둡게 그리고 있지만 5장, 6장, 7장에서 펼쳐질 미래 지향적인 논의의 발판을 위한 장이기도 하다. 이후로는 내가 독자적으로 수행한, 일하는 시간을 줄이거나 아예 일을 하지 않으려 시도한 사람들의 실제 삶에 관한 조사 내용을 자세히 서술한다.

5장 '회사를 떠난 사람들, 진짜 삶을 시작하다'에서는 연구 참여자를 소개하고 그들의 행동 동기를 설명하면서 사람들이 어떤 가치나 경험 때문에 일에서 떨어져나오게 되는지 살펴본다.

6장 '덜 벌어도, 더 자유롭게'에서는 일을 거부할 때 맞닥뜨리는 현실적·재정적 걸림돌을 드러내는 한편, 일의 비중과 상품 집약적 생활방식을 줄이는 방향으로 삶을 전환할 때 발견할 수 있는 새로운 기쁨의 가능성도 열어둔다.

7장 '일하지 않는 나, 괜찮을까?'에서는 일에 저항할 때 겪을 수 있는 수치심과 고립감을 살펴보는 것으로 조사를 마무리 짓는다. 일에 저항하는 사람들이 추구하는 가치와 경험에서 우리는 무엇을 배울 수 있을까? 주류를 거스르려는 시도에 숨겨진 이점과 해악은 무엇일까?

8장 '일하지 않아도 괜찮은 세상은 가능할까?'에서는 일 중심성이 덜한 존재 방식으로 전환할 때 현 사회 체제가 우리에게 부여하는 피상적인 탈출과 자유보다 더 탄탄하고 진정한 형태의 자유를 누릴 수 있을 것이라고 제안한다. 그러나 점점 커지는 일에 대한 환멸이 진정한 정치적 대안을 끌어내고 발전시킬 수 있을지는 미지수이다.

1장

×

일이 정말 우리를 행복하게 할까?

> 근대 생산 방식은 모든 사람이 편리함과 안전을 누릴 가능성을 제공했
> 지만 우리는 소수의 사람들이 과로하는 사이에 나머지는 굶주리는 세
> 상을 선택했다. 여전히 우리는 기계가 등장하기 이전과 다름없이 힘겹
> 게 살아가고 있다. 이렇게나 어리석은 우리였지만, 언제까지나 이대로
> 어리석게 살아갈 이유는 없다.
>
> — 버트런드 러셀,《게으름에 대한 찬양》(2004c: 15)

1972년 스터즈 터클이 미국 노동자 100여 명을 면담한 내용을 정리한 책《일Working》에는 미국인의 복잡한 삶의 단면이 놀라울 만큼 폭넓게 담겨 있다(터클, 2004). 이 방대한 책을 통해 우리는 용접공, 웨이터, 택시 운전사, 주부, 배우, 전화 교환원이 각자 자기 일터에서

어떤 희망과 절망을 느끼며 어떤 일상을 경험하는지 전해 들을 수 있다. 터클의 책은 상당 부분 장난치기나 놀리기, 공상에 빠지기, 그밖에 다양한 정신적 거리 두기 전략 등 사람들이 일하는 시간을 견디기 위해 활용하는 사소한 대응 전략을 소개한다. 비키니 차림으로 일광욕하는 주부에게 치근대며 시간을 때우는 가스 검침원. 하루가 빨리 지나가기를 바라는 마음으로 발레리나라도 된 듯이 테이블 사이를 이리저리 누비는 식당 종업원. '에라, 모르겠다!'라며 허락도 없이 일손을 놓고 쉬는 생산직 노동자. 터클은 《일》에서 다룬 면담 사례를 한 걸음 물러나 돌아보면서 이렇게 썼다.

> 일을 다루려고 한 이 책은 바로 그 속성 때문에, 몸과 마음에 가해지는 폭력에 관한 책이 되었다. 궤양에서 사고까지, 입씨름에서 주먹다짐까지, 신경쇠약에서 지나가는 개를 걷어차는 행위까지 다 다루는 책이다. 궁극적으로는 매일같이 겪는 굴욕에 관한 책이다. (터클, 2004: xi)

책에 실린 사례들은 일은 폭력이라는 터클의 결론을 뒷받침하는 경우가 많지만, 언뜻 일의 즐거움을 보여주는 이야기도 있다. 여기에 해당하는 인상적인 사례 중 하나로, 한 피아노 조율사는 작업 중 거의 최면에 가까운 몰입 상태에 빠져드는 과정과 피아노의 음정이 완벽히 맞아떨어질 때 솟아나는 심미적 쾌감을 설명하면서 자신의 일을 예술적 활동으로 묘사했다. 개인의 능력 및 관심사가 일과 잘 맞아떨어질 때 일에 완전하고 황홀할 정도로 빠져드는 심리 상태를 가리키는 '몰입flow 상태'라는 개념을 떠올리게 하는 이야기이다(칙센트미하이, 1990). 이 상태에 빠진 사람은 시간과 공간을 잊은 채 오로지 작업에만 열중한다. 자신을 둘러싼 주변 상황을 마음에서 떨쳐버리지 못하고 시계만 쳐다보는 지루한 노동자와 정반대의 경험이다.

터클이 들려준 피아노 조율사의 즐거움은 많은 사람이 느끼기 어려운 감정이다. 현대 자본주의 사회에서 만족스럽고 매력적인 일을 경험할 기회는 대단히 불공평하게 주어진다. 사회적 효용성이 의심스러운 일자리를 갖고 있거나 직무 공간 설계와 통제 방식에 있어서 최근의 기술 혁신을 경험하고 있는 사람에게 일이란 지루함, 무의미함, 소진을 견뎌야 하는 투쟁을 의미하는 경우가 많다. 이런 상황에서 하루를 버텨내기 위해 우리는 지금 하는 일보다 자신이 더 흥미로운 존재라고 되새기거나 상상 속에서 상사나 고객에게 대들거나 냉소주의의 껍질 속으로 숨어버리는 등의 다양한 개인적 전술을 동원한다. 때로는 잊어버리기 위해서 (또는 인생 상담사가 말하는 '균형 회복'을 위해서) 몇 시간짜리 도피와 보상을 정교하게 구성해내기도 한다. 앞으로 몇 개 장에서 나는 일이 외부에서 자기 삶에 가해지는 강제적 압박이라고 말하는 사람들을 소개할 것이다. 그들은 자신이 어떤 식으로 '압박'과 '통제', '강요'를 당하며 일하고 있는지 설명한다. 일을 하는 동안 '뒤에서 감시'당하거나, '공장식 양계장의 암탉처럼 우리에 갇히'거나, '거대한 짐승에게 지배'당하는 느낌을 받는다고 말이다. 이들이 겪는 고통은 주로 자신이 하는 (또는 앞으로 억지로 해야 할지도 모르는) 일이 무의미하다는 인식에서 기인했다. 이제 겨우 20대 중반인 매슈는 나중에 소매점이나 사무실에서 일할 생각을 하면 죽을 것 같은 공포에 사로잡힌다고 말했다. 그가 느끼는 불안은 터클이 언젠가 텔레비전 인터뷰에서 했던 말을 떠올리게 했다. "일자리라는 것은 사람의 영혼을 담을 만큼 큰 그릇이 못 됩니다."

물론 일에 대한 저항이 없지는 않다. 활동가들과 노동을 연구하는 학자들은 더 공정한 임금, 더 나은 일자리, 일터에서의 더 민주적인 관계가 시급하다고 주장한다. 이런 중요한 문제가 전통적인 노동조합 지형과 좌파 정치를 형성한다. 모두 시급한 문제이고 싸움에서의 승리는 아직 멀었지만, 더 폭넓고 근본적인 질문과 마주하려면 우리의 생각이 노동자 권리 너머로 확장되어야 하는 것도 사실이다. 끊임없이 더 많은 일자리를 만들어내려고 애써야 할 정도로 우리 사회에서 일이 그렇게 대단한가? 사회의 생산성이 극도로 발달했는데도 여전히 사람들은 대부분의 시간을 일하며 보내야 한다고 생각하는 이유가 뭘까? 일의 목적은 무엇이며, 만약 우리가 대부분의 시간을 일하는 데 보내지 않아도 되는 시대가 온다면 일 외에 무엇을 할 수 있을까? 앞으로 살펴보겠지만 이런 질문은 일의 의미와 목적, 미래를 두고 오래 이어져온 비판적 사고의 역사에서 한 부분을 차지한다. 그런데 이런 질문이 학계 밖에서는 제대로 제기되지 않는 이유는 아마 이것이 대체로 당연하고 불가피하다고 여기는 현실을 진지하게 돌아보도록 요구하는 질문이기 때문일 것이다. 일을 대하는 태도와 상관없이 어쨌든 일을 할 수 있는 것만으로도 감지덕지해야 하는 대다수의 사람들은 일을 비판적으로 성찰해봐야 딱히 얻을 게 없다고 느낄 것이다. 일자리 수요가 대단히 많은 사회에서 일에 비판적 입장을 취하는 것은 자칫 재수 없는 엘리트주의적 태도로 비칠 수도 있다. 빈곤과 심각한 실업률에 시달리는 지역에서는 사람들이 일을 줄이기는커녕 더 많이 일해야 한다고 느낄 수 있다. 하지만 여기에 소개할 사상가들이 이 사실을 모르거나 부정하는 것은 결코 아니라는 점을 밝혀두어야겠다. 대부분의 사람이 일의 필요성을 절감한다는 사실을 문제 삼는 것이 비상식적으로 보일 수 있다. 그러나 선진 산업사회의 문화적·윤리적·정치적 삶에서까지 일의 중요성이 널리 인정받는 현상에는 이의를 제기할 수 있다. 일 비평가의 관점에서는 다른 여러 가지 취미, 활동, 사회에 기여하는 행동보다 일하는 행위가 더 가치 있다는 인식을 고수해야 한다는 관념을 이해하기 어렵다.

일이 중심인 사회

어느 모로 보나 우리가 일 중심 사회에 살고 있는 것은 사실이다. 무엇보다 일은 사회에서 소득이 분배되는 주요 통로이다. 그렇기에 일은 먹을 것, 입을 것, 쉴 곳 같은 물질적 필수재에서부터 현대 소비주의가 제공하는 상업적 오락과 도피처에 이르기까지 이 모든 것을 누리는 핵심 통로가 된다. 또한 일할 준비를 하고, 훈련받고, 일자리를 찾고, 일 때문에 걱정하고, 출퇴근하는 시간까지 포함해 우리가 일에 쏟아붓는 시간이 어느 정도인지 그리고 집 밖에서 이루어지는 사회생활이 얼마나 일 중심적인지를 생각해보면 우리 사회의 일 중심성이 뚜렷이 드러난다. 풍요로운 사회에서 일은 가장 편리하고 손쉽게 타인의 생활방식과 접하는 수단이다. 유급 노동에 참여한다는 것은 어린이가 성장해 독립적인 인간으로서 (젊은이다운 야망은 잊고 죽어라 일해야 할 것으로 예상되는) '진짜 세상'에서 산다는 것의 의미를 이해하는 어른이 되는 길로 여겨진다. 부모와 교육자가 어린이의 직업적 포부를 다듬어 고용 가능성을 키우기 시작하는 어린 시절부터 정체성과 직업이 서로 연결된다. 일 중심 사회에서 가장 당연시되는 교육의 목적은 미리 설정된 직업적 역할에 성공적으로 적응하도록 젊은이를 사회화하는 것이다.

어느 사회에나 성취를 가늠하는 고유의 방식이 있다고 한다면 풍요로운 사회에서는 대체로 일이 이러한 역할을 한다. 낯선 사람과의 대화는 '무슨 일 하세요?'라는 물음(일하지 않거나 자기 일을 싫어하는 사람에게는 끔찍한 물음)으로 시작하는 경우가 많으며, 이 질문이 '어느 직장에서 어떤 일을 하십니까?'를 줄여서 말하는 것임을 다들 알고 있다. 직업을 사회적 지위의 척도로 여기는 경향은 그다지 환영받지 못하는 일을 포장하기 위해 고안한 어설픈 완곡어법이 만연한 현상에서 잘 드러난다. 쓰레기 수거인은 '폐기물 및 위생설비 관리사', 튀김 담당자는 '조리부의 일원', 실업자는 '구직자'로 부르는 식이다. 터클은 이런 기이한 현대적 어법으로 만들어진 용어를 즐겨 쓰는 사람은 꼭 자기 일이 부끄러워서가 아니라 직업으로 사회적 지위를 측정하는 데 집착하고, 그렇기에 자기를 '열등한 종'으로 여기는 사회에서 정당하게 자신을 방어하려는 것이라고 주장했다(터클, 2004: xvii). 일은 분명 경제적 필요와 사회적 의무 이상의 의미를 갖고 있다. 풍요로운 사회에서 일은 제대로 된 정체성을 형성하는 중심축으로 권장된다. 개인의 성장과 성취의 매개체이자 사회적 인정과 존중을 얻는 수단으로 자리매김한다. 대개 일의 궁극적인 기능이 사적 이익을 창출하는 것이라 해도, 우리는 모두 이런 맥락을 알고 있다.

문화적 측면에서 일이 중심이라고 할 수 있다면 정치적 측면에서도 분명 그럴 것이다. 영국에서는 2000년대 중반 노동당에서 '일-생활 균형'에 피상적인 관심을 보인 것을 제외하면 노동시간 문제와 일 바깥에서 활동적이고 다채로운 삶을 누릴 권리가 주류 정치 의제에 오르지 못한 지 오래되었다. 주류 정치는 일을 신성하고 존엄하게 여기는 전통적인 믿음을 옹호하는 정치적 수사를 고수하면서 일자리 창출과 고용 가능성에 집중하고 있다. 이는 실업을 도덕적 측면에서 논의하는 분위기에서 두드러지게 나타난다. 1985년 정치학자 클라우스 오페Claus Offe는 대량실업이 만성화되면, 특히 특정 지역에 집중되면, 실업률을 "더는 개인의 실패나 죄책감이라는 개념으로 그럴듯하게 설명할 수 없기" 때문에 실업자에 대한 낙인찍기가 끝날 것이라고 했다(오페, 1985: 143). 하지만 오페의 확신은 신자유주의에서 이른바 거저먹는 게으름뱅이와는 다른 '열심히 일하는 사람'의 미덕을 부각하는 사상적 개혁으로 일의 도덕적 측면이 강화되리라는 예측을 하지 못한 오판이었다(바움버그 외, 2012; 쿠트, 라이엘, 2013; 타일러, 2013, 6장). 노동자 아니면 노동 기피자라는 윤리적 경계선이 그어진 것이다. 이처럼 일에 도덕성을 부여하는 작업이 아무리 사회적 효용이 의심스러운 일이라도 해야 한다고 압박하는 최근의 사회 정책 속에 자리잡으며 국가의 핵심 기능으로 채택되었다. 최근 복지 체제가 축소되면서 비노동자를 대상으로 단계적으로 점점 더 엄격한 심사와 처벌이 도입되었다. 한부모나 장애인처럼 기존에는 노동의 의무를 면제받던 집단마저도 복지제도를 걷어내고 고용으로 밀어넣기 위한 조사의 대상이 되었다. 이러한 모든 흐름이 유급 노동이 아닌 활동에 기반한 생활방식이 발달할 가능성을 크게 줄여놓았다. 사회학자 캐서린 케이시는 이 상황을 다음과 같이 명료하게 정리했다.

> 직장이 있든 없든 취업 준비 중이든 구직 중이든 자기 일을 좋아하든 싫어하든 상관없이 산업사회에 사는 대부분의 사람이 겪는 일상 경험 중 상당 부분을 전통적 형태의 일이 차지한다. (케이시, 1995: 25)

이 장에서는 우리 삶에서 가장 핵심적이고 당연한 요소가 된 일을 **낯설게** 만듦으로써 현 상황에 대응할 방안을 마련하고 이를 비판적 논의 대상으로 삼는 작업을 시작한다. 일이 정말로 사회성과 권리, 지위, 소속의 핵심 원천이라고 해도 이런 상황은 변하지 않는 자연 질서의 일부가 아니라 사회적·역사적 구성물임을 인지하는 것이 중요하다. 우선 내가 일work이라는 용어를 어떤 의미로 쓰는지 밝히고, 그 과정에서 일 비평에 참여한다는 것이 무슨 의미일지 미리 언급해두어야 하겠다. 그런 다음 현대 자본주의 사회가 일에 부여한 중심적 역할과 어느 정도 비판적 거리를 형성하기 위해, 역사적으로 일이 출현한 과정을 기록한 연구물을 간단히 살펴볼 것이다. 이 장의 끝부분에서는 노동시간을 과감히 줄이자고 주장하며 일 중심성에 도전한 비판 이론가들을 소개한다. 흥미롭고 독특한 이들의 관점에서 인간은 자율성을 보장받으며 더 풍부하고 다양한 삶을 누려야 하므로 일은 중심이 아닌 뒤쪽으로 밀려난다.

일이란 무엇인가

일이라는 개념은 다양한 사상과 인상을 수반하기 때문에 이를 간단히 정의하려 들다가는 금세 경고와 반박 그리고 회색지대로 촘촘히 짜인 그물망에 걸리고 만다. '일'이라는 단어에서 어떤 사람은 공예 활동과 창조성이 주는 즐거움을 떠올릴 것이다. 카를 마르크스는 이상적인 형태의 일이란 인간다움을 드러내는 활동이라고 말했다. 이런 시각에서 인간은 인공물로 이루어진 세계를 만들 능력이 있기에 다른 동물과는 달리 새로운 발전의 궤적을 그려낼 가능성을 연다. 예술계에서도 **일**은 이처럼 상서로운 의미를 띠며, 명사형으로 '내 일my work'이라고 할 때는 나의 재능과 감수성을 물질로 구현하는 행위, 즉 형태 없는 내면세계에 형태를 부여하는 일을 의미할 때가 많다. 미적 창조라는 의미에서 일이란 제작자가 이 세계에서 유한한 자기 존재를 영속적으로 증명해줄 무언가를 창조하려는 열망을 표현함으로써 불멸을 추구하는 행위라고도 할 수 있다. 교회나 다리 같은 거대한 구조물에서부터 소설과 비디오게임 같은 문화예술 작품에 이르기까지 이 모든 것이 다 일의 결과물이다.

하지만 일을 이런 창조적 활동의 형태로 정의하면 창조적이지 않은 사소하고 틀에 박힌 일은 뭐라고 불러야 할지 판단하기 어려운 문제가 생긴다. 콜센터나 계산대, 컴퓨터 앞에서 허구한 날 정보를 입력하는 업무에 불만을 토로하는 노동자라면 일을 자기표현이 아니라 자기보호의 수단으로 여길 가능성이 높다. 매일같이 따분한 업무에 매여 지내야만 생계를 유지할 수 있는 사람에게 '일'은 그다지 매력적인 인상을 주지 못한다. 그보다는 '허드렛일', '고역', '부담' 같은 단어에 뒤따르는 두려운 감정을 불러일으킨다. 이런 경우에 일은 즐거움의 원천이나 자기표현의 형태가 아니라 매일 오후 5시, 마침내 일의 손아귀에서 풀려나 자기 자신으로 돌아갈 수 있는 그 약속의 시간이 도래하기까지 반드시 견뎌내야만 하는 하루 중의 텅 빈 구간을 의미한다. 일을 정의하는 것 자체도 복잡한데, 우리는 **일**이라는 용어에 은연중 특정 활동이 다른 활동보다 훌륭하다고 판단하는 윤리적 견해를 드러낼 때 종종 활용되던 도덕적 속성이 더해져 있다는 사실을 파악할 수 있다. 일을 한다는 것이 존중과 사회적 포용, 인정받을 자격과 직결되는 사회에서는 어떤 활동이 그 사회에서 '적절한 일'로 분류되는가 하는 질문이 중요해진다. 가사노동은 예술적·지적 노동이나 돌봄노동과 함께 사회가 기꺼이 '일'이라고 인정하는 영역의 가장자리에 불편하게 자리잡고 있다. 특히 그 활동의 가치를 사회적·경제적 기여 측면에서 측정 가능한 형태로 설명할 수 없는 경우에 그러하다.

일상적으로 사용하는 '일'의 의미가 여전히 모호하고 논쟁적이라면 학문 영역에서도 상황은 마찬가지인데, 역사적으로 일을 정의하려는 시도가 당혹스러울 정도로 복잡하게 이어져왔다(그랜터, 2009: 9~11을 보라). 이 책에서 나는 현대 자본주의 사회에서는 '일'을 임금을 받기 위해 수행하는 활동으로 해석하는 경향이 지배적이라고 말한 앙드레 고르츠의 견해에 따를 것이다. 대화 중에 '일'이라는 말을 쓸 때는 유급 활동과 무급 활동을 구분하고, '출퇴근'하는 '직장'에서 수행하는 작업을 가리키는 경우가 대다수이다. 고르츠는 이 정의를 적용하면 수익을 목적으로 하는 정원사는 일을 한다고 할 수 있지만 텃밭에서 소소하게 부추를 키우는 행위는 일이 아니라 자유롭게 선택한 활동을 수행하는 것이 된다고 했다(고르츠, 1982: 1). 또 다른 글에서는 일에 대한 이 지배적인 해석을 '경제적 차원에서의 일'로 표현했다. 이런 일은 임금을 받기 위해서 생산적 활동을 하는 일정 시간을 계약에 따라 교환하는 것으로서, '우리 자신을 위한 일'이라는 범주와는 구분된다(고르츠, 1989). 일반적으로 사회에 기여하는 것이 유급 일자리의 핵심 특징 중 하나라고 한다면, '우리 자신을 위한 일'은 자기 자신 또는 상업적 영역 밖에서 자신과 관계 맺는 타인에게 직접적으로 이득이 되는 일을 수행하는 것이다. '우리 자신을 위한 일'은 상업적 교환과 달리 호혜성과 상호성의 원리에 따라 선물과 같은 성격으로, 타인을 존중하는 차원에서 또는 도의적 의미로 수행하는 일이다. 고용이 중심이 된 오늘날의 사회에서 우리 자신을 위한 일은 저녁이나 주말에 억지로 힘들여서 (그리고 유독 여성이 도맡아) 수행하는 장보기, 요리, 청소 등의 가사노동으로 한정되는 경향이 있다. 그러나 자유시간이 더 많은 사회라면 이론적으로 공동체 텃밭 가꾸기에서부터 건강관리와 비공식적 교육에 이르기까지 모든 활동이 이 범주에 들어간다고 고르츠는 생각했다.

경제적 의미의 노동과 우리 자신을 위한 일은 고르츠가 '자율적 활동'이라 부른 세 번째 범주와 대조된다. 자율적 활동은 수행 그 자체로 완성되는 활동을 아우른다. 누구의 강요도 아닌 자기 선택에 따라 스스로 하는 일이다. 한 개인의 관점에서 자율적 활동의 주된 목표는 돈을 버는 데 있지 않으며, 그 활동을 통해 쉽게 말로 표현할 수 있는 어떠한 목적도 달성할 필요가 없다. 그보다는 활동 수행 당사자가 정의하는 진, 선, 미를 기준으로 삼아 그것을 추구하는 일이다. 이런 활동의 가치는 경제적 가치나 사회적 효용 면에서 측정할 수 없다. 자율적 활동은 즐거움이나 관심에 따라 그 자체를 목적으로 한다.[1] 고르츠는 어떤 활동의 목표를 달성하는 것 자체로 개인적 만족감을 느낀다면 그것은 분명 자율적 활동으로 볼 수 있다고 주장했다(고르츠, 1989: 165).

범주에 따라 다르게 나타나는 일의 특징을 여기서 더 왈가왈부할 생각은 없다. 종합하자면 이론가나 면담자 모두 위에서 설명한 첫 번째 범주에 해당하는 경제적 의미에서의 일에 대해 비판적 견해를 보였다고 할 수 있다(편의상 여기서부터는 유급 노동 현상을 가리키는 말로 '일', '노동', '고용'이라는 단어를 번갈아 사용할 것이다). 이렇게 밝혀두어야, 일을 비판한다고 해서 다른 관점에서는 생산적이라 여길 만한 활동까지 거부하는 것은 아님을 독자들이 처음부터 인지할 수 있다. 프랑스 작가(이자 마르크스의 사위였던) 폴 라파르그Paul Lafargue는 1883년 생트펠라지 교도소에 수감되어 있던 중에《게으를 권리》라는 소책자를 썼다. 책에서 그는 일할 의무와 일의 신성성을 신봉하는 세태를 비난하며 다음과 같이 썼다.

> 자본주의 문명이 지배하는 나라의 노동계급은 기이한 망상에 빠져 있다. 두 세기에 걸쳐 비참한 인류를 괴롭혀온 개인적·사회적 문제가 이 망상 아래로 쓸려 들어간다. 이 망상이란 일을 향한 사랑과 격렬한 열정이라는 것으로, 당사자와 그 자손의 생명력이 고갈될 때까지 사람을 밀어붙인다. (라파르그, 1975: 35)

라파르그가 학자로서보다는 선동가로서 풍자적으로 쓴 글이라는 점을 감안해야겠지만, 여기에는 내 책에서 제시하는 일 비판의 내용과는 다른 요소가 있어 찬찬히 살펴볼 가치가 있다. 첫 번째는 노동자가 '망상'에 빠져 있으며 일에 대한 그들의 열망이 기이하다고 지적한 점이다. 나는 열심히 일하는 것이 꼭 망상에 빠져서 하는 노동은 아니라고 주장하고 싶다. 노동자로서 우리의 선택과 행동은 특정한 일련의 도덕적·물질적·정치적 압박 아래 놓여 있다. 다시 말하면 선진 산업사회에서는 대부분의 사람이 일을 해야만 자신의 필요를 충족할 수 있도록 사회 체제가 짜여 있다. 여기서 '필요'란 의식주와 같은 물질적 필요뿐 아니라 사회적 인정과 존중 같은 더 복잡한 정신적 필요까지 포함한다. 앞으로 이 책에서 이야기하겠지만, 아무리 설득력 있는 근거에 기반해도 일하지 않고 살고자 하는 시도에는 재정적·심리적 위험이 뒤따르는 경우가 많다. 또한 일을 통해서 어마어마한 즐거움과 성취감을 느끼는 사람이 많다는 사실도 잊지 말아야 한다. 무언가를 이루기 위해 함께 모이고 땀 흘리고 손과 머리를 맞대는 그런 활동이 주는 만족감은 상당하다. 생산적인 일의 즐거움과 존엄에 관한 윤리적 담론이 모두 착취의 부속물이라고는 할 수 없다. 상대적으로 의미가 적은 일이라고 해도 그 일자리를 즐기거나, 최소한 사적인 영역에서 삶의 제약을 벗어날 기회를 얻는다는 점에서 가치 있게 여길 수 있다. 이는 페미니즘이 여성이 일할 권리를 위해 싸워온 기반이기도 하다.

일은 좁고 숨 막히는 한 가정이나 마을 공동체에 순응하는 생활에서 벗어나게 해준다. 자신을 그저 딸이나 며느리, 자매, 사촌으로만 여기

며 모두가 할당된 자리를 지키도록 세심하게 통제하는 세계에 묶어두
는 이들과 맺던 것보다 더 자유롭고 덜 익숙한 관계를 맺을 사람을 만
날 기회를 제공한다. (고르츠, 1985: 54)

라파르그처럼 노동자의 '망상'을 거론하면 비판이 엉뚱한 방향
으로 흐르게 된다. 이 책에서 제시하려는 것은 일에 대한 비판이지
노동자를 콕 집어 비판하려는 것이 아니다. 즉 노동자를 짓누르는
도덕적·물질적·정치적 압력에 대한 비판이지 노동자 자신의 태도
에 이런저런 판단을 내리려는 것이 아니다.

라파르그의 소책자에서 또 다른 논쟁거리는 제목에서 **게으를** 권
리를 언급한 점이다. 이 역시 라파르그의 해학적 표현임을 감안해
야 하지만, 독자들이 염두에 두어야 할 것은 일에 대한 비판이 게으
름을 옹호하려는 것이 아니라는 점이다. 그보다는 자율적 활동의
공간을 넓히고 우리 자신을 위한 일을 할 시간을 되찾으려는 열망
의 표현이다. 게으름을 피울 만큼 넉넉한 시간을 확보하는 것이 노
동자 해방이라는 이상에서 정당한 위치를 차지한다고 해도 궁극적
으로 얻어내려는 것은 게으를 권리보다는 인간의 역량을 좀 더 온
전히 실현할 권리이다. 캐시 위크스Kathi Weeks는 일에 대한 비판이
일은 아무런 가치도 없다고 부정하려는 것이 아니라면서 다음과 같
이 설명한다.

그보다는 그 활동을 조직하고 분배할 다른 방법이 있다고 주장하며,

일의 테두리 밖에서도 창조성을 발휘할 수 있다는 사실을 일깨우려는 것이다. 우리가 지금 일에서 발견하는 즐거움 그리고 우리가 발견하고 가꾸고 즐기고 싶어 하는 다른 즐거움을 경험할 방법이 이밖에도 다양하게 있을지 모른다고 제안하는 것이다.

일 비판은 또한 "일을 위해서, 일을 하면서 살고자 하는 의지는 해당 주체를 지극히 자본주의적 목적에 부합하는 존재로 만들어낸다"(위크스, 2011: 12)는 사실을 상기시킨다. 이 책에서 소개하는 저자나 연구 참여자가 일에 비판적이라면 그것은 게으를 권리를 옹호해서가 아니라 유급 고용 생활을 할 의무가 진정으로 창조적이고 협력적이며 유용한 활동에 참여할 가능성을 차단하는 경우가 너무 많기 때문이다.

노동의 탄생

일을 비판적으로 탐구하는 첫걸음으로 일이 어떻게 생겨났는지 역사적으로 간단히 고찰해보는 작업이 적절할 것이다. 이 작업을 수행한 학자들은 일이, 심지어 넓은 의미에서 '생산적 활동'까지도, 늘 개인에게 유익한 것으로 여겨지지는 않았다는 사실을 알아냈다. 〈창세기〉에서 신이 아담과 이브에게 일하는 삶을 살게 한 것은 그들을 벌하기 위해서였다. 고대 그리스인들도 하찮은 밑바닥 활동으로서의 일을 저주로 여겼다. 인간이 생존을 위해 신체적 필요에 굴종하는 상태, 즉 필수성을 상징하는 일은 경멸의 대상으로서 자유인에게 강요해서는 안 되는 것이었다. 그런 일은 정치나 예술, 고요한 사색처럼 더 가치 있는 활동을 추구하는 시민과는 구분되는 별개의 노동을 담당하는 노예들이 떠맡았다. 그리스 시민이 지적·정치적 삶에 참여할 자유는 다른 이들을 필수노동에 강제로 묶어두었기에 누릴 수 있는 것이었다. 한나 아렌트는 평생 고역에 시달려야 하는 "노예로 전락하는 것은 죽음보다 가혹한 운명의 일격이다. 인간이 길들여진 동물과 비슷한 존재로 탈바꿈하는 과정이 수반되기 때문이다."라고 썼다(아렌트, 1998: 84).

역사적으로 일을 대하는 태도를 검토한 가장 저명한 연구로는 막스 베버의 《프로테스탄트 윤리와 자본주의 정신》(1904)이 있다. 이 책은 근대에 나타나는 일에 대한 애착이라는 속성이 역사적으로 어떻게 부상했는지 강조하면서 자본주의 형성에 기여한 문화적 힘에 초점을 맞추었다. 베버는 사람들이 명확한 필요에 따라 적정량의 노동을 수행하는 사회를 '전통 사회'라 정의하고, 이런 사회와 근대성을 비교했다. 전통 사회 또는 전前 자본주의 사회에서 일이란 그저 필요한 만큼만 감내하는 것이었다. "사람은 '천성적으로' 더 많은 돈이 아니라 그저 자기에게 익숙한 방식으로 살면서 목적을 이루는 데에 필요한 만큼만 벌기를 원한다."(베버, 2002: 60) 그러므로 수확기에 일꾼에게 더 높은 임금을 제시하면 그 사람은 얼마나 더 많이 벌 수 있는지가 아니라 얼마나 덜 일하고도 이전과 다름없는 수준의 안락함을 누릴 수 있는지를 따져보았다. 금전적 보상을 늘리는 것보다는 자유시간을 확보하는 것이 우선순위였다. 수확기의 일꾼은 일하기 위해 살지 않고 살기 위해 일했다고 말할 수 있을 것이다. 베버는 일에 대한 이런 전통적인 지향이 일을 그 자체로 추구할 만한 미덕으로 떠받들기 시작한 청교도적 도덕, 즉 '프로테스탄트 윤리'가 부상하면서 변화했다고 주장했다. 베버는 이 윤리적 소명의 기원을 찾아, 일에 전념하여 구원을 얻으라는 청교도적 가치가 수도원에서 더 넓은 사회로 퍼져나가던 종교개혁기까지 거슬러 올라간다. 이러한 종교적 도덕률에 따르면 일은 소명 또는 영적 부름에 응해 열정적으로 수행해야 하는 것이지, 금전적 보상을 누리거나 게으름 부릴 시기를 대비하는 데 쓰여서는 안 되는 것이었다. 베버는 또한 구원받아 천국에 갈 운명은 따로 정해져 있다는 예정설을 설파한 장 칼뱅 목사의 영향력 있는 가르침도 거론했다. 칼뱅은 일에서 거두는 성공은 신이 주는 은혜라고 가르쳤고, 영원히 지옥에 떨어질지 모른다는 두려움에 사로잡힌 이들에게 마음을 다스리기 위해 일에 전념하라는 처방을 내렸다. 이렇게 도덕적 이상과 종교적 가르침이 결합하면서 일은 윤리적 책무의 지위로 올라섰다.

현대인의 일에 대한 헌신에도 여전히 청교도적 경향이 남아 있다는 점은 의심할 여지가 없지만, 그렇다고 오늘날 노동자들이 의식적으로 청교도적 가치에 따라 움직인다는 말은 아니다. 사회학을 공부하는 학생에게 익숙할 이야기를 제시하면서, 베버는 금욕적으로 일에 몰두하는 경향이 합리적 조직화의 유산을 탄생시켰다고 주장했다. 일에 몰두하는 기업가는 관료제를 도입하고 업무 절차를 표준화함으로써 노동 효율성과 생산성을 높였다. 자본주의가 발달하면서 효율적이고 경쟁력 있게 사업을 운영하지 못한 기업가는 파산했고, 영적 소명으로 일을 수행하던 '목가적 상태'는 결국 '치열한 경쟁'에서 밀려났다(베버, 2002: 68). 이러한 합리화 과정을 통해 베버가 연구서 제목에 쓴 '자본주의 정신'이라는 것이 생성되었다. 사람들이 당연히 참여해야 한다고 느끼는 세계로 자리잡은 자본주의는 더 이상 청교도적 가치에 의지할 필요가 없어졌다. "자본주의의 발전 과정에는 양심에 따라 경제적 착취에 응할 노동자들이 필요했다. 이제는 권좌에 올랐으니 자본주의는 초월적 제재 없이도 사람들에게 노동을 강요할 수 있게 되었다."(베버, 2002: 282)

베버의 요지는 일의 도덕성이 자본주의 사회의 구조에 짜여 들어갔다는 것이다. 노동 윤리는 "마치 죽은 종교적 신념의 유령처럼" 우리의 삶 주위를 배회한다(베버, 2002). 마르크스도 "경제적 관계로의 냉정한 강요"라는 유명한 구절을 통해 비슷한 지적을 하면서 동시에 일의 제의적 성격에 주목했다. 우리는 어느 정도는 당연하다고 느끼기 때문에 일을 한다. 최근에는 풍요로운 사회에서도 노동자가 일에 도덕적 애착을 계속 느끼는지, 아니면 물질적 보상을 얻기 위해 일한다는 쾌락주의적 욕망에 노동 윤리가 밀려나는지를 두고 논쟁이 벌어지기도 했다. 미국에서 소비주의 문화의 부상을 분석한 대니얼 벨Danial Bell은 20세기를 지나는 동안 근면, 검소, 절제라는 부르주아적 가치가 점차 퇴색하고 1950년대에 이르면 사람들이 "소비하고 즐기는 법"에 관심을 기울이게 되었다고 주장했다 (벨, 1976: 70). 그러나 아무리 전통적인 노동 윤리가 소비자 쾌락주의에 밀려났어도 사람들의 행동만 놓고 보면 크게 다를 바 없는 결과가 나타나고 있다는 점에 주목해야 한다. 임금을 받는 노동에 대한 규율화된 집착은 어느 쪽이든 거의 그대로 남아 있다. 마르쿠제는 저서 《일차원적 인간》에서 자본주의가 발달할수록 감각적 만족에 대한 열망과 문화적 순응의 생성이 서로 맞물려 들어간다고 주장하면서 이 점을 지적했다(마르쿠제, 2002). 사람들이 상업적인 즐거움을 구매하기 위해서 시간과 기력을 투자해 돈을 벌도록 한다는 점에서 현대의 소비문화는 노동 규율과 완벽히 맞아떨어진다. 현대 자본주의 사회에서는 방종과 도피가 문화적으로 금기시되기는커녕 집요하게 권장되면서 거기에는 항상 이런 즐거움을 누리려면 더 헌신적으로 일해야 한다는 함정이 있다. 이런 점에서 대량소비는 더 힘들어진 노동 현실로부터 주의를 돌리기 위해 사회가 활용하던 종교의 자리를 대체하면서, 노동 윤리를 폐기한 것이 아니라 도리어 증폭하기만 했다.

역사적 관점으로 살펴보면 현재의 일 중심 사회와 어느 정도 비판적 거리를 확보할 수 있어서 도움이 된다. 위크스는 베버의 《프로테스탄트 윤리와 자본주의 정신》이 특히 이처럼 프로테스탄트적 노동 윤리가 정점에 달하기 전후의 기간을 살펴봄으로써 현대 사회에서 나타나는 일에 대한 애착이 특이한 현상이라는 사실에 주목하게 한다는 점에서 가치 있다고 주장한다. 그 책을 읽는 독자는 오래전 전통 사회에 내재하던 가치관에 따라 그 이후를 내다보면서 일의 고귀한 지위를 성찰하게 된다. 이 관점에서 보면 물질적 부를 향한 현대인의 욕망이 끝이 없으며, 언젠가는 일이 자기정체성을 정의하는 주요한 축이 된다는 사실이 가장 기이하게 느껴진다. 베버는 또한 독자가 세속화된 현대 사회의 관점에서 과거를 되돌아보며 노동 윤리가 부상하는 과정을 성찰하게 한다. 이렇게 보면 현대의 모든 활동 중에서 가장 합리적이고 중요한 활동, 즉 규율화된 생산적 노동의 수행이 초기에는 대단히 비합리적인 종교 윤리의 산물이라는 점이 가장 놀랍다(위크스, 2011: 42~47). 더 세속적이거나 자기중심적인 가치 체계를 가진 현대 노동자의 관점에서 볼 때 일의 내용이나 물질적 보상과는 무관하게 자기를 노동에 바치고자 하는 청교도의 의지는 기괴해 보인다.

베버는 도덕적으로 일이 강화되는 과정에 주목했지만 우리는 그의 연구를 통해 1900년대 노동자들이 체계화된 공장의 등장과 함께 발달한, 새롭고 공격적으로 노동을 규율화하는 기술에 의해 일에 얽매이게 되었다는 사실도 파악할 수 있다. 일하는 시간과 강도를 스스로 통제하려던 노동자들은 노동 윤리뿐 아니라 노동 현장의 가시적인 변화로도 타격을 받았다. 노동자가 받는 대가가 노동 시간과 결부되었고, 시간을 정확히 측정하기 시작하면서 노동이 획일적으로 동기화되었다. 20세기에 들어서자 관리자가 노동의 속도와 절차까지 조정할 정도로 산업화가 진척되었다. 일은 예측 가능한 일상 업무로 쪼개지고 일하는 속도는 조립 라인의 흐름에 좌우

되었다. 처벌과 감시 기술이 기민하고 정확한 노동을 강제했고, 벤저민 프랭클린의 유명한 격언대로 '시간은 곧 돈'이라는 교훈이 노동자에게 주입되었다. 이러한 과정을 통해 정확성, 효율성, 생산성이 노동 현장의 구호가 되었다(톰프슨, 1967). 노동자를 한데 몰아넣는 과제에는 영국의 경제학자 윌리엄 베버리지William Beveridge도 큰 몫을 했다. 베버리지가 고안한 직업 소개 제도는 노동시간을 스스로 조절하려는 노동자를 의도적으로 배제하려는 시도였다. 그는 "그때그때 가벼운 일자리를 얻으려는 사람은 소개소에서 그 바람을 이루지 못할 것"이라고 표현했다. 소개소에서는 정규직으로 일하기를 거부하는 노동자를 배제하도록 했다. 임시직 노동자에 대한 베버리지의 공격은 이런 노동자를 쓰는 고용주에게 더 높은 세금을 부과하도록 한 1911년 국민보험법 개정 과정에서도 드러났다(화이트사이드, 1991: 62~63). 이런 기술은 베버가 말한 노동자 도덕 교육보다 더 노골적이고 강압적인 형태의 규율이었다.

일에 대한 태도의 역사적 변천 과정을 훨씬 더 상세히 검토한 저자들이 있지만(예를 들어 앤서니, 1977; 비더, 2000), 이런 분석에서 공통적으로 드러나는 사실은 산업화를 겪은 사회에서 나타난 일의 객관적·양적 팽창에 비해 사람들이 주관적으로 일을 받아들이는 과정은 훨씬 느리게 진행되었다는 점이다. 자본주의 초기에는 정기적으로 규칙에 따라 노동하는 일자리를 받아들이도록 사람들을 설득하기가 상당히 어려웠으며, 특히 전통적으로 임시직 노동자에 의존해온 산업 분야에서는 20세기에 들어선 후에도 정규직 노동에 대한 저항이 끈질기게 이어졌다. 자본주의의 역사는 개인이 노동에 자기 일상을 빼앗기는 현실을 점차 받아들이는 과정으로 점철되었다. 이 과정은 순조롭지 않았다. 노동자의 습성을 재구성하는 투쟁이었다. "새로운 노동 습성은 분업, 감시, 벌금, 종과 시계, 금전적 우대, 설교와 학교 교육, 장터와 운동에 대한 규제 등 온갖 방법을 동원해 빚어낸 것이다."(톰프슨, 1967: 90) 일 중심적 속성이 필연적인 것으로 보이도록 뿌리내린 상황에서 일을 대하는 태도에 담긴 역사적이고 우발적인 속성을 인지하는 것은 고도로 보편화된 조건과 어느 정도 비판적 거리를 확보하는 데 도움이 된다. 일이 처음부터 도덕적·문화적·정치적 삶의 중심을 차지한 것은 아니었다. 다음은 일의 이러한 지위가 앞으로도 계속 유지될지, 또 그래야 하는지에 의문을 제기한 여러 사회 비평가의 이야기를 살펴보고자 한다.

노동의 종말

이 책에서 궁극적으로 제기하는 질문은 이것이다. 미래에는 모두가 더 적게 일하고 자율적으로 자기계발을 하는 데 더 많은 시간을 쓸 수 있을까? 이는 새로이 등장한 질문이 아니라 수 세기에 걸친 지적 전통 속에서 이어져온 질문이다. 이 전통에 속하는 사상가들은 저마다 배경은 다르지만 사회의 해방적 전환에 관심이 높다는 공통점이 있다. 어떤 각도에서 접근했건 이들이 궁극적으로 주목하는 지점은 눈앞의 현실과 미래의 가능성 사이의 고통스러운 균열이었다. 에릭 올린 라이트Erik Olin Wright는 다음과 같이 썼다.

간단하고 명백한 관찰에서부터 시작해보자. 우리가 사는 세계는 높은 생산성, 풍요, 인간적 창조성과 성취의 기회 증진이 지속적인 인간적 불행, 좌절된 인간적 잠재력과 병존하고 있다. (라이트, 2010: 39)

여기에서 소개하는 일의 미래에 의문을 제기하는 논평은 모두 라이트의 관찰에서 출발한 폭넓은 비판사회이론 연구의 일환이거나, 적어도 그러한 취지에서 작성된 것이다. 비판사회이론의 전반적인 목표는 신체적·예술적·지적·사회적·도덕적·영적 능력 등 무엇이든 인간의 능력을 꽃피우는 데 걸림돌이 될 만한 요소를 살펴봄으로써 사회 발전 과정을 면밀히 밝히는 것이었다.

일에 대한 비판은 대개 마르크스주의의 전통으로 여겨지지만, 그 핵심 주제 중 상당수는 마르크스보다 앞서 등장한 샤를 푸리에, 윌리엄 모리스, 토머스 모어 등이 제기한 것이다. 예를 들어 푸리에는 일이 만족을 얻는 주요 원천이자 인간의 능력을 충분히 드러내는 행위가 될 가능성이 있다고 믿었지만 자신의 이상과 산업 자본주의가 제공하는 실제 노동 경험 사이의 간극 때문에 괴로워했다. 푸리에는 노동자가 즐거움이라고는 전혀 없이 그저 생존을 위해서만 일하는 19세기 초의 방직 공장과 생산 공장을 '진정한 무덤'이라 표현했다. 노동자들은 지루해도 어쩔 수 없다는 심정으로 일했고, 그 피로감이 독이 되어 여가시간에까지 스며들곤 했다(비쳐, 1986: 276). 푸리에는 이런 비참한 현실과 대조되는 매력적인 노동의 상을 제시했는데, 이것은 그가 '문명화'라고 이름 붙인 역사적 단계를 넘어설 때 맞이할 '하모니Harmony'라는 이상사회의 청사진에 들어 있다. 하모니에서 일이란 노동자에게 두려움 대신에 열정과 열망을 가득 채워주는 방식으로 구성된다. 노동자는 협동정신과 건전한 경쟁심을 바탕으로 쾌적한 환경에서 다양한 생산적 활동을 수행하면서 자기가 할 일을 자유롭게 선택할 수 있게 된다. 푸리에의 이상사회에서 일은 노동자가 사실상 휴식과 도피의 필요를 느끼지 못하게 하는, 거의 놀이에 가까운 활동으로서 사회의 중심을 차지할 것이다(비쳐, 1986: 274~296).

일과 놀이의 경계를 없애려는 푸리에의 열망은 이후 윌리엄 모리스에게서도 반복적으로 나타난다. 모리스는 일을 즐길 수 없는 현실을 '특권 계층의 이윤을 창출하는 현 체제가 우리에게 강요하는' 활동으로서 일에 내재된 속성 때문이라고 생각했다(모리스, 1983: 44). 모리스 역시 푸리에처럼 일을 즐거움과 미적 환희의 원천으로 바꾸어놓을 전망에 관심을 가졌다. 모리스는 일이 '삶의 장식적 요소'가 되어야 한다고 했다(모리스, 1983: 46). 모리스는 이 과정이 푸리에가 생각한 것보다 좀 더 점진적일 것이라고 여겼지만, 한 가지 중요한 점에서는 관점이 크게 달랐다. 모리스는 일찌감치 일을 덜 하자는 의견을 진지하게 제시한 논평가 중 한 명이었다. 푸리에는 아무리 하찮은 일이라도 즐거울 수 있고 따라서 어느 정도는 기꺼이 더 오래 일할 수도 있으리라 믿었다면, 모리스는 일을 대폭 줄여 즐겁지 않은 고역을 없애자고 주장했다. 이런 주제를 찾아 거슬러 올라가다 보면 1516년에 출간된 토머스 모어의 《유토피아》를 발견하게 된다. 모어가 구상한 이상사회에서는 물건을 더 견고하게 만들고 필요 없는 물건은 생산을 제한하고 모든 사람이 필수 노동을 더 공평하게 나눌 것이며, 그러면 고된 노동을 할 필요가 줄어든다(모어, 1962). 모리스 같은 저자들이 기술 적용 가능성을 논하기 시작한 것도 고된 노동을 줄일 가능성 때문이었다. 생산 기술의 효율성이 올라가면 시민들이 결국 고역에서 벗어나 더 높은 수준의 자유를 누릴 수 있지 않을까? 모리스는 탐탁지 않은 노동도 "한 사람 한 사람에게는 아주 가벼운 짐에 불과"할 것이므로 변화가 가능하리라고 생각했다(모리스, 1983: 51).

이처럼 이상사회를 논한 초기 저자들의 작업은 더 오래된 사례도 있지만, 일 비판에 관한 논의는 주로 마르크스와 관련해서 전개된다. 마르크스의 견해가 노동이 끼치는 영적·정신적 피해를 다루는 풍부한 이론과 연구에 영감을 준 것은 사실이다. 하지만 노동 감축과 탈중심화 주장이 마르크스와 정확히 어떤 관련이 있는지에 관해서는 약간의 논쟁이 있었다.[2] 《자본론》 제3권의 한 구절은 마르크스가 사실상 노동시간 단축이라는 주장을 암시한 것으로 해석된다. 이 구절에서 마르크스는 노동을 일상적인 '필수성의 영역'으로 격하시킨다. 일이란 인간이 진정으로 세계와 그 안의 문화를 누릴 수 있는 '자유의 영역'에서 살기 전까지 견뎌내야 할 피치 못할 고역이라는 것이다. 마르크스는 노동시간 단축으로 자유의 영역을 확장할 수 있다고 명시적으로 주장했다(마르크스, 1981: 959). 기술에 관한 마르크스의 엇갈린 견해에 관해서도 비슷한 논쟁이 나타난다. 마르크스는 기계 기술이 노동을 통제하고 굴욕을 가하는 도구이기는 해도 이론적으로는 그 엄청난 생산성을 필수 노동을 줄이는 방향으로 활용하면 노동의 바깥에서 자유 공간을 훨씬 더 늘릴 수도 있다고 보았다. "자본은 사회의 가처분 시간이라는 수단을 창출하여 사회 전체적으로 노동시간을 최소한으로 줄이고 모두가 자신의 발전을 위해 시간을 마음껏 쓸 수 있도록 하는 데 유용하다."(마르크스, 1972: 144)

기술에 관한 마르크스의 엇갈린 견해는 이후에 일부 저자들이 생산 기술의 진보로 인간이 노동할 필요가 없어질 것이라는 가정 아래 내놓은 '노동의 종말'이라는 주장의 핵심 전제를 암시하고 있었다(리프킨, 2000). 기존 자본주의 사회 구조에서 기계화와 생산성 증대로 노동자가 밀려나는 현상은 분명 우려할 만한 일이다. 수천 명을 빈곤과 사회적 배제로 밀어 넣는 (흔히 '기술 실업'이라 부르는) 강제 실업이 발생하기 때문이다. 하지만 생산 기술이 발달해 인간이 노동할 필요가 없어지면 이론적으로는 자유시간이 대폭 늘어날 것이므로 '노동의 종말' 저자들은 이를 **환영**했다.

그동안 이러한 핵심 견해를 담은 다양한 주장이 나왔다. 일에서 벗어나 훨씬 더 자유로운 삶을 비교적 이른 시일 내에 누리게 될 것이라고 전망한 존 메이너드 케인스의 유명한 논문도 그중 하나이다. 1930년에 처음 발표한 〈우리 후손이 맞이할 경제적 가능성〉이라는 논문에서 케인스는 생산 기술의 진보로 2030년에는 노동시간이 주 15시간으로 줄어들어 모두가 더 적게 일하게 될 것이라고 예상했다(케인스, 1932). 케인스는 사회가 결국 해결해낼, (재화가 모두에게 돌아갈 만큼 충분하지 않다는 희소성이라는) '경제적 문제'의 측면에서 이를 논의했다. 문제가 해결된 시점에서 인간은 경제적 압박에서 벗어나 맞이할 자유를 어떻게 활용할지, 과학과 복리 이자가 가져다줄 여가를 어디에 쓸지 그리고 어떻게 해야 현명하고 즐겁게 잘 살지, 하는 더 심오한 문제와 마주하는 특권을 누릴 것이다(케인스, 1932: 366). 물론 생산이 인간 자율성 증대라는 결과를 향해 나아갈지의 여부는 고된 노동의 필요를 덜어주는 기술의 힘뿐만 아니라 사회의 도덕적·정치적 의지에도 달려 있다. 신기술을 어디에 그리고 누구의 목적에 맞추어 도입할 것인가? 노동시간 단축으로 늘어난 시간을 사회적으로 어떻게 분배할 것인가? 무분별한 경제 성장을 사회는 어디까지 용인할 것인가? 언제까지 노동 윤리를 문화적 이상으로 떠받드는 것이 합리적이라고 여길 것인가? 사회 구성원들이 전반적으로 기술 발전의 진정한 혜택을 인지하게 하려면 우리는 정치적 토론을 해야 한다. 마르쿠제의 표현을 빌리면, 우리는 "최소한의 고역과 고통으로 개인의 필요와 능력을 가장 적합한 수준까지 끌어올려 채우기 위해" 사회의 기술적·지적 자원을 가장 잘 활용할 방안을 논의해야 한다(마르쿠제, 2002: xli).

마르크스 이후 비판사회이론의 지형은 전례 없는 기술적 가능성의 시대에도 사람들의 삶은 왜 여전히 고된 노동과 억압으로 얼룩지는지 밝히고자 하는 저자들이 던진 강력한 도덕적·정치적 질문을 따라 그려졌다. 케인스와 마찬가지로, 풍요를 누리는 상황에서조차 사회적으로 일의 필요성을 계속 강요하는 것은 대단히 비합리적인 태도라고 여긴 비판 이론가가 많았다. 마르쿠제는 《에로스와 문명》에서 이 상황의 부조리함을 지적하면서(마르쿠제, 1998), 근대인이 겪는 억압을 인위적 또는 '잉여' 억압이라고 불렀다. 여기서 '인위적'이라는 표현은 삶의 상당 부분을 고역에 바치도록 우리를 압박하는 필연성(생존의 필요)이 더 이상 우리 존재에 따라붙는 가혹하고 불가피한 것이 아니라, 사회 계층 사이에 가용자원을 불균등하게 분배하면서 일의 확장을 정당화하려고 새로운 필요를 만들어내는 비합리적이고 정의롭지 못한 사회 체제가 부과하는 것이라고 주장하기 위해서 쓴 것이다.[3] 마르쿠제(와 그와 함께 비판이론을 연구한 프랑크푸르트학파)가 거둔 중요한 업적은 자본주의 본연의 회복력을 설명한 것이다. 케인스를 비롯해 '노동의 종말'을 낙관한 저자들은 일이 줄어들 가능성을 막는 데 어떠한 구조적·문화적 힘이 동원되는지 충분히 설명하지 못했다. 나는 나중에 현대 사회에서 일을 평가하지 못하게 가로막는 힘과 사상을 살펴보면서 적절한 시점에 이 문제를 다시 다룰 것이다. 그에 앞서 비교적 최근에 일에 대한 비판적 입장을 꾸준히 지지해온 앙드레 고르츠의 글을 보면 이를 더 명확히 이해할 수 있을 것이다.

노동시간의 사회적 분배

앙드레 고르츠는 언론인, 경제학자, 사회학자, 실존주의 철학자 등 여러 가지 직함을 달고 글을 썼지만 어떤 틀에도 자기를 꿰맞추지 않았다. 이 모든 정체성을 지니는 동시에 어느 것에도 속하지 않았다. 고르츠의 사상을 제대로 정의하자면, 인간의 자유를 향한 한결같은 소명이라 할 것이다.[4] 우리의 논의 목적에 비추어 볼 때 고르츠의 사상에서 가장 인상적인 대목은 일에 관한 문제가 임금과 노동조건으로 수렴된다는 견해를 받아들이기를 거부한 것이다. 그는 일의 부정적 영향을 이해하려면 더 넓은 관점에서 일이 우리 일상생활을 지배하는 방식을 검토해야 한다고 주장했다. 그는 좌파가 노동자가 일을 벗어나 풍요롭고 흥미로운 삶을 누릴 권리를 추구하는 투쟁을 잊어버렸다고 비판했다. 저자이자 사회 비평가로서 고르츠가 주로 다룬 주제는 개인이 자율적으로 자기계발에 힘쓸 권리였다.

고르츠는 수십 년에 걸쳐 여러 저작을 통해 각 저작의 형식, 영향력, 강조점에 따라 다양하게 이 주제를 논의했다. 그렇지만 어느 작업에서나 한결같이 (적어도 후기 작업에서는 확실히) 시간의 정치, 즉 생산의 목표와 노동시간의 사회적 분배에 관한 비판적이고 개방적이며 민주적인 토론을 장려했다. '노동의 종말'을 다룬 여느 사상가와 마찬가지로 고르츠는 자본주의 발전으로 생산성이 비약적으로 향상한 점을 환영했다. 하지만 그가 보기에 오늘날 자본주의 사회가 맞닥뜨린 시급한 질문 중 하나는 생산성 향상으로 확보한 여유 시간을 어디에 **쓸** 것인가이다. 우리 사회는 새로이 발견한 이 자유시간에 어떤 의미와 내용을 담기로 할 것인가? 일 바깥에서 삶을 향상하고 관계를 살찌우고 자기계발을 하는 데 쓸 것인가, 아니면 지금까지 그랬던 것처럼 경제적 합리성에 얽매여 상당한 시간과 기력을 일에 소모할 것인가?

시간의 정치가 필요하다는 고르츠의 주장에는 이러한 질문을 사람들이 직접 풀어나가야 한다는 믿음이 담겨 있다. 생산성 향상으로 자유시간을 확보해도 인류가 인도적이고 사회적인 목적을 향해 나아갈 기회를 얻지 못한다면 아무런 의미가 없다. "생산력이 발달하면 필수 노동의 총량은 줄어들지 모르지만 그 자체만으로 이런 시간 해방이 모두의 해방이 되는 조건을 창출할 수는 없기" 때문에 시간의 정치가 필요하다(고르츠, 1989: 185). 아마도 고르츠의 가장 유명한 주장은 정치적 조율을 거쳐 사회 전반에 적용할 노동시간 단축안을 만들자는 제안일 것이다. 그가 보기에 시간 단축 정책의 목적은 생산성 덕분에 늘어난 자유시간을 인도적 목표를 이루는 쪽으로 돌려 개인이 훨씬 더 넓은 범위에서 자유롭게 자기계발에 힘쓸 수 있도록 허용하는 것이어야 했다. 노동시간이 줄면 일 바깥에서 정치에 참여하고 문화를 창출하고 향유하며 자발적·자율적 활동을 펼칠 공간이 더 넓어질 것으로 본 것이다.

고르츠가 촉구하는 노동시간 단축의 이점은 다양하다. 고르츠는 주당 노동시간을 줄이면 일 바깥에서 자기계발과 협력에 더 많은 시간을 들일 수 있고 일 내부의 환경도 개선할 수 있으리라 예상했다. 일 바깥에서 새롭게 형성된 자율성에 대한 욕구가 사람들이 "자기 일의 속성, 내용, 목표, 구조에 더 면밀히" 접근하도록 북돋아 전통적인 노동 투쟁에 활기를 불어넣을 것이다(고르츠, 1989: 93). 전문직 노동자는 일을 줄이면 훨씬 더 효율적이고 세심하게 일할 수 있을지 모른다. 쉬지 않고 일에 몰두하는 것이 성공과 창조성을 보장하는 최선의 방법은 아니며, 노동시간 단축 정책으로 노동자는 지식을 보완하고 새로운 발상을 시도하고 다양한 분야에 관심을 가질 시간을 확보하게 될 것이다(고르츠, 1989: 193~194).[5] 고르츠의 지향은 분명 급진적이었고, 노동시간 단축에 대한 자신의 요구와 선진 산업사회의 현실 사이의 괴리를 뚜렷이 인지하고 있었다. 현실에서는 노동시간을 줄여 무엇을 할지가 고르츠가 바라던 진지한 정치적 논쟁의 주제가 되지 못한 채 이윤과 성장이라는 경제적 명령에 따라 결정되고 만다.

　시간의 정치가 무르익지 못한 사회에서 생산성 향상을 통해 절약한 시간은 어떻게 될까? 이 질문에 대해 고르츠는 시간의 정치가 아니라 사익 추구에 바탕을 두고 누가, 얼마나 오래, 무엇을 위해 일할지 결정하는 체제인 자본주의를 예리하게 분석하며 몇 가지 답을 제시한다. 자본주의 체제에서 가장 명백히 드러나는 노동시간 단축의 결과는 실업자 양산이다. 선진 산업사회에서 나타나는 생산 효율성 향상은 곧 해를 거듭할수록 사회적 필수재 생산에 필요한 사람이 점점 더 줄어든다는 것을 의미한다. 어떠한 이유로든 경제가 둔화하거나 이 생산성 향상을 상쇄할 만큼 빠르게 성장하지 못하면 사람들이 유급 노동으로 충분한 고정 수입을 얻기가 점점 어려워진다. 결국 실업자가 늘어난다. 이런 상황이 개인에게 미치는 부정적 영향을 충실히 조명한 연구가 많지만 (그중 일부는 나중에 다시 다룰 것이다) 실직한 사람은 엄밀히 말해 일 바깥에 있으면서도 어떤 의미로든 일에서 벗어나지 못한다는 점만 언급해도 충분하다. 일 중심 사회에서 실업이란 일종의 중간지대, 즉 재정적 염려와 사회적 고립, 낙인으로 얼룩진 죽은 시간이다. 대량실업이 발생한 상황에서조차 여전히 일을 통해서만 소득과 권리, 소속감을 얻을 수 있도록 함으로써 사회는 러셀의 이 말을 현실로 만든다. "어쩔 수 없이 얻는 여가는 보편적 행복의 원천이 되기는커녕 사방에 불행을 초래한다. 이보다 더 괴상한 일이 있을까?"(러셀, 2004c: 7)

현대 자본주의 사회에서 최상위 노동자는 장시간 노동에 허덕이지만 그외에는 노동으로 더 이상 사익을 창출하기 어려워서 고통받는 사람이 점점 늘어나는 뒤틀린 현실에 직면한다. 후자에 해당하는 사람들은 아예 일을 하지 않거나, 수요 변동에 따라 인력을 조정하려는 산업 분야에서 저임금 불안정 노동을 제공할 예비 인력으로 기능한다. 노동시간 단축의 목표는 모두에게 일할 기회를 더 공정하게 분배해 일자리 불균형을 해소하는 것이다. 모두가 더 적게 일해야 누구나 일할 수 있고, 그래야 늘어난 자유시간의 혜택을 모두가 누릴 수 있을 것이다.

시간의 정치가 할 역할은 일을 줄여 얻은 시간을 경제적 합리성이 아니라 정의의 원칙에 따라 분배하는 것이다. 이렇게 시간을 확보하는 일은 사회 전체의 몫이다. 정치는 이렇게 얻은 시간을 사회 전체 차원에서 재분배하여 모든 남성과 여성이 그 혜택을 누리도록 해야 한다. (고르츠, 1989: 191)

이런 정책이 없다 보니 우리는 충분하지 않은 활동 기회에 재정적, 정신적으로 의존하는 사회에 갇혀버린 듯하다. 비합리적이고 비인도적인 상황이 아닐 수 없다. 아렌트가 말했듯이 우리는 '노동 없는 노동자'의 사회에 갇히고 말았다. 이제 대다수에게 가장 절박한 문제는 착취 해소가 아니라 충분히 안정적으로 착취당할 기회의 부재이다.

노동 없는 노동자의 사회보다 더 나쁜 것이 있을까? 고르츠는 진보의 기치 아래 맹목적인 경제 성장 계획으로 실업에 대응하는 사회가 그러하다고 말한다. 자본주의 역사를 통틀어 사회는 생산성 향상으로 인한 노동 대체 효과를 특정한 산업의 성과를 늘리거나 새로운 산업 및 부문으로 경제를 확장함으로써 보상하려는 경향을 보였다. 앤더스 헤이든Anders Hayden은 "오로지 고용 수준을 유지하기 위해 끝없이 경제를 부풀리려는" 이러한 경향을 뒤틀린 트레드밀 논리라고 불렀다(헤이든, 1999: 33). 헤이든의 트레드밀 비유는 노동시간 단축으로 확보된 시간이 향하는 두 번째 목적지가 어디인지 알려준다. **더 많이** 만들어낸 일자리를 통해 경제 시스템 안으로 다시 흡수되는 것이다. 시민들이 상업적 부를 생산하지도 소비하지도 않는 자유시간은 자본주의에서는 아무 쓸모가 없다. 자본주의는 자유시간에도 사익이 창출되기를 바라기 때문에, 예전부터 늘 생산성 향상으로 확보된 시간을 낚아채어 추가 노동을 창출하도록 되먹이는 식으로 대응해왔다. 이런 노동은 비생산적이고 환경 파괴적이며 상업적 활동의 영역을 사적인 삶 속으로 더 깊숙이 밀어 넣는 형태를 띠는 경우가 많다(보링, 1999). 고르츠가 문제로 여긴 현대 사회의 특징 중 하나는 아무 의미도 찾을 수 없는 고용 형태가 너무 많다는 점이다. 노동시장의 상당 부분이 겉보기만 조금 다르고 기능도 시원찮은 데다 수명마저 짧은 소비재를 생산, 홍보, 유통하는 데에 쏠려 있다. '쓰레기 같은 일자리'의 확산을 비판한 데이비드 그레이버David Graeber도 기업법, 학술 및 보건 행정, 인사·홍보 같은 영역이 전에 없이 팽창하고 있다고 지적했다. 그뿐만 아니라 이러한 산업 영역에서 행정, 기술, 보안을 담당하는 엄청나게 많은 사람이라든지 반려견 목욕부터 집 청소, 24시간 피자 배달에 이르기까지 서비스 산업에 속하는 수천 가지 일자리도 떠올려볼 수 있다. 이런 일자리가 존재하는 이유는 단지 고객들이 죽도록 바쁘게 일하며 살기 때문이다(그레이버, 2013). 최근 이렇게 불어난 서비스 계층이 어떻게 생활하고 있는지 보여주는 몇 가지 충격적인 사례 연구가 발표되었고(에린라이크, 2002; 토인비, 2003), 고르츠는 일상 노동을 타인에게 전가하여 자유시간을 구매하는 집단이 존재하는 사회의 부정의를 크게 비판했다. 모두 일을 줄이면 모두가 자기 몫의 집안일을 하는 **동시에** 일을 통해 생계를 유지할 수 있지만, 이 사실을 깨닫지 못하는 이유는 노동 윤리에 맹목적으로 집착하기 때문이다(고르츠, 1989: 157).

요약하자면, 사회 비평가로서 고르츠가 지닌 궁극적인 강점은 일을 다른 방식으로 조직할 수 있을지 모른다는 믿음을 지켜내는 데 있었다. 자본주의가 그렇게 엄청난 생산성 향상을 촉진했다면 왜 우리는 아직도 이렇게 열심히 일하고 있는 걸까? 고르츠는 수많은 저서를 통해 시간의 정치에 관한 비판적 논의를 개진하며 이 질문에 답하고자 했다. 결국에는 경제 영역을 사람들이 실제로 느끼는 필요에 종속시켜 모두가 고된 일에 소진되는 시간을 줄이고 스스로 선택한 활동에 더 많은 시간을 쓸 수 있게 되기를 바랐다. 이렇게 개입하지 않으면 훨씬 더 파괴적인 결과가 닥쳐올 것이라고 믿었다. 그러면 자유시간은 여전히 특권에 가까운 흔치 않은 자원으로 남을 것이다. 모두에게 돌아갈 만큼 유급 일자리가 충분하지 않아서 다들 일자리를 찾고 지키는 투쟁에 발목을 붙들린 채 살아가는데도 불구하고 일 중심적 사회 진보의 상이 계속 옹호될 것이다. 자본주의는 환경을 약탈하고 아직 상품화되지 않은 삶의 영역에까지 경제를 확장해 끝없이 이윤을 추구하고 있다. 이러한 경향은 일자리 창출의 수단으로서 환영받기까지 한다. 고르츠를 포함한 일 비평가들이 우리에게 던지는 질문은 바로 이것이다. 우리는 어떤 사회에서 살기를 원하는가?

이 장에서 나는 임금과 노동조건에 집중하는 전통적인 좌파의 시선을 넘어서서 일의 미래를 물으며 일을 비판하는 접근방식을 간략히 소개했다. 일에 대한 태도를 역사적으로 탐구하고 일의 미래에 관해 질문을 던진 저자들은 일 중심적인 현재 상황과 어느 정도 비판적 거리를 두는 소중한 기회를 제공한다. 그리하여 앞으로도 일이 소득, 권리, 사회적 소속을 보장하는 핵심적 기능을 할 수 있을지 묻는 도발을 감행하는 것이다. 이는 특히나 '노동 없는 노동자'라는 긴급한 사회 문제에 직면한 현시점에서 매우 적절한 질문이다. 국제노동기구의 통계에 따르면 2014년 경제활동인구 중 실업자 비율은 미국이 6.2퍼센트, 영국이 6.1퍼센트였다. 하지만 영국노동조합연맹은 국제노동기구에서 발표하는 실업률은 소극적 추정치로 보아야 한다는 연구 보고서를 내놓았다. 영국노동조합연맹의 자료에 따르면 2013년 영국의 실업자 수는 478만 명 정도로 국제노동기구 추정치인 251만 명의 거의 두 배에 달했다. 출처마다 그리고 해마다 수치가 달라지는 것은 실업률 산출 방식이 다르기 때문이다.[6] 하지만 실업률이 얼마나 끔찍한 수준이든 당사자에게 실업이 심각하고 지속적인 엄청난 재앙이라는 데는 누구나 동의할 것이다.

게다가 노동시장이 구직자에게 괜찮은 일자리를 적절히 제공하지 못하면서 갖가지 새로운 문제가 발생하고 있다. 일자리 수요가 높아지면 노동자가 임금, 권리, 노동환경 같은 문제에 대응할 힘과 의지가 심각하게 약화한다. 최근 들어 우리는 노동 빈곤층working poor[7]과 호출형 노동계약zero-hours contract[8]이 급격히 늘어나는 현상을 보았다. 교육에 투자해 변화하는 노동시장의 흐름 속에서, 안정적이고 급여 수준도 높고 흥미로운 일자리를 학위 증명서가 보장해주리라는 오래된 믿음도 퇴색하고 있다. 필립 브라운Philip Brown과 동료들이 수행한 광범위한 연구에 따르면 고학력자 급증, 전 지구적 일자리 경쟁, 비숙련화 등의 요소가 복합적으로 작용해 무수히 많은 졸업생이 노동시장에서 전문 기술을 활용할 자리를 찾지 못하는 '기회의 덫'에 빠져들고 있다(브라운 외, 2011).[9]

만약 일자리 수요에 맞추어 경제가 성장한다고 하더라도 지속 팽창으로 인한 환경 비용은 어찌할 것인가? 최근 수년 동안 끝없는 경제 성장이 환경에 미치는 영향에 대한 인식이 높아졌다. 생태주의 경제학자 팀 잭슨Tim Jackson은 갈수록 늘어나는 과학적 증거를 모아보면 심각한 생태적 대가를 치르지 않고 현재의 생산 속도를 유지할 수 있다고 기대해서는 안 된다고 주장한다. 잭슨은 필수 천연자원 고갈, 생물 다양성 감소, 토양 오염, 삼림 파괴뿐 아니라 이 모든 한계를 좌우하는 기후 변화에 관한 탄탄한 연구 성과를 제시하며 일자리를 제공하기 위해 경제를 끝없이 부풀리는 것은 점점 더 용인하기 어려운 전략이 되었다고 확신한다(잭슨, 2009).

일을 소득, 권리, 소속의 주요 원천으로 삼는 사회 구조는 여전하다. 하지만 갈수록 많은 사람이 일에서 이런 것을 기대하기 어려워지고 있는 것도 분명하다. 현대 사회에서 일과 일이 차지하는 위치를 진지하게 재평가해야 하는 심각한 위기 상황이다. 고르츠가 시간의 정치라고 부른 이 작업의 목표는 오늘날 무너지는 노동시장에 대한 실질적 대응책을 마련하는 것이다. 그러나 이는 더 나아가 자유의 조건에 관해 이야기하고, 어떤 사회에 살고 싶은지 대화하도록 우리를 이끈다. 여기서 제시한 이론가들과 마찬가지로 나는 일의 의미와 미래에 관한 신선하고 진보적인 논쟁이 펼쳐지기를 바란다. 하루 8시간 주 5일 일하며 보내는 삶이 비교적 최근의 발명품이라는 사실을 기억하고, 일을 분배할 다른 방법을 논의하기를 바란다. 이제껏 관습적으로 일을 통해 추구해왔던 즐거움과 연대를 경험할 수 있는 대안적 방식을 논의하기를 바란다. 고용 관계 밖에서 다양하고 의미 있는 삶을 살아갈 권리를 주장하고, 자본주의의 사익 추구에서 어느 정도 벗어난 성취의 방식을 탐색하기를 바란다. 이 모든 일을 위해서는 행복, 자유시간, 인간 역량을 실현할 권리 같은 비물질적 재화에 기반한 대안적인 인류 진보와 행복의 이상을 받아들여야 한다. 근본적으로 선진국의 번영을 여전히 경제 성장으로 측정할 수 있다는 낡은 사고에서 벗어나야 한다.

2장

×

일이 괴로운 사람들

> 그 공간이 싫고 그곳이 상징하는 모든 것이 경멸스러웠지만, '자유롭게 풀려나' 일자리를 찾느라 몸부림치며 지금과 다름없이 열정적이고 고분 고분하며 유연한 노동자의 모습으로 잠재적 고용자 앞에 서야 하는 경 제적 진공상태에 들어서는 것 역시 끔찍했다. 아침이면 아직은 일자리 가 있다는 안도감과 밤사이에 어떻게든 그 공간이 쓸려가 버리지 않은 데 대한 실망감이 뒤섞인 복잡한 심경으로 대형마트 입구에 도착하곤 했다.
>
> – 아이버 사우스우드Ivor Southwood, 《끝없는 무기력》, 2011

오랫동안 일의 정신적 대가를 분석해온 사회 비평가들의 여정을 풍성하게 채워준 것은 노동자의 실제 경험담이었다. 여기서 사람

들이 매일 마주하는 현실을 통찰력 있게 담아낸 스터즈 터클의 책
《일》(1972)을 다시 한번 언급할 만하다. 이 책에 나오는 몇 가지 사례
를 인용해보겠다. 포드자동차에서 일하는 용접공 필 스톨링스는
자기 일과를 이렇게 설명한다.

> 용접기의 네모난 손잡이 위쪽에는 고압, 아래쪽에는 저압 버튼이 달려
> 있어요. 먼저 용접할 금속을 맞붙여 꽉 조입니다. 그런 다음 버튼을 누
> 르는 거예요. (…) 우리는 밤새 1미터도 안 되는 자리에 붙박여 서 있어
> 요. 라인이 멈출 때만 작업을 멈춥니다. 자동차 한 대에 서른두 번 작업
> 을 해야 해요. 우리가 한 시간에 48대씩 하루 8시간 조립하거든요. 그
> 러니까 계산해봐요. 32 ×48 ×8. 그게 내가 버튼을 누르는 횟수입니다.
> (터클, 2004: 159)

철강 노동자 스티브 더비는 피고용자인 자신의 지위를 이렇게 돌
아본다.

> 아무도 나라는 존재에는 관심이 없어요. 그냥 숫자일 뿐이죠. 수감자
> 처럼. 보고할 때는 배지의 번호로 말합니다. 다들 서로 이름을 몰라요.
> 아는 거라고는 배지의 숫자밖에 없거든요. 내 번호는 44-065입니다.
> 본사에서는 44-065번이 누구인지 몰라요. (…) 그저 내가 44-065번이
> 라는 것만 알죠. (터클, 2004: 554)

1장에서 나는 일 중심 사회가 당연하고 불가피한 것이라고만 보지 말고 일의 미래에 관해 진지한 논쟁을 시작해보자고 도발했다. 현대 사회에서 일은 소득을 얻고 정체성을 형성하고 사회에 기여하고 타인의 삶의 일부가 되는 주요한 통로이지만, 일에서 이런 것을 기대하기 어렵게 된 사람이 무척 많아진 것도 사실이다. 이 장에서는 일을 근본적으로 재평가해야 하는 근거를 쌓아가는 과정의 하나로 일 자체의 경험에 초점을 맞추고자 한다. 현대 사회에서는 일을 신성시하고 중요시하는데도 불구하고 수많은 사람이 직업적으로 위에서 필과 스티브가 말한 것과 아주 유사하게, 주로 어쩔 수 없이 수행하는 고되고 무의미한 활동을 경험한다는 것이 냉혹한 현실이다. 이러한 현상을 마르크스는 '소외'라는 개념으로 포착한 바 있다. 이 장에서는 자본주의 사회에서의 일 경험을 제시하면서 경제적 합리성이 계속해서 생산의 목표와 방법을 지배하는 한 인도적 노동조건을 조성하려는 기존의 시도로 달성할 수 있는 성과는 대단히 제한적임을 보여주고자 한다. 일을 줄이고 일의 테두리 밖에서 관계와 활동을 만들어내는 데에 더 주력하는 미래상이 여전히 설득력 있는 이유 중 하나이다.

분리와 무관심

소외라는 개념은 대체로 마르크스와 관련되어 있다. 마르크스가 제기한 일 비판의 중심에는 노동을 인간 '종種의 생명'으로 간주하는 시각이 담겨 있다(마르크스, 1959: 75). 마르크스는 자연이 부여한 생명의 한계를 뛰어넘고 의식적인 자기표현의 과정으로서 인공물의 세계를 만들어낼 능력이 있다는 점에서 인간과 동물을 구별했다. "인간은 영원히 자연을 재형성하며, 그럴 때마다 새롭고 더 높은 성취를 이루는 능력을 얻는다"(올먼, 1971: 101)라고 했듯이, 인간은 일을 통해 자연계를 의도적으로 재구성하여 생명의 가능성을 확장한다. 마르크스가 자본주의 체제에서의 일을 비판하면서 기반으로 삼은 것이 바로 노동을 통한 자아실현이라는 이 도덕적 이상이다. 《자본론》에서 마르크스는 생산 역량을 행사하여 인간으로서의 성취를 거둘 가능성이 "노동자를 개개인으로 조각내어 기계의 부품 수준으로 떨어뜨리고, 일에 담긴 매력을 파괴하여 끔찍한 노역으로 바꾸어놓는" 산업적 노동 형태로 인해 짓밟히고 있다고 썼다(마르크스, 1906: 708). 마르크스는 일이 더 이상 자신을 둘러싼 세계를 형성하려는 인간의 욕구를 표현하는 활동이 아닌, 생계를 위해 억지로 해야만 하는 활동이 되었다고 믿었다. 달리 말하자면 소외된 활동이 되고 만 것이다. 자주 인용되는 《경제학 철학 초고》의 한 구절에서 마르크스는 소외된 노동에는 단절이라는 성질이 있다고 주장했다.

일에서 (…) 자기를 긍정하기보다는 부정하고, 만족감을 느끼지 못해 불행해하고, 신체적·정신적 기력을 자유롭게 끌어올리기는커녕 몸과 마음을 혹사당한다. 그렇기 때문에 노동자는 일 바깥에서만 자기를 느끼며 일하는

동안에는 자신으로부터 멀어진다. (마르크스, 1959: 72)

소외 개념을 이해하려고 인간 본성에 관한 마르크스의 철학을
모조리 수용할 필요는 없다. 일이라는 행위에는 창조와 협업을 실
행하고 만족감과 세계에 속한 기분을 느낄 기회가 내재하지만, 일
은 이런 특성을 박탈하는 방식으로 이루어지는 경우가 많다는 점
을 인식하는 것으로 충분하다. 마르크스 이후 소외 개념은 자신이
하는 일에 무관심한 노동자를 설명하는 데 유연하게 활용되었다.
로버트 블라우너Robert Blauner(1964)와 해리 브래버먼Harry Braverman 같은
저자는 공장에서 일상적으로 맞닥뜨리는 현실에 소외 개념을 적용
하는 방법을 보여주었다. 이런 글뿐 아니라 마르크스 본인의 비평
에서도 노동 분업으로 인한 소외 효과가 거듭 거론된다. 자본주의
사회에서 새로운 극단으로 치달아간 생산 공정의 분화와 재분화로
개별 노동자는 책임 범위가 줄고 창조성이 메마르고 자신이 만든
생산물과 의미 있는 관계를 맺지 못하는 협소한 역할에 갇혔다는
것이다. 기계 기술의 대대적인 도입 또한 노동자의 숙련도를 떨어뜨
려 단순히 기계를 감독하거나 부속물 같은 역할을 하게 만든다는
비판을 받았다.

많은 비평가가 지적했듯이 이런 기술이 궁극적으로 드러난 것이
바로 19세기 말 미국의 공학자 프레더릭 테일러가 고안해 널리 퍼진
테일러주의Taylorism라는 조직화 방식이다. 막무가내로 효율성과 이
윤을 좇는 자본주의 사회에서 어떤 속도로 어떤 기술을 사용해 공

정을 설계할 것인가는 노동자가 결정할 사안이 아니었다. 테일러주의는 포드자동차의 이동식 조립라인에서 완벽한 발전을 이루었다. 노동자가 별다른 정신적 노동을 하지 않아도 대단히 예측 가능한 속도로 똑같은 모델 T 자동차를 찍어낼 수 있었다. 비평가들은 노동 과정에서 인간의 주도성, 창조성, 협력과 같은 고유한 자질이 제거되어 갈수록 우리는 일을 하면서 인간이 아니라 언제든지 갈아치울 수 있는 비인간적인 노동력 제공 수단에 불과한 존재가 된다고 비판했다. 이런 현실을 훌륭하게 풍자한 작품이 찰리 채플린의 영화 〈모던 타임스〉(1936)이다. 영화에서 조립라인 노동자로 분한 채플린은 일하는 사이에 미친 듯이 경련하는 자동인형으로 변해가는 모습을 보여준다. 기계에 미리 설정된 속도와 정확성을 따라잡으려다 보니 스스로 기계가 될 수밖에 없는 것이다.

산업화 이후 일이 어떻게 변화했는지 생각하면 채플린의 이야기는 다소 철 지난 사례이긴 하다. 서구 사회가 산업경제를 벗어나 물질적 재화를 제조하는 작업보다 서비스 수행이나 정보 처리 작업을 요구하는 일자리가 늘어나는 탈산업경제로 전환했음을 알리는 광범위한 기록물을 인정하지 않고서는 소외에 관해 이야기할 수 없다. 마르크스주의 비평가들은 산업 노동이 노동자의 역량을 억누른다고 믿었지만, 탈산업 노동의 발달이 비평가들에게 어느 정도 환영받은 20세기 후반에는 사정이 달라졌다. 미래학자들은 과거의 표준화된 단순노동에서 벗어나 서비스 산업과 컴퓨터 기반 산업분야에 지능적 일자리가 집약되는 사회로 전환하면서 새로운 '지식경제'가 도래할 것이라고 예고했다(벨, 1973). 이제는 정치권에서 정설이 된 새로운 '지식경제' 개념을 처음 제시한 사람들은 1960년대 경제학자와 사회학자이다. 이들은 대체로 미래에는 새로운 노동의 시대에 걸맞게 지능적이며 지식이 풍부한 노동자를 키워내는 능력에 국가의 번영이 달려 있다고 믿으며 이를 예찬했다. 탈산업적 고용 형태는 일에 '인간적 요소'를 재도입하도록 도울 것이며, 그리하여 일자리는 노동자가 단지 효율성을 추구하며 명령에 복종하는 것이 아니라 사회성과 인지 능력, 실무 경험, 책임감 등 인간의 고유한 자질을 활용하여 자신의 일에 도덕성을 투여하는 느낌을 받을 새로운 기회를 제공할 것이다(오페, 1985: 137~138).

시간이 지나 뒤를 돌아볼 수 있게 된 일부 비평가는 급성장하는 지식경제로의 전환과 관련한 이러한 주장에 의문을 제기할 만하다고 보았다(톰프슨 외, 2001). 서비스 및 정보 기반 산업 분야의 일자리가 통계적으로 늘어난 것은 틀림없지만, 이 추세를 더 인도적이며 고도로 숙련된 일의 세계로 전환하는 증거로 받아들이는 데는 신중할 필요가 있다(플레밍 외, 2004를 보라). 직업 분류만으로 특정한 일이 어떤 식으로 돌아가는지 모두 알 수는 없으며, 통계는 현대의 수많은 일자리에 담긴 더욱 지루하고 비참한 측면을 전해주지 못한다. 오늘날 컴퓨터 앞에 앉아 똑같은 업무를 반복하는 노동자들의 일 경험이 알고 보면 소외당한 산업 노동자와 매우 흡사할 수도 있다. 탈산업 노동 시대의 도래를 예찬한 이들은 근본적으로 디지털 시대에 노동을 표준화하는 데에 컴퓨터 기술이 어디까지 활용될지를 과소평가한 듯하다. 현대의 수많은 작업장에서 컴퓨터 기술은 노동자의 역량 향상이 아니라 노동 강도와 통제의 수준을 전례 없이 극단적으로 끌어올리는 데 쓰인다. 오늘날 나쁜 일자리의 전형으로 꼽히는 콜센터에 관한 연구에 따르면, 자동 전화 장치는 받는 전화든 거는 전화든 모두 상담원의 헤드셋에 곧바로 연결하며 통화와 통화 사이에 쉴 틈을 주지 않는다. 감시 프로그램은 개별 노동자의 생산성을 측정해 늑장을 부리거나 실적이 저조한 노동자를 관리자에게 자동으로 보고해 교육이나 징계를 받거나 창피를 당하게 한다. 현대의 콜센터를 '전자적 판옵티콘'이라 칭한 연구가 있는가 하면(퍼니, 멧커프, 2000), 한 가지 업무가 끝나면 즉시 다음 업무가 기다리고 있음을 알고 있다는 점에서 '머릿속에 조립라인'이 있는 직업이라고 표현한 연구도 있다(테일러, 베인, 1999). 2013년에는 저임금 노동자가 손바닥만 한 단말기를 들고 매우 제한된 시간 내에 광활한 창고 안을 뛰어다니며 주문 상품을 찾아 모으게 하는 아마존의 창고 직원(또는 '피커picker') 처우에 관한 논란이 일었다. 잠입 취재를 한 어느 기자는 이렇게 썼다. "우리는 기계이고 로봇이다. 플러그에 꽂힌 스캐너를 손에 들고 있지만 차라리 그 플러그를 우리 몸에 꽂는 편이 나을지도 모른다."(BBC 뉴스, 2013)

리처드 세넷은 현대 제빵 공장 사례 연구를 통해 컴퓨터화의 효과를 생생히 드러냈다(세넷, 1998). 세넷이 연구한 제빵 공장에서는 사람이 직접 섞고 반죽하는 것이 아니라 그저 컴퓨터 화면의 아이콘을 조작하는 것만으로 빵이 만들어졌다. 노동자는 제빵 공정에 관한 지식을 습득할 필요가 없고, 손으로 반죽을 만질 일도 없다. 세넷은 자동화된 기계에 입력된 작업 공정은 불투명하고 '읽어낼 수 없는' 것이 되어버렸기 때문에 노동자가 자기 직업에 관련된 문화나 자부심을 키우기가 불가능해졌다고 썼다. 노동자는 "스스로 생각할 필요가 없는 단순작업을 수행하고 있으며, 자기가 아는 것보다 더 적은 지식만을 사용해 일하고 있다는 사실을 뚜렷이 인지"한다(세넷, 1998: 70). 제빵사에 관해 서술하면서 세넷은 전통적인 마르크스주의적 의미에서 노동자 투쟁을 촉발하는 불씨를 뜻하던 '소외'라는 단어를 쓰지 않고, 단지 제빵사들이 자기 일에 무관심해진 것뿐이라고 주장했다. 여기서 중요한 점은 세넷이 설명한 컴퓨터화와 비숙련화의 과정이 사회적 선호도가 높은 직업에서도 나타난다는 사실이다. 심지어 고급 직무에서도 업무 절차를 세밀한 수준까지 설명해놓은 전자 업무 매뉴얼이나 인간의 개입을 최소화해 업무를 수행하는 반자동 컴퓨터 프로그램에 지식을 탑재할 수 있다(브라운 외, 2011). 노동 과정의 컴퓨터화는 이전에 필요했던 기술과 주도성 없이도 수많은 작업을 수행하게 해주는 반면, 직장 문화에 부정적 영향을 주어 자신이 수행하는 업무에 흥미를 느끼지 못하고 무관심한 노동자를 양산할 수 있다. 현대의 노동 형태는 산업 노동에 비해 더 깨끗하고 조용할지 몰라도 전통적으로 불만족의 원인이었던 수많은 요소는 여전히 남아 있다.

감정노동의 괴로움

전통적으로 **소외**는 노동자가 자신이 하는 일에서 분리되거나 그 일에 무관심한 상태를 가리키는 개념이었다. 이런 경향은 컴퓨터화된 현대에도 포드자동차 조립라인의 전성기 때와 다를 바 없이 만연하다. 하지만 21세기에 들어서면서 새로운 형태의 소외가 보편화하는 양상도 나타나고 있다. 이 새로운 형태에는 노동 과정에서 인간의 자질을 배제하는 것이 아니라 끌어들이고 착취하는 특징이 있다. 여기서 문제는 노동자가 일하는 과정에서 자신을 표현하거나 동일시할 기회를 얻지 못한다는 것이 아니라, 오히려 노동자가 일에 온전히 관여하고 결합하기를 고용자가 기대한다는 것이다. 이 새로운 형태의 소외에 관한 통찰은 C. 라이트 밀스C. Wright Mills의 고전적인 연구서 《화이트칼라》(1956)에서 비롯했지만, 이에 대한 논의를 크게 확산한 이는 '감정노동' 이론을 제기한 앨리 혹실드Arlie Hochschild이다(혹실드, 1983). 본질적으로 두 저자가 던지는 질문은 동일하다. 노동자가 아침에 나올 때 인간적 자질을 집에 벗어두고 올 게 아니라 도리어 자기의 감정, 성격, 개성을 일에 투여하기를 명시적으로 요구받는다면 어떻게 될 것인가?

《감정노동》(1983)에서 혹실드는 사람들이 사회 구성원으로서 자기 역할을 하려면 자기감정을 관리해야 한다는 요구를 계속 받는다고 주장한다. 예를 들어 선물이 별로 마음에 안 들더라도 고마움을 표현해야 하고, 불행에 빠진 친구를 보고 웃고 싶어도 그 마음을 억누르려 노력해야 한다. 사회생활을 하면서 우리는 사회적으로 용인되는 감정을 표현하기 위해서, 또는 혹실드의 표현을 빌리면 특정 상황에서 문화적으로 합의된 '감정 규칙'을 따르기 위해서 끊임없이 자기감정을 다스리는 **일**을 하도록 요구받는다. 혹실드의 이론은 감정노동을 수행하는 능력이 점차 상업적 가치의 원천이 되어간다는 점에서 오늘날의 일 경험과 관련이 있다. 감정노동의 가장 명백한 사례는 감정을 조절하는 것이 업무의 핵심 요소인 서비스 산업에서 나타난다. 서비스 노동자는 계속해서 "타인이 보기에 적절한 마음 상태를 드러내는 표정을 유지하기 위해서 감정을 지어내거나 억누르라."고 요구받는다(혹실드, 1983: 7).

혹실드는 1980년대 초 승무원들을 대상으로 연구하면서 이러한 생각을 발전시켰다. 항공사 승무원은 양질의 서비스를 제공하기에 가장 적합한 감정적 태도를 취하도록 하는 훈련을 집중해서 받고 있었다. 그들은 온화한 성격, 열정적인 마음가짐, '높은 도덕성'을 보이도록 교육받았다(혹실드, 1983: 97). 항공사는 고객에게 편안한 비행을 약속하는 광고를 내보냈고, 문제를 일으키는 승객에게도 예의를 갖추어 대하도록 여성 승무원에게 세밀한 분노 조절 기법을 가르쳤다. 혹실드는 관리자가 피고용자의 정서적 행동을 통제하려 드는 것을 일종의 감정의 표준화 또는 테일러주의로 볼 수 있다고 주장했다. "사회적 교류를 아주 좁은 영역으로 제한한다. 다양한 관계 속에서라면 숨 돌릴 틈을 찾을 수 있을 텐데, 이런 상황에서는 개인이 감정을 흘려보낼 통로가 극히 좁아진다."(혹실드, 1983: 119) 상업 논리가 사적 감정 체계를 지배하게 되면서 노동자는 자신의 감정과 상호작용하는 방식을 제어할 권리를 빼앗겼다. 비슷하게는 도심의 소매점 직원 중 상당수가 모의 친절 훈련을 받거나 고객 응대 시 단계별 발언을 대본이나 스크린으로 제공받는 상황을 가정해볼 수 있다.1 감정 규칙은 감시 카메라와 '암행 고객', 고객 불만 처리 절차, 직원 평가 등을 활용하는 정교한 규율 장치로 강제하는 경우가 많은데, 이는 모두 피고용자의 행동을 예측 가능한 범위 안에 두기 위한 것이다.

　혹실드가 주로 관심을 기울인 부분은 감정노동이 불러올 잠재적 스트레스나 심리적 마비 효과에 관한 것이었다. 겉으로 드러나는 사회적 행위와 내적인 감정을 분리하라는 지속적인 요구가 정신적 압박을 유발한다고 보았다. 감정노동은 "우리가 각자의 개성에서 핵심 요소로 소중히 여기는 자아의 근원을 끌어다" 쓰기 때문에, 노동자가 고객에게 응대할 때의 행동을 세밀하게 관리하려는 시도는 일종의 폭력이 될 수 있다(혹실드, 1983: 7). 문제 고객에게 억지로 짓는 미소, 뒤끝 있는 상사에 대한 억눌린 분노, 정상에 오르기 위해 강요당하는 열정 과시. 이런 개인적 희생이 누적되어 정신적 피로를 유발하거나 노동자의 자아감을 떨어뜨릴 수 있다. 서비스 노동의 부상이 노동 과정에 인간적 자질을 재도입하는 반가운 신호로 보였다면, 감정노동(또는 여기서는 '인지노동')은 그보다는 지루한 드라마에 더 가깝다고 프랑코 베라르디Franco Berardi는 주장한다.

인지노동은 궁극적으로 의사소통의 노동, 즉 의사소통을 일로 만드는 것이다. 관점에 따라 이것이 풍부한 경험을 쌓는 과정으로 보일 수도 있다. 그러나 이는 동시에 황폐화일 수 있는데(거의 그렇게 되기 마련이다), 이 의사소통은 호의적이고 즐겁고 관능적인 접촉이라는 속성이 제거된 경제적 필요, 무덤덤한 허구가 되어버리기 때문이다. (베라르디, 2009: 87)

내가 아는 한 베라르디가 말한 무덤덤한 허구에 해당하는 가장 도발적인 사례는 칼 세데르스트룀Carl Cederström과 피터 플레밍Peter Fleming이 쓴 책《데드 맨 워킹》에서 볼 수 있다(세데르스트룀, 플레밍, 2012). 저자들은 미국 네바다주의 합법적 성매매 업소에서 일하는 젊은 여성들의 삶을 추적한 루이 서로Louis Theroux의 BBC 다큐멘터리를 거론한다. 그 여성들이 제일 꺼리는 고객인 행크는 겉으로는 온화하고 다정해 보이는 남성인데, 그는 절대 성관계를 원하지 않았다. 세데르스트룀과 플레밍은 여성들이 다른 고객보다 행크를 더 꺼리는 이유는 그가 돈으로 피상적인 행위 이상을 요구하기 때문이라고 주장한다. 행크는 성매매 업소에서 혹실드가 '진솔한 연기'라 불렀을 법한 행위를 구매하기 위해 돈을 지불한다. 신체나 외모에는 별로 관심이 없는 그가 바라는 것은 키스와 포옹 그리고 미래에 대한 대화로 완성되는 진짜 여자 친구와 함께하는 긴 저녁시간이다. 최고로 강도 높은 감정노동이다.

감정적 성매매는 확실히 극단적인 사례이기는 하지만, 행크의 '여자 친구'들이 겪은 극심한 피로는 타인의 요구에 따라 감정 상태를 지어내야 하는 직종의 수많은 노동자가 겪는 부정적 경험과 비교하기 그리 어렵지 않다. 어쨌거나 일에 저항하는 언어가 '자기를 팔기', '영혼을 팔기', '그 인간'에게 복종하기와 같이 성매매와 연관되는 경우가 꽤 많은 편이니 말이다. 회사나 고객의 가치관을 강요당하는 노동자는 서서히 스며드는 모욕감이나 가식적으로 행동해야 하는 상황으로 인해 괴로워한다. 오늘날 감정 소모의 위험을 견디며 일해야 하는 사람이 서비스 노동자만이 아니라는 점을 이해하면 이 새로운 형태의 소외가 어디까지 퍼져 있는지 뚜렷이 보인다. 산업시대 노동자는 신체적 규율의 대상이 되기는 했지만 업무 수행에 영향을 미치지 않는 한 그들의 생각과 감정이 고용자의 관심을 끄는 일은 별로 없었다. 하지만 업무 성과를 정량화하기 어려운 오늘날의 비물질적 노동 영역에서는 관리자가 개별 노동자의 생산성을 평가하기란 쉽지 않다. 그 결과 갈수록 노동자를 '성격'으로 평가하는 경우가 늘고 있다(고르츠, 1999: 39~44, 위크스, 2011: 69~75). 좋은 직원이란 전문성이라는 사회 규범을 능숙히 실현하고 헌신과 열정을 보이며 조직의 목표를 지지하는 사람이다. 누가 가장 생산성이 높은지 객관적으로 평가하기 어렵기 때문에 진취적이고 사근사근하며 역동적이고 협력적인 직원을 최고로 친다.

캐서린 케이시는 《포천》 500대 기업에 선정된 헤파이스토스(가명)에 대한 사례 연구를 통해 고도의 몰입을 요구하는 자본주의 조직 문화를 살펴보았다. 헤파이스토스사의 관리자들은 연대와 화

합의 문화가 있는 직장을 만들려고 애썼지만 현대의 기업이 다 그렇듯이 갈등이 발생할 가능성을 줄이기 위해서 조직 내 규율이 눈에 보이지 않게 부드럽게 작동하기를 원했다. 케이시는 기업들이 상당한 재정을 투자해 노동자가 회사의 가치와 정체성에 자기를 맞추도록 장려함으로써 이런 이상을 이루려는 경우가 많다고 주장한다. 달리 말해 노동자를 '회사 사람'으로 바꾸어놓는 것이다. 헤파이스토스에서는 이렇게 일을 정체화하는 작업이 헌신하는 마음과 개인적인 의무감을 노동자에게 심어주기 위해 설계된 '팀'이나 '가족' 같은 어휘가 담긴 조직적 수사를 통해 진행되었다. '팀'이나 '가족'이라는 관념은 직장을 경제적 의무가 아닌 윤리적 의무의 영역으로 재설정하여 노동자를 조직의 목표에 더 단단히 묶어둔다. 케이시는 전형적인 헤파이스토스 직원이란 "열심히 일하는 것은 물론이고 회사와 회사의 상품에 충성 봉사하며, 회사와 자기가 속한 팀을 위해 더욱 노력할 자세가 되어 있는" 사람이라고 말한다(케이시, 1995: 127). 노동자들은 주의를 기울여 언행을 삼가는 감정노동을 수행함으로써 이러한 의무에 대응했다. 이렇게 강력한 회사의 직무 요구를 훌륭하게 수행하는 모습을 보여주는 사례로, 단지 전문적으로 보이려고 아무것도 들어 있지 않은 서류 가방을 들고 다닌 제리의 경우가 있었다. 또한 헤파이스토스 직원들은 눈에 띄게 초과 근무를 하는 것으로 충성심을 드러냈다. 주말에 출근하는 노동자는 주차장에 세워둔 차가 다른 직원들의 **눈에 띄기**를 바랐고, 집안 사정으로 일찍 출근하거나 늦게 퇴근하지 못하게 된 경우에는 복도를 지나가면서 아쉬움과 미안함을 열심히 표출해야 했다. 이런 고몰입 관행이 직장 문화로 자리잡으면 피고용자가 저항하기는 어려워진다. 케이시는 그 '가족' 또는 '팀'이라는 조직이 상품을 제대로 내놓지 못하는 노동자에게는 곧바로 등을 돌리는 모습을 발견했다.

고몰입 조직 문화에 대한 노동자의 반응은 물론 제각각이었다. 헤파이스토스에서는 이러한 직장 문화와 결탁하는 이도 있었고 자기를 방어하려는 이도 있었으며, 좀 더 편히 살고 싶은 마음에 의식적으로 복종하는 경우도 있었다. 하지만 케이시는 고몰입 직장 문화에 노동자가 어떤 입장을 취했든 상관없이 헤파이스토스는 정서불안, 강박, 자책이 만연한 회사였다고 결론짓는다. 이는 직업이 우리를 소진시키고 말 것이라는 문화적 공포를 더욱 환기시킬 뿐 그다지 놀라운 이야기는 아니다. 하지만 케이시를 비롯한 저자들이 묘사한 고몰입 문화에서 특히 염려스러운 점은 이것이 더 이상 고용 시장의 상층에만 국한된 현상이 아니라는 데 있다. 이제는 딱히 환영받지 못하는 저임금 일자리에서도 노동자가 전문성을 뚜렷이 드러내는 능력을 갖추기를 기대한다. 내 연구에 참여한 사람 중 한 명(나중에 등장할 매슈이다)이 알려준 대형 할인매장 B&M의 진열대 담당자 구인광고가 인상적이었다. 거기에는 이렇게 쓰여 있었다. "(바로 우리처럼) 야망 있고 실력이 뛰어나며 성공에 대한 열정이 있는 사람이라면 분명 B&M에서 일하고 싶을 것입니다!" 진열대를 채우는 일에 야망과 열정 같은 전문적 자질이 그렇게 필요할까 싶지만 고용자는 어찌 됐든 노동자에게 그런 자질을 요구한다. 콜린 크리민Colin Cremin의 연구에 따르면 이것은 일반적인 경향이다. 크리민은 1870년에서 2001년 사이 《요크셔 포스트》에 게재된 구인광고를 분석한 결과 "거의 모든 일자리에서 '의사소통 능력'과 '팀'으로 일하기를 요구한다."는 사실을 발견했다(크리민, 2003).

이전의 노동 환경이 업무를 표준화하고 감시하려고 노력한 결과 노동자의 분리와 무관심을 초래했다면, 일에 감정을 투여하도록 북돋우는 최근의 시도에는 그 나름의 위험이 뒤따른다. 스트레스와 번아웃, 근무 시간이 끝나도 쉴 수 없는 조건 등 집중적인 노동에 드는 개인적 비용이 상당히 널리 알려진 상황에서 낯선 목표에 자기를 투여하도록 노동자를 몰아붙이는 데는 한계가 있다. 하지만 놀라운 회복력을 보여주는 오늘날의 관리자들은 새로운 전략을 동원해 이런 거부감을 미연에 방지하고 있다. 수익과 생산성에 초점을 맞춘 이 최신 전략은 노동자에게 훨씬 더 높은 개성과 자유를 허용하기로 약속한다. 유명한 경영 안내서의 저자는 "사람이 자기답게 행복과 자유를 누릴 때 생산성이 높아지고 더 적극적인 태도를 보인다."라고 말한다(베인스, 2007). 이 새로운 풍조는 이전에 금지하거나 무시하던 노동자의 성격적 측면을 직장 안으로 끌어들인다. '자기답게 행동하라'와 '즐기라'는 말이 강조되며, 기존의 획일적인 조직 문화나 회사의 가치를 극도로 내면화하려는 시도는 조잡하고 진부하다고 여긴다. 이 새로운 풍조가 미국 실리콘밸리에서 시작된 탓에 '캘리포니아식 이념'으로 불리곤 한다. 영국에서는 푹신한 소파와 개인 공간, 휴게실, 고풍스러운 응접실을 마련해 일종의 놀이터 같은 느낌을 주는 런던의 구글 지사가 전형적인 (그리고 다소 극단적인) 사례일 것이다.

피터 플레밍Peter Fleming과 앤드류 스터디Andrew Sturdy는 선레이(가명) 콜센터 연구를 통해 즐기며 일한다는 이 새로운 풍조를 살펴보았다(플레밍, 스터디, 2011). 선레이의 사내 문화는 팀 회의나 채용 공고, 직원 평가 시간에 자주 등장하는 '집중하고Focus, 즐기고Fun, 성취한다Fulfilment'라는 표어의 앞 글자를 딴 '3F'라는 민망한 원칙을 따르고 있었다. 사무실에서 즐기는 분위기를 만들려고 퀴즈 시간이나 주제별로 차려입고 모이는 행사, 숙박 워크숍, 금요일 저녁 음주 게임, 사무실을 정글처럼 꾸미기와 같은 다양한 시도를 했다. 선레이의 구인광고 상단에는 "파티를 열 줄 아시나요?"라는 문구가 들어갔고, 관리자들은 직원에게 '자기답게' 행동하고 개성을 표현하라고 요구했다. 이 '자기답게' 행동할 권리에 부정적이거나 불행할 권리는 포함되지 않는다고 봐야 할 것이다. 여기에 알맞은 태도는 "긍정적인 성격, 해맑은 장난기, 활기찬 마음 자세, 외향적이며 거침없는 기질"을 드러내는 행동을 하는 것이다(플레밍, 스파이서, 2004: 82). 내향적이고 생각이 많고 변덕스럽거나 반항기가 있는 사람은 지원할 필요가 없다. 플레밍과 스터디는 전통적인 통제 체제(자동 통화 배분, 성과 감시, 위계적 관리 구조 등)를 갖춘 콜센터의 전자적 판옵티콘이 여전히 꽤 잘 작동한다는 사실도 알아냈다. 면담에 응한 노동자 중에는 3F 정신을 즐긴다고 말하는 경우도 있었지만, 다른 이들은 그런 사람은 세뇌되었다고 생각했다. 플레밍과 스터디는 선레이에서 관찰한 내용에 상당히 비판적인 입장을 취하며, 즐거움과 개성을 일에 적용하는 데는 크게 두 가지 목적이 있다고 주장했다. 하나는 노동자의 '사회성을 포획'하는 것이다. 노동자가 일에 자신의 개성을 담도록 장려하면서, 관리자는 그 직원이 고객에게 더욱 사적인 서비스를 제공하기를 기대한다. 다른 하나는 소외를 유발하는 노동과정으로부터 주의를 돌리려는 것이다. "관리 측면에서 3F 원칙의 근거는 기술적·관료적·문화적 통제 속에서 상담원이 감당해야 하는 힘겹고 지겨운 업무를 보상하는 데 있다."(플레밍, 스터디, 2011: 192) 이것이 시사하는 바는 노동자에게 '자기답게 행동'하도록 허용하는 게 아니라 **명령**한다는 점이다. '**자기답게 행동하라, 그렇지 않으면**'이라는 역설적인 명령에 관리자들도 혼란스러워했다. 한 인사관리자는 어색하게 더듬거리며 이렇게 말한다.

> 우리가 하는 3F 활동은 통제 속에서 의무적으로 수행해야 하는 것입니다. 개인주의와 창의성을 장려하기는 하지만⋯ 선레이식 태도는 하나로 통일되어 있고⋯ 음, 그래도 다들 자기답게 행동할 수는 있습니다.
> (플레밍, 스터디, 2011: 191)

자주 언급되는 캘리포니아식 이념의 자유란 궁극적으로 엄격히 한정된 범위 내에서 주의 깊게 관리되는 피상적인 자유인 듯하다. 플레밍과 스터디가 제시한 사례를 빌려보면 머리카락을 특이한 색으로 염색하거나 짧은 치마를 입거나 자기 자리 뒤에 서핑보드를 세워둘 자유는 있지만 노동 과정에 실질적인 영향을 미칠 자유는 없다. 업무 환경에 즐거움과 자유의 요소를 주입하는 수단은 자유를 피상적인 형태로 제시할 뿐 아니라 윤리적으로 의심스러운 일을 즐거운 일로 윤색하는 해악을 끼칠 수도 있다. 고르츠가 주장했듯이 "생화학무기든 약물이든, 액션맨이든 교육용 게임이든, 포르노든 예술 책이든" 상관없이, 무엇을 생산하는 곳이든 마음 편하고 즐거운 업무 환경을 꾸릴 수는 있다(고르츠, 1985: 52). 열악한 환경에서 노동자를 착취하거나 어린이가 설탕 시리얼에 중독되게 만들거나 새로운 의약품 시장을 개척하는 곳으로 알려진 회사가 '인간적으로' 조성한 사무실에서 티셔츠를 입고 사무 공간을 꾸미고 회사 점심 모임의 혜택을 누리며 일하는 중간 관리자는 어떠한 도덕적 문제도 무시할 수 있을 것이다. 노동시간을 인간화하는 작업이 피상적인 즐거움을 가져다준다 해도 그 일자리가 인도적이고 사회적으로 가치 있는 목적에 기여하리라는 보장은 없다.

자율적으로 일하기의 어려움

마르크스 이후 수많은 저자가 산업 노동의 소외를 논하는 사이에, 새로운 지식 기반 경제로의 전환을 예측한 사람들은 더 밝은 미래가 다가오리라고 믿었다. 새로운 고용 형태가 일을 인간화할 기회를 제공할 거라는 기대가 컸다. 하지만 노동 과정 자체를 조직하고 경험하는 방식 면에서는 여전히 기계노동에서 유래한 소외의 형태가 견고하게 유지되고 있는 것이 분명하다. 컴퓨터화 시대에도 테일러주의는 건재하다. 그리하여 노동자는 계속 시간에 쫓기고 세밀하게 관리당하며 이윤을 추구하는 생산 체제에 의해 작고 반복적인 작업을 강요당한다. 이러한 전통적인 통제 방식에 더해 기업이 노동자의 자아를 끌어들여 착취하려 하면서 새로운 형태의 소외도 나타났다. 게다가 직장 문화 관리 전략을 통해 직무와 자신을 동일시하도록 유도하고, 이 전략이 잘 통하지 않는 영역에서는 놀이터 같은 직장이라는 새로운 풍조로 소외를 유발하는 노동에 즐거움과 자유의 언어를 덧씌우려 했다. 이렇게 여러 가지 방식으로 사람들에게 의사소통 능력을 발휘할 기회를 제공하고, 조직에 소속감을 느끼고 자기답게 행동하고 즐겁게 일하도록 함으로써 일을 더 자유롭고 인도적으로 바꾸어나가겠다고 약속한다. 그럼에도 일은 더욱 침습적인 성격을 띠며 우리의 자아를 더 깊이 요구하고, 정신적 통제 방식은 더 정교하고 포괄적으로 변해온 것으로 보인다.

이 지점에서, 내가 여기에 제시한 내용은 일반적인 추세일 뿐 누구나 일을 똑같이 경험한다는 뜻은 아님을 밝혀두어야겠다. 1960년대에 로버트 블라우너는 일이 소외를 유발하느냐는 질문이 너무 일반적인 형태로 제기된다고 주장했다. 여러 공장의 업무 환경을 비교 연구한 블라우너는 공장별로 그리고 같은 공장 안에서도 노동자의 직무 경험은 아주 다양하다는 사실을 발견했다. 따라서 모든 일이 소외를 유발한다기보다는 일이 '소외를 유발하는 경향'에 관해 논하는 편이 더 적절하다고 했다(블라우너, 1964). 급진적인 일 비평가조차도 현대의 고용 형태가 자신을 표현하고 주도하고 협력할 가능성을 완전히 배제한다고 말하지 않는다. 고르츠는 노동자가 생산의 목표와 방식을 통제하지 못하더라도 일이 잘 맞고 즐거울 수 있다고 주장했다. "타율적이라고 해서 직장이 꼭 지옥이나 연옥이 된다는 뜻은 아니다."(고르츠, 1985: 51)

일이 즐겁고 흥미로울 수 있다는 점은 나도 인정한다. 그럼에도 나는 여전히 소외가 현대 불행의 주요인이며, 다 같이 머리를 맞대고 일 중심 사회를 재검토해야 할 이유를 보여주는 또 하나의 사회 문제라고 말할 것이다. 일이 만족스러울 수 있다고 해도 보람 있고 의미 있는 일자리를 얻을 기회는 극도로 불평등하게 주어진다. 일의 도덕적 신성성은 다수가 실제로 맞닥뜨리는 현실과 크게 동떨어진 소리라는 점은 분명하다. 여기서 문제는 자본주의 기업이 보람 있는 일자리를 제공할지의 여부는 흥미로운 일을 하려는 인간의 욕구에 부응하려는 의도가 아니라 그 일이 기업에 수익을 가져다주느냐 아니냐에 따라 결정된다는 점이다. 노동자에게 그나마 참고 일할 수 있을 정도의 이점을 제공해 계속 자리를 지키며 업무를 수행하도록 유도하는 수준을 넘어 의미 있고 만족스러운 일을 향한 인간의 욕망을 채우도록 강제하는 것은 자본주의의 논리와 전혀 맞지 않는다(라이트, 2010: 48). 회사가 비용을 줄이고 직원을 내보내야 하는 순간, 노동자와 상사 사이의 표면적인 형평성과 협력이 얼마나 빨리 무너지는지를 보라. 이런 사건이 벌어질 때마다 노동자는 회사라는 가족의 일원이 아니라 사적 이윤 창출을 위해 쓰고 버리는 도구에 불과하다는 사실이 거칠게 드러난다(고르츠, 1989: 64).

진정으로 의미 있는 일이란 그 일을 하는 사람이 자기가 지닌 기술적·미적·사회적 기준에 따라, 다시 말해 효용성, 아름다움, 유용성에 대한 나름의 시각에 따라 수행할 수 있는 일로 정의할 수 있다. 자본주의 경제에서 제공하는 일자리 중에서 이처럼 진정으로 의미 있는 일을 찾는 데는 분명 한계가 있다. 오늘날 많은 고용자가 노동자에게 상의하고 성찰하고 계획하고 토론하고 '진정한 자기를 표현'하라고 요구하지만, 정작 노동자가 발휘할 수 있는 자율성의 범위는 언제나 기업과 그 기업을 움직이는 경제적 힘이 형성하는 더 큰 목표에 의해 제한된다. 플레밍과 스터디는 일에 인간적 요소를 재주입하려는 시도는 궁극적으로 '통제 범위 내에서의 자유'를 도입하는 것이나 마찬가지라고 주장한다(플레밍, 스터디, 2011). 이는 아마 앞서 고르츠가 말한 '타율성 안에서의 자율성'을 의도적으로 되풀이한 표현일 것이다(고르츠, 1999). 현대적 형태의 일에 능동적이고 적극적으로 표현하고 협력하는 자질이 요구된다면, 그런 자질은 오직 회사가 설정해둔 목표 안에서만 발휘할 수 있는 것이다.

> 자본주의는 [노동자에게] 상의하고 성찰하고, 무엇을 할지 계획하고 토론하고, 자율적 생산 주체가 되라고 요구한다. 하지만 그러면서도 그 자율성을 사전에 설정된 범위 내에 묶어두고 미리 정해진 목표를 향하도록 강제한다. (고르츠, 1999: 39)

특정한 수준 이상의 광범위한 자유를 허용하지 않는 한 노동은 늘 어느 정도 소외를 동반할 것이라는 확신이 비판사회이론과 노동 감축 논쟁의 핵심 전제 중 하나이다. 고르츠는 노동자가 노동 과정에서 조직에 대한 통제권을 어느 정도 가질 수 있다고 하더라도 회사가 내놓는 재화와 서비스의 사용 가치에 의문을 제기하거나 그 재화와 서비스가 사회 전체에 미치는 영향에 관한 논쟁에 참여할 여지는 없다고 지적한다(고르츠, 1985: 51). 생산 활동에서 고르츠가 요구한 엄격한 수준의 **진정한** 자율성이란 더 큰 질문에 참여할 자유의 확립에 달려 있다. 진정한 자율성은 무엇을, 누구의 이익을 위해 생산할지 이야기할 수 있는 자유로 이루어진다. 그 일을 통해 충족될 수요의 진위와 중요성에 의문을 제기할 수 있는 자유이다(고르츠, 1999: 41).

마지막으로, 노동자가 자신의 직업 역할에 더 큰 자율성을 발휘할 수 있는 경우라도 정규직으로 일한다는 것은 여전히 다른 활동을 배제한 채 한 가지 활동에 기술과 역량을 쏟아붓는 상황을 의미한다. 아무리 즐거운 일이라도 여전히 그 일은 대체로 우리를 경제 체제 안에 규정된 역할에 가두어, 우리의 자아 가운데 자본주의적 생산 과정에서 할당받은 지위에 걸맞지 않은 부분에 대해서는 침묵하게 만든다. **역할**이라는 용어 자체가 "연극에서 나온 말로, 사회에서 개개인에게 떠맡기는 존재 형태는 그 사람 자체와 같지 않을뿐더러 그 사람이 될 수 있을 어떠한 존재와도 일치하지 않는다는 의미가 담겨 있다."(아도르노, 2001: 187) 자신이 교사나 술집 주인, 경찰이라고 소개하며 잠시나마 위안을 얻을 수도 있지만, 이런 정체성 중 어느 것도 실제 그 사람이 누구인지를 알려주지 않는다. 레나타 살레츨Renata Salecl의 표현을 빌리면 "외적 정체성으로 정의할 수 없는 무언가가 내면에 항상 존재"(살레츨, 2011: 49)하므로, 직업 역할을 받아들여 자아실현을 이루려고 아무리 노력해도 그 시도는 언제나 실패하고 한다. 이제는 자기 삶을 특징짓는 가치나 활동과는 거리가 멀거나 아예 관련 없는 일을 하며 사는 사람이 많을 것이라는 견해, 다시 말해 '직장에서의 자신'과 '집에서의 자신'이 따로 존재한다는 개념을 어느 정도 받아들이는 문화가 형성되었다. 이렇다 보니 유급 노동 자체에서는 의미를 찾기가 어렵고, 일은 궁극적으로 노동시간 자체에 내재한 개인적 희생에 대한 보상으로서 외부의 통제 속에서 주어지는 소득과 안정성, 명성과 같은 이점을 통해서만 주관적 의의를 유지할 수 있게 되었다(고르츠, 1989: 35~36).

종합하면, 자본주의가 제공하는 노동에서 자율성을 행사할 범위가 엄격히 제한되어 있다는 사실은 일에 대해 비판적 태도를 유지해야 할 이유 중 하나이다. 일의 중심성과 신성성, 즉 일을 정체성, 지위, 사회적 기여의 원천으로 보는 가치 평가가 슬프게도 수많은 이들이 일상적으로 마주하는 실제 일 경험과는 동떨어져 있다. 유급 고용은 생산성과 창조적 역량을 표현할 통로가 되기보다는 그런 역량을 개발하는 데 걸림돌로 작용하는 경우가 많다. 일반적으로 창조적이고 의미 있는 일이 더 이상 유급직으로 하는 일과 동의어로 쓰이지 않는다면, 인본주의적 또는 해방적 관점에서 일을 줄이고 여가시간을 늘릴 가능성을 찾기 위한 탐색을 시작하는 것이 합리적이다. 일을 줄이면 사람들은 자본주의 경제가 제공하는 직업 역할이 허용하는 좁은 범위를 벗어나 비공식적인 생산의 관계망에서 훨씬 더 풍부한 재능과 역량을 펼칠 수 있을 것이다.

3장

내가 하는 일이 나라는 착각

> 경제적 합리성 앞에는 상업적 부를 생산하지도 소비하지도 않는 진정한 자유시간이 들어설 자리가 없다.
>
> - 앙드레 고르츠, 《경제이성비판》 (1985: 115)

　　앨리 혹실드는 저서 《나를 빌려드립니다》(2012)를 쓰면서 시간을 들이거나 친구 또는 가족과 협력하기보다는 상업적 서비스에 돈을 지불해 필요를 채우는 수많은 사람을 면담했다. 돈은 많고 시간은 없는 이 사람들은 만남 중개 서비스, 웨딩플래너, 노인 돌봄 관리사, 생일파티 기획자에게 의지해 개인과 가족의 필요를 채우고 있었다. 혹실드는 특유의 공감 능력과 세심한 관찰력으로 사용자 관점에서 보는 이런 서비스의 매력뿐 아니라 삶이 점차 몰개성적이고 상업화되면서 발생할 수 있는 잠재적 문제도 함께 탐구했다. 어느 강연 행사장에서 혹실드는 연구하면서 만난 사람 중에서 깔끔한 주방 설비나 최신식 오븐에 투자한 사람이 생각보다 많다는 사실에 특히 놀라움을 표했다. 그 사람들은 너무 바쁘게 사느라 그런 설비를 사용할 시간이 없어 보였기 때문에 모순적인 현상이었다. 요리할 시간이 없는데 어째서 새 오븐을 사들이는 걸까? 혹실드는 새 주방 가전이 구매자에게 일종의 부적 같은 역할을 한다고 추측했다. 한 번도 쓰지 않은 반짝이는 신형 오븐은 그들이 **바라던** 여유로운 생활방식을 추구하는 행동이다. 젊은 직장인의 어수선한 아파트도 마찬가지로 해석할 수 있다. 반쯤 읽다 만 소설이 잔뜩 꽂힌 책장, 먼지 쌓인 CD로 가득 찬 선반, 찬장을 꽉 채운 채 낡아가는 캠핑 장비는 직장에 다니기 전에 그들이 바라던 여유로운 삶의 상징이다.

이 장의 주제는 여가이다. 더 정확히는 여가가 왜 그리 부족해 보이는지, 여가시간이 왜 그리도 책임감과 불안감으로 가득 차곤 하는지 살펴볼 것이다. 최근 들어 독자에게 속도를 늦추고 삶을 즐기라고 조언하는 자기계발서가 인기를 끌고 있다(이를테면 오노레, 2004; 호지킨슨, 2004). 매주 신문에 '일-생활 균형' 논의가 등장하는 경향에서 사람들이 얼마나 자유시간에 쫓기고 압박감을 느끼는지가 드러난다. 국제노동기구에 따르면 2013년 영국 노동자는 (정규직과 비정규직을 아울러) 주당 평균 35.8시간 일했고, 미국에서는 평균 38.6시간이었다. 주당 노동시간이 급격히 줄어들 것이라는 케인스의 예측과는 상당히 거리가 먼 결과다. 영국 노동조합연맹의 통계에 따르면 영국 노동자 중 20퍼센트 정도가 정기적으로 무급 초과 노동을 했다. 이 20퍼센트의 평균 주당 무급 초과 노동시간은 7.7시간(임금으로 계산할 경우 약 320억 파운드)이었지만, (특히 교육·의료·광산업 분야에서) 주당 초과 노동시간이 9~10시간 정도인 노동자가 수십만 명에 달한다고 했다(영국 노동조합연맹, 2015). 노동시간 통계치는 양적 측면에서 일의 영향을 평가하는 기준이 된다. 하지만 이 장에서 내가 주장하는 바는 여가시간 부족과 불안이 질적 측면에서 중요한 문화적 현상으로 널리 퍼져 있으며, 따라서 노동시간이 제일 긴 사람만 겪는 문제가 아니라는 점이다. 여가의 질적 하락은 경제적 요구가 일상의 상당 부분을 지배하려 드는 경향에서 비롯한 증상으로 이해해야 한다. 교육이 재미없는 자격증 획득 수단으로 전락할 위험에 처하고, 타인과의 교류는 경력 증진의 필요에 의해 이루어질 때가 많으며, 실업이 일의 한 형태인 '구직'으로 바뀌는 시대에 우리가 자기만의 시간이라고 당당히 말할 수 있는 시간은 얼마나 될까? 정확히 언제 우리는 경제적 부를 생산하거나 소비하려는 욕구에서 해방되어 세계와 그 안의 문화를 진정으로 자유롭게 경험할 수 있을까?

자유시간

간단한 질문으로 시작해보자. 하루 중 일이 정말로 끝나는 때는 언제인가? 계약상으로는 하루에 일하는 시간이 정해져 있지만 그저 직장을 벗어나는 것만으로 자유의 세계가 열리지는 않는다. 이는 테오도어 아도르노가 1970년대에 쓴 〈자유시간〉이라는 짧지만 신랄한 논문에서 잘 드러난다(아도르노, 2001). 아도르노는 노동자가 일 바깥에서 진정 자율적으로 사용하는 시간이 얼마나 되는지 물으면서, 일하지 않는 시간은 암묵적으로 다시 일할 준비를 하는 데에 쓰이는 시간으로 간주되며 자유시간은 전혀 자유롭지 않고 그저 '수익에 맞추어진 사회생활의 연장선'일 뿐이라고 주장했다(아도르노, 2001: 189). 자유시간에 일 못지않게 품이 드는 활동(스크린을 보거나 집안일을 하는 등의)을 해서이기도 하지만, 소외를 유발하거나 소진되게 만드는 일을 하다 보면 회복의 필요도 높아지기 때문이다. 소외를 유발하는 일은 노동자의 신체적·정신적 에너지를 고갈시켜 일하지 않는 시간의 상당 부분을 축 늘어져 도피성 오락을 즐기거나 그날의 고된 노동을 보상해줄 무언가를 사들이는 데 쓰게 만든다.

우리가 자유시간에 하는 회복 또는 보상 활동이 즐거울 때도 있지만, 아도르노라면 그것은 궁극적으로 피상적인 자유에 불과하다고 주장할 것이다. 아도르노는 자유시간이 사람들이 벗어나려 애쓰는 외부의 힘에 좌우되는 한 진정 자유로운 시간이 아니라고 말한다. 그러면서 자유시간과 진정한 여가라고 일컬을 만한 시간을 구분할 필요가 있다고 주장한다. 자유시간이 그저 일의 연장선일 뿐이라면 진정한 여가는 사람들이 경제적 요구에서 벗어나 세상과 문화 속에서 진정으로 자유로워지는, '매개 없이 직접 누리는 인생의 오아시스'를 가리킨다. 아도르노는 풍요로운 사회에 넘쳐나는 것은 진정한 여가가 아니라 질 낮은 자유시간이라고 주장한다.[1] 이 질 낮은 자유시간에 고용 관계 바깥에서 스스로 선택하는 활동은 우리가 가진 변변찮은 시간을 적당히 흘려보낼 만한 하찮은 활동, 즉 '취미'에 국한되는 경향이 있다. 아도르노는 **취미**라는 용어가 무급 활동의 가치를 떨어뜨린다고 보고 격하게 거부했다. 아도르노는 자부심을 드러내며 다음과 같은 인상적인 구절을 남겼다.

> 나는 취미가 없다. 그렇다고 내가 주어진 일을 꾸준히 하는 것 말고는 자기 시간을 달리 쓸 줄 모르는 일 중독자라는 말은 아니다. 하지만 나는 공식적인 직업 범위를 넘어서는 모든 활동에 대단히 진지하게 임한다. (…) 작곡, 음악 감상, 온전히 몰입하는 독서 같은 활동은 내 삶의 핵심이다. 이것을 취미라고 부른다면 이 활동을 조롱하는 짓이 될 것이다. (아도르노, 2001: 188~189)

아도르노는 다소 공격적으로 '고급' 문화와 '저급' 문화를 구분하는 엘리트 의식을 보인다는 지적을 받곤 했다. 위 인용문에서 그가 드러낸 독서, 작곡, 음악 감상(짐작하건대 클래식 음악일 것이다)에 대한 진지한 관심은 도피적인 '저급' 문화와는 대조적인 느낌을 준다.

나는 여기서 이런 구분을 옹호할 생각은 없다. 하지만 어떻게 시간을 쓰는지 종합적으로 바라본 아도르노의 관점은 오늘날 중요한 의의를 지닌다고 생각한다. 표준이 된 하루 8시간 노동으로 인해 자유시간이 어떻게 산산조각이 나는지 생각해보자. 정규직 노동자는 노동시간과 자유시간이 빠르게 교차하는 생활을 하는데 자유시간은 저녁, 주말, 공휴일로 한정된다. 이렇게 자유시간이 파편화되면 우리가 시간을 쓸 대상은 아도르노가 비난한 변변찮은 취미밖에 없을 것이다. 조각난 자유시간으로는 스스로 정해서 하는 활동, 즉 집중, 헌신, 공동체 형성, 새로운 기술 습득과 같이 시간과 기력을 꾸준히 들여야 하는 활동에 참여하는 데 한계가 있다(로지악, 2002: 100). 이런 상황에서 가장 극단적으로 피해를 보는 사람이 오늘날 전형적으로 보이는 바쁜 노동자이다. 어둑해진 후에 미처 답하지 못한 이메일을 남겨둔 채 퇴근하면 가족과 정서적으로 교류하기에는 너무 지친 상태이다. 그래서 와인이나 겨우 마시고 텔레비전을 보다 잠들면 하루가 끝난다. 여기서 요점은 와인을 마시거나 텔레비전을 보는 것이 '저급'한 문화라는 것이 아니라 노동자가 그밖에 다른 활동을 선택할 시간과 기력이 없다는 것이다.

애니메이션 영화 〈레고 무비〉(2014)에는 아도르노가 지적한 질 낮은 여가에 대한 현대적 해석이 담겨 있다. 평범한 인물인 에밋은 일하지 않는 시간에는 대부분 소파에 앉아서 ('레고' 세계에서 퍼렐 윌리엄스의 'Happy'에 해당하는) '모든 게 다 근사해Everything is Awesome'를 듣고, 텔레비전 광고에 빠져들고, '내 바지 어디 갔어?'를 외치는 코미디 쇼를 열성적으로 시청하며 보낸다. 에밋은 매일 똑같은 시간에 샤워하고 양치하고 운동한 후 똑같은 교통 체증을 겪고 동료들과 공허한 대화를 주고받다가 하나뿐인 소중한 친구, 화분이 기다리는 집으로 돌아온다. 이런 비평을 (결국에는 수백만 달러짜리 레고 광고나 다름없는) 자본주의 본연의 문화산업이 내놓았다는 역설을 제쳐둔다면, 우리는 〈레고 무비〉가 그리는 이런 장면에서 틀에 박힌 현대 생활의 속성을 발견할 수 있다.

자유시간이 일의 연속이라는 아도르노의 지적은 노트북과 스마트폰 같은 네트워크 기술이 부상하면서 이전에는 존재하지 않거나 환영받지 못했던 삶의 영역까지 일이 침투할 수 있게 된 이 시대에 더욱 현실성을 띠게 되었다. 멀리사 그레그Melissa Gregg는 일이 어떻게 시간적·공간적 범위를 벗어나 끝없이 이어지는 '할 일' 목록이 되어 오늘날 수많은 노동자를 따라다니게 되었는지 탐구했다. 사무직 노동자들을 면담한 그레그는 비동기적 의사소통에 최적화된 이메일이나 메신저 서비스 같은 기술이 어쩌다가 궁극적으로 정반대의 효과를 가져왔는지, 다시 말해 현대의 바쁜 노동자들에게 사무실 안에서나 밖에서나 항상 연락과 응답이 가능한 상태를 유지해야 한다는 압박을 느끼게 했는지 보여준다(그레그, 2011). 경력관리 방법을 알려주는 웹사이트 그라인드스톤Grindstone에 실린 어느 기사에서는 이제는 언제든지 응답할 수 있는 상태로 대기한다는 개념에 익숙해진 직장인이 많아졌다고 주장한다. 아래는 어느 독자가 남긴 답글이다.

곤경에 처한 고객과 연락을 주고받거나 휴대폰이나 스카이프로 들어오는 문의에 응대하다 보면 위기가 될 만한 일도 간단한 문제로 끝낼 수 있죠. 고객들은 '휴가 중이었다'는 변명을 용납하지 않을 거예요. 지금 일을 처리하지 못하면 다음번 휴가는 집에 있는 욕조에서 고무 오리들과 함께 보내게 될 겁니다. (레포레, 2012)

마치 노트북처럼, 오늘날 고몰입을 요구하는 조직에 플러그를 꽂은 노동자들은 항시 대기 상태를 유지해야 하는 모양이다.

고용 가능성이라는 압박

일이 일상적 삶을 지배하는 경향을 폭넓게 짚어낸 아도르노의 우려를 지금만큼 적절하고 광범위하게 적용할 수 있는 시기는 없었다. 자유시간이 잘게 쪼개지고 일이 기존의 경계 밖으로 흘러나오는 현상 때문만이 아니라 일을 쉬고 있거나 아직 유급 고용의 세계에 발을 들이지 않은 청년들마저 자유시간의 위기를 겪고 있기 때문이다. 이 현상은 개인이 훈련받고 학위를 취득하고 인맥을 형성하고 적절한 성격을 내보이고 고용자가 추구하는 가치에 적합한 인생 경험을 쌓아야 할 책임, 즉 **고용 가능성**이라는 새로운 압박에 기인하는 면이 크다. 지속적이고 안정적인 일자리를 제공할 책임이 더이상 국가와 기업에 있지 않다고 보는 신자유주의 정치철학의 핵심을 이루는 고용 가능성 개념은 21세기에 접어들면서 두드러지게 강조되었다. 신자유주의 정책을 옹호하는 정치인들은 유급 노동을 미화하는 동시에 전통적으로 불안정한 노동시장에서 시민을 보호해온 사회적 보호장치들을 해체했다.[2] 이런 맥락에서 각자가 지닌 고용 가능성에 따라 계속 일을 할 수 있는 능력을 국가와 개인의 번영을 위한 핵심 요소로 받아들이게 되었다(셰토프스카야 외, 2013).

고용 가능성을 유지해야 한다는 압박은 미래가 불투명해 보일 때 더 강해진다. 1990년대 이후로 리처드 세넷(1998), 울리히 벡(2000), 지그문트 바우만(2000) 같은 영향력 있는 사회학자들이 자본주의 사회가 불안정의 시대에 접어들었다는 견해를 널리 알렸다. 이 불안정을 가장 심하게 겪는 이들은 노동조합의 보호를 받지 못하거나 생필품을 충당할 수 없을 정도로 임금이 낮거나 부채의 덫에 빠졌거나 의료, 출산휴가, 실업급여와 같은 사회적 보호에서 배제되는 사람들이다. 미등록 이주노동자, 수급 자격을 박탈당할까 봐 두려워하는 한부모도 이러한 집단에 포함될 수 있다. 단기 계약과 이직 또는 구직 활동으로 채워진 미래를 맞이할 가능성이 높은 창작 계통이나 학계의 노동자도 마찬가지이다. 사실상 불안정성은 임금에 의존해 살아가는 모든 사람이 처한 기본 조건이다. 프리드리히 엥겔스는 1840년대 맨체스터 노동계급에 관한 연구에서 영국 프롤레타리아는 "자기가 가진 기술로 미래에 생필품이라도 충당할 수 있으리라는 보장이 전혀 없다. 상업적 위기가 발생하거나 주인이 변덕을 부리기만 해도 일자리를 빼앗길 수 있다."라고 했다. 노동자들이 오래전부터 자신이 경제의 요구에 걸맞지 않은 존재가 될까 두려워하며 살아왔다는 사실을 떠올리게 하는 말이다. 오늘날 점점 더 많은 사람이 고르츠가 '보편화된 불안정성'이라고 부른 조건, 즉 언제든 실업자나 불완전 노동자 또는 잠재적인 불안정 노동자나 임시직 노동자가 될 수 있다는 사실을 염두에 둔 채 살아간다(고르츠, 1999: 52).

이러한 사회적·정치적 환경에서 실업과 질 낮은 저임금 일자리 사이를 오가는 처지를 피하는 것은 갈수록 개인의 책임이 되고 있다. 고용 가능성을 높이는 것 자체를 평생의 소명으로 느끼는 사람이 많을 것이다. 대부분이 "자신의 노동력을 판매할 가능성은 그 상품성을 갱신하기 위해 계속해서 투입하는 자발적이고 보이지 않는 무급 노동에 달려 있다."고 본다(고르츠, 2010: 20~21). 고용 가능성은 어린이의 마음까지도 파고든다. 언젠가 내가 학교에서 진행하는 금연 프로그램 연구를 보조하러 갔을 때 열두 살짜리 남자아이가 했던 말이 떠오른다. 프로그램이 왜 재미있냐고 물었더니 "이력서에 넣으면 좋을 것 같아서요."라고 답했다. 전통적으로 '일이 아닌 것'으로 간주되던 삶의 영역조차도 유급 노동의 영향권에 속한다고 볼 수 있다는 아도르노의 주장을 떠올리게 하는 장면이다. 여기서 염려스러운 것은 삶에서 누리는 즐거움이 노동시장에 맞춘 자기계발에 점차 밀려나는 현상이다. 고용 가능성을 높이는 것이 실제로 꼭 필요하기도 하고 온 정신을 쏟아야 할 대상이기도 한 상황에서 우리는 이를테면 역량을 키워주거나, 우정을 돈독하게 해주거나 또는 그저 좋아서 그 자체로 가치가 있는 활동을 수행하기보다는 해야 하는 일에만 점점 더 몰두하게 된다. 그 결과 자신이 정의하는 진, 선, 미의 기준에 맞는 자율적인 활동에 쓸 시간이 점점 줄어든다.

1930년대에 버트런드 러셀은 점차 분주하고 도구적으로 변해가는 현대인의 삶을 한탄하며 휴식, 놀이, 사색, 배움에 내재한 가치를 떠올리게 하는 아름다운 글귀로 여러 편의 소논문을 썼다.[3] 러셀의 주 관심사는 여가시간이 충분치 않으면 인간은 몽상에 잠기는 능력을 잃고 삶의 온갖 즐거움에서 멀어진다는 점이었다.

> 효율성 숭배에 어느 정도 밀려났지만, 이전에는 편안한 마음가짐과 놀이를 즐길 줄 아는 능력이 있었다. 현대인은 무엇을 하든 다른 어떤 목적을 위한 것일 뿐 그 자체로 의미 있다고는 생각하지 않는다. (러셀, 2004c: 11)

현대인은 언제나 다른 무언가를 위해서 어떤 일을 한다는 러셀의 주장은 현재를 경험하고 즐기는 것보다는 미래의 목표를 이루기 위해 현재를 어떻게 끌어다 쓸지에 집중하라고 요구하는 오늘날의 고용 가능성 담론에 거의 들어맞는다고 할 수 있다. 야심 있는 사람이라면 고용 가능성 전술서를 공부할 만도 하지만, 그렇지 않은 사람도 모두 똑같은 공부를 해왔다는 사실을 생각해봐야 한다. 여기서 제일 좋은 결과를 얻는 사람은 이전에 자기가 이룬 성과 그리고 그것이 고용과 어떤 관련이 있는지를 확고하고 일관성 있는 이야기로 구성해낼 줄 아는 사람이다(브라운, 헤스켓, 2004). 노숙자 지원 활동은 자원봉사 분야에서 쌓은 경험이 되고, 히치하이킹으로 다녀온 유럽 횡단 여행은 추진력과 문제 해결 능력을 키우는 계기가 된다. 원래 그 자체로 가치가 있었을 법한 이러한 활동이 이력서에서는 고용 가능성의 언어로 재구성된다.

고용 가능성 담론을 따르도록 이끄는 힘의 일부는 어깨 너머로 항상 지켜보는 미래의 고용자라는 상상 속 인물이 쥐고 있다. 콜린 크리민은 미래의 고용자와 그들의 기대사항에 대한 일반적 관념이 투사되어 한 사람의 현재의 행동과 선택을 규제하는 이런 심리적 환영을 '최종 보스boss of it all'라고 칭했다(크리민, 2011: 43). 최종 보스는 호락호락하지 않은 엄격한 규율주의자이다. 책임감, 합리적인 의사 결정, 자기관리를 끊임없이 요구한다. 이 최종 보스가 보기에 각기 다른 분야에서 너무 많은 일을 하는 노동자는 믿음이 안 가고 우유부단하며 전문성이 떨어지는 사람으로 비칠 수 있다. 반면 한 직장에서 너무 오래 일한 노동자는 야심이 없고 자기만족적이거나 시야가 너무 좁은 사람으로 보일 것이다. 학계에 있는 청년들은 전도유망한 피고용자가 되려면 언제나 '연구 중'인 상태를 유지해야 한다는 것이 최종 보스의 황금률이라고 배웠을 것이다. 예전에 나의 동료 연구자가 입버릇처럼 말했듯이, '일단 손을 놓으면 끝이다'. 아도르노는 1950년대에 출세를 바라는 노동자에게서 나타나는 절실한 순응주의에 관해 이야기하면서 이와 비슷한 상상 속의 전능한 지배자에 대한 환상을 암시했다.

실업자에서부터 공적인 인물에 이르기까지, 여기에 투자한 이들의 심기를 언제 거스를지 몰라 전전긍긍하는 이 사람들은 공감능력, 근면성, 유용성, 기술과 책략 등 상인의 자질을 지녀야만 상상 속 전능한 경영자의 환심을 살 수 있다고 믿는다. 그리하여 모든 관계를 '연줄'로 보고, 수용할 만한지 여부를 미리 검열한 자극만을 받아들인다. (아도르노, 2005: 23)

더 열심히 일하거나 개인적 관심을 외면하거나 더 멀리 출퇴근하거나 잠잘 시간에 다음날 회의 준비를 하는 것으로 경제적 생존이 해결된다면 그 이상 뭘 할 필요는 없을 것이다. 구인광고와 졸업생 채용 프로그램에 담긴 문구를 살펴본 코스테아와 그의 동료들은 고용 가능성 담론이 노동자로 하여금 '무한한 잠재력'을 끝없이 추구하게 만든다고 주장한다. 항상 지금보다 **더 잘** 해낼 수 있다고 배우는 노동자는 자신의 성격과 성과가 적합한지 의심하면서 현명하게 시간을 쓰고 있다는 만족감을 결코 느끼지 못하는 상태로 고용 가능성을 유지하기 위해 끝이 없는 자기와의 전쟁을 선포하는 비극의 길을 걷는다(코스테아 외, 2012). 상품성 있는 자아, 즉 무해하고 책임감 있고 파악하기 쉽고 특히 채용하기에 적합한 자아를 표현하기 위해 모범적인 피고용자의 상에 맞지 않는 수줍음, 울적함, 감정적 예민함 같은 개인적 특성은 전부 깎아내야 한다(엘라즈, 2013). 고용 가능성에는 이전에 없던 권력관계가 내재하는데, 고용 가능성을 유지하기 위한 개인적 희생은 어떤 의미에서는 스스로 부과한 것이기 때문이다. 노동시간에만 상사의 강압적 규율과 기술적 제어를 통해 외부에서 부과되던 전통적 착취와 달리, 고용 가능성을 위한 규율에는 시간 제한이 없으며 지속적인 자기 통제를 요구한다. 고용 가능성은 이전까지 노동시간에 국한되었던 착취의 공간적·시간적 경계가 흐려짐에 따라 거의 자발적인 형식으로 따라야만 하는 '탈중심적' 착취의 형태를 띤다(크리민, 2011: 58).

일할 준비에 삶을 지배당하는 현상이 주류 교육 체제만큼 뚜렷하고 당혹스럽게 나타나는 영역은 없을 것이다. 가장 넓은 범위에서 정의하자면 교육은 학생의 도덕적·정치적 의식을 높이고, 비판적 사고와 사색의 습관을 배양하고, 숭고하고 복합적인 문화의 즐거움을 누리는 안목을 길러주는 등 사적으로나 공적으로나 다양한 이익을 가져다줄 수 있는 활동이다. 개인이 역량을 키우고 의존성을 줄이고 주변과 서로를 돌보는 능력을 갖추도록 다양한 실용 기술을 익히게 할 수도 있다. 교육자에게는 이 모든 것이 타당하고 가치 있지만, 오늘날 널리 받아들여지는 교육의 목표는 젊은이들이 미리 정해진 일 역할을 준비하고 자격을 취득해 피고용자 계층을 형성하도록 하는 것으로 훨씬 더 좁혀졌다(볼스, 긴티스, 1976). 여기서 우리는 이미 1930년대에 경제적 가치를 강조하는 현대의 풍조가 폭넓은 배움의 가치를 덮어버렸다고 주장한 러셀의 이야기를 다시 꺼내볼 수 있다.

지난 150년 동안 '쓸모없는' 지식의 가치에 점점 더 강하게 의문을 제기해온 결과 인류는 점차 공동체의 경제생활에 적용할 부분이 있는 지식만을 가치 있는 것으로 여기게 되었다. (러셀, 2004d: 18~19)

러셀은 '쓸모없는 지식'이 경제적·사회적 효용은 없다고 하더라도 쌓는 것만으로 삶이 풍요로워질 수 있다면 그 지식은 중요한 성격을 띤다고 주장한다. 삶은 우리가 관심을 기울일수록 더 많은 보상을 주며, 여기서 관심을 기울이는 대상이 무엇인가는 별로 중요하지 않다. 영화의 역사에 관해 좀 알고 나면 영화를 더 즐길 수 있을 것이다. 컴퓨터를 고치거나 옷을 짓거나 자전거를 수리하거나 다른 나라의 음식을 만드는 데도 나름의 즐거움이 있다. 러셀은 더 특이하게 살구를 예로 든다. 살구의 기원과 중국 한나라 시대에 벌어졌던 살구 재배법 논란에 대해 알고 나면 살구가 더 달게 느껴진다는 것이다(러셀, 2004d: 25). 러셀은 지식이 경제적으로 유용할 뿐 아니라 그 자체로 삶의 환희joie de vivre의 일부이자 정신적 기쁨의 원천이 된다고 믿었다.

일할 준비와 자격 취득에만 초점을 맞춘 좁은 교육이 아닌 폭넓고 보편적인 교육의 가치를 옹호한 급진적인 저자는 러셀 이외에도 많다. 이와 관련해 주목할 만한 또 다른 저자는 '소유' 방식의 학습과 '존재' 방식의 학습을 구분한 에리히 프롬이다(프롬, 1979). 고용 가능성의 압박을 받는 학생들은 그중 첫 번째 방식으로 학습에 임하라는 권유를 받았을 것이다. 소유 방식으로 학습하는 학생은 강의의 요점을 열심히 외우지만 "그 내용이 해당 지식을 더 풍부하고 폭넓게 만들어줄 개인적 사고체계의 일부가 되지는 못한다."(프롬, 1979: 37) 이들은 지식을 흡수하고 통합하기보다는 시험에 통과해 자격을 취득하기 위해서 소유할 의도를 갖고 학습에 접근한다. 학생은 지식을 보유하기는 해도 자기의 학습에 관여하거나 그 내용을 자기 문제를 해결하는 데 쓰지 않는다. 학습의 밑바탕을 이루는 주요소는 불안이다. 이는 더 적극적으로 '존재'하는 방식으로 학습하는 학생들과 대조적이다. 소유욕이 있는 학생과 달리 이런 학생은 자기가 배우는 내용에 진정으로 몰두한다. "이들은 강의를 들으며 사고방식에 자극받는다. 새로운 질문, 새로운 구상, 새로운 시각이 머릿속에 떠오른다. 이들의 경청은 살아 있는 과정이다."(프롬, 1979: 38)

프롬과 러셀 둘 다 교육의 궁극적인 목표는 이런저런 지식의 파편을 제공하는 것이 아니라 사색하는 습관을 길러주는 것이어야 한다고 여겼다. 교육은 학생이 폭넓고 인도적인 관점으로 인생 전반을 바라보게 해주어야 한다.

> 필요한 것은 이런저런 정보의 조각이 아니라 예술, 역사, 영웅적 인물의 생애에 관한 지식, 우주에서 인간이 차지하는 이상하리만치 우연적이고 찰나적인 위치에 대한 이해 등, 보고 알고 폭넓게 느끼고 이해하면서 생각하는 인간 고유의 특성에 자부심을 불어넣어 궁극적인 인생의 목표를 인식하도록 유도하는 지식이다. (러셀, 2004d: 27)

오늘날 러셀이 말한 폭넓은 형태의 교육은 대학에만 갇혀 있거나, 시급히 생계를 해결해야 할 처지가 아니어서 자유롭게 공부할 수 있는 사회 특권층에게만 허락되는 것이 되고 말았다. 평생에 걸쳐 통합적인 즐거움을 안겨주는 지적 계발과 문화적 활동이 있는 삶을 누릴 엄두를 낼 수 있는 사람이 극히 적을 정도로 오늘날 노동 시장의 압박이 거세다(라일, 소퍼, 2002: 183). 예술 예산 (및 자유로운 방랑자들이 오랫동안 비공식적 예술 예산으로 활용해온 실업수당) 삭감과 함께 노동 윤리는 문화 창작자가 단지 기술을 연마하느라 그리고 아마도 생계를 유지할 방법을 찾느라 몇 년씩 제대로 활동하기 어렵게 만들기도 했다.

대학의 품을 벗어나면서 이전까지 저임금 저숙련 노동자의 몫이라고 생각했던 위험과 불확실성이 대학 졸업자에게도 피할 수 없는 현실이 되었음을 깨닫는 학생이 늘고 있다(브라운 외, 2011). 이렇게 불확실한 환경에서는 고용 가능성에 적극적으로 관심을 쏟고 실용적, 도구적으로 미래를 대비하는 능력이 훨씬 더 중요해진다. 게다가 등록금 인상과 학비 보조금 폐지로 인해 빚을 진 학생은 고소득의 이점이 무엇인지, 일로 인한 희생과 맞바꿀 만한지 숙고해 볼 기회를 얻기 훨씬 전부터 돈벌이에 얽매이게 될 수 있다. 영국에서 2011년에 대학에 입학한 학생은 졸업 시점이 되면 평균 2만 3000파운드의 빚을 질 것이라는 예측이 나왔고, 2012년 잉글랜드 입학생의 경우에는 등록금 인상으로 빚이 5만 3000파운드까지 치솟을 것이라고 한다.[4] 베라르디는 학자금 대출을 파우스트가 악마와 맺은 계약에 비유한다. 지식과 자격을 얻는 대가로 학생들은 결국 자기 행동을 제약하고 일할 의무에 붙들리게 할 빚을 지는 데 동의하게 된다(베라르디, 2000). 빚을 진 졸업생은 경쟁심 강한 졸업생만큼이나 적게 받고 많이 일하도록 회유당하기 쉽기 때문에 노동시장에 널린 무급 인턴직의 좋은 먹잇감이 되고 만다. 당연히 이런 일자리는 기술 개발이나 고용을 보장하지 않는 경우가 태반이다(펄린, 2012).[5]

궁극적으로 고용 가능성의 압박은 갈수록 세계와 타인을 더 실용적이고 도구적으로 대하도록 개인을 몰아가는, '상상의 날개가 너무 빨리 꺾인' 선진 자본주의 사회에서 발생하는 '내면의 상실'에 대한 막스 호르크하이머Max Horkheimer의 한탄을 현실로 만들고 있다(호르크하이머, 1974: 25). 이 상실의 부작용으로 우리는 어떤 활동이 고용 가능성을 키우는 작업이나 경제적 필요에 직접적으로 도움이 되지 않더라도 가치 있고 의미 있다고 판단하는 기준에 대한 통제력을 잃어버리고 있을지도 모른다. 고르츠는 이렇게 묻는다. "나는 언제 외부의 힘과 영향력이 미치는 수단이나 그 산물이 아니라 내 행동, 생각, 감정, 가치를 생성하는 진정한 나 자신이 되는가?"(고르츠, 1986) 나는 일하지 않는 시간도 재충전을 하고 도취성 상품이나 오락을 소비하고 고용 가능성을 다지며 그저 일의 연장선으로 보내는 경우가 많은 사회에서 이 질문에 답하기란 우려스러울 정도로 어렵다고 생각한다.

소비라는 복음

이 장을 열면서 나는 경제적 합리성 앞에는 "상업적 부를 생산하지도 소비하지도 않는 진정한 자유시간이 들어설 자리가 없다."라고 한 고르츠의 주장을 인용했다(고르츠, 1989: 115). 경제적 요구가 우리 시대를 어디까지 장악했는지 이해하려면 1장에서 소개한 '노동의 종말' 주장에 담긴 기본 원칙으로 돌아가야 한다. '노동의 종말'을 주장하는 이들이 주목하는 지점은 지식과 생산 기술이 원래 인간이 노동할 필요를 없애는 쪽으로 진보하는 경향이 있다는 사실이다. 케인스를 포함한 학자들이 20세기 내내 노동시간이 급격히 줄어들 것으로 예상한 이유가 여기에 있다. 전체적으로 필요한 재화를 생산하는 데 드는 시간이 점점 줄어들 것이므로 우리는 훨씬 더 많은 여가를 누릴 자유를 얻을 것이다. 필수성에 덜 얽매이게 된 인간은 결국 "긴박한 경제적 염려가 사라지면서 생겨난 자유를 어떻게 활용할 것인가?"라는 더 심오한 문제와 마주할 특권을 지닐 것이다(케인스, 1932: 366).

　벤저민 허니컷Benjamin Hunnicutt은 저서 《끝없는 노동》(1988)에서 이미 수십 년에 걸쳐 노동시간이 줄어들었고 노동조합의 노동시간 단축 투쟁이 활발했던 1920년대에는 더 여유로운 사회로 전환하자는 것이 현실적인 제안이었다고 주장했다. 미국에서는 1932년까지 공화당과 민주당 모두 노동시간 단축을 정치 의제로 삼았다. 1900년대에 55~60시간이던 미국인의 평균 주당 노동시간은 (분야

별로 차이가 있지만) 1950년대에 이르러 40시간 정도로 떨어졌다.[6] 이러한 역사적 선례에도 불구하고 일 비평가들이 구상한 '더 여유로운 사회'가 실현된 적은 없다. 결과를 다 아는 21세기의 관점에서 노동시간의 급격한 감소를 내다본 초기의 예측은 그저 하나의 역사적 호기심, 즉 수십 년 전에 묻혀버린 그럴싸하지만 기이한 발상에 지나지 않는다고 보아도 무방할 것이다. 허니컷은 노동시간 단축이라는 의제가 폐기된 데는 기업 경영자들의 극렬한 반대가 한몫을 했다고 설명한다. 20세기 초에 기업가들은 생산 기술 향상으로 자연스레 자유시간이 늘어날 것을 알면서도 노동시간을 줄이자는 제안에 단호히 반대했다. 기업가의 관점에서 "과도한 자유시간이란 경제적 실패, 시장의 신제품 발굴 능력 부재, 잉여 부담 증가의 징후였다."(허니컷, 1988: 42) (4장에서 다룰 주제인) 게으름에 대한 도덕적 비난이 커지는 것과 동시에, 적게 일하고 여가시간을 늘린다는 발상은 경제 성장이라는 신조에 반하는 것으로 여겨졌다.

　20세기 초반의 기업가가 품었던 경기침체에 대한 우려는 허니컷의 표현을 빌리면 "소비라는 새로운 경제적 복음"이 도래하면서 해소될 예정이었다(허니컷, 1988: 2장).

　기존 시장이 포화상태라면 노동시간을 줄일 것이 아니라 새로운 시장을 개척해 소비를 늘리는 편이 합리적인 반응이었을 것이다. 기업가들은 이전에는 전혀 필요하지 않았던 공산품을 구매하고 구시대적인 경제적 동기에 의해서가 아니라 계속 높아지는 생활수준에 따라서 재화

와 서비스를 소비하도록 미국인을 설득할 수 있다고 점점 더 확신하게
되었다. (허니컷, 1988: 42)

케인스를 비롯해 노동시간 감축을 내다본 사람들은 자본주의의
주체들이 생산성 향상의 배당금을 더 많은 여가시간이 아니라 더
많은 **소비**의 형태로 받아들이도록 우리를 어느 정도까지 밀어붙일
지 간과한 듯하다. 생산성 향상으로 확보한 자유시간으로 얻을 잠
재적 이득은 기존 시장이 확장되고 새로운 시장이 창출되며 이제
까지 상품화된 적 없는 삶의 영역까지 상업적 영역이 파고들면서
자본주의 안으로 재흡수될 예정이었다. 이에 따라 20세기 이후로
자본주의는 인간이 일할 필요에서 해방되는 방향이 아니라 일회성
소비재 제조, 유통, 홍보를 중심으로 이전까지는 필요하지 않았던
미심쩍은 일거리를 엄청나게 많이 만들어내는 방향으로 흘러간다.
더불어 여가도 가능한 한 소비성 서비스에 투여하도록 몰아간다.

여가는 일을 완성하거나 더 높이 끌어올려주기 때문이 아니라 소비와
고용을 촉진하는 데 도움이 되기 때문에 가치를 인정받았다. 생산성은
노동의 짐을 덜어주기 때문이 아니라 새로운 재화와 서비스를 개척하
는 쪽으로 산업을 키우기 때문에 가치 있었다. (허니컷, 1988: 51)

소비라는 복음을 위해 시간 단축을 내팽개쳤다는 허니컷의 설명
을 통해 우리는 자본주의가 필요를 단번에 채우는 것이 아니라 더

많은 필요를 생산해내는 것을 목표로 하는 체제임을 명확히 파악할 수 있다. 시장은 언제나 소비자가 계속 원하고 탐내도록 만들어야 하는 도전에 직면한다. "마르크스가 예견했듯이 독점 자본주의는 시장에 내놓을 물건에 맞추어 주체를 형성하는 문제, 즉 수요에 공급을 맞추는 것이 아니라 공급에 수요를 맞추는 문제에 직면했다."(고르츠, 1967: 70) 허니컷은 "불만족을 조직적으로 창출하기"가 사업의 목표가 되어야 한다고 발언함으로써 이 문제를 인정한 제너럴모터스연구소장 찰스 케터링Charles Kettering의 말을 인용한다(케터링, 1929). 고르츠의 표현을 빌리면, 자본주의의 이해관계자는 '많을수록 좋다'는 문화적 풍조를 조장해 사람들이 충분함의 수준을 스스로 정의하고 고수할 능력을 약화할 것이다(고르츠, 1989: 9장). 부유층을 소비로 끌어들이기 위해 일정 수준의 소비자 만족을 제공해야 한다면, 이상적으로 볼 때 이 만족은 지속적이기보다는 일시적이어야 했다. 그래야 소비자의 갈증을 유지할 수 있기 때문이다. 저스틴 루이스Justin Lewis는 현대 자본주의를 가리켜 "만족을 모르는 시대"라고 했다. "찔끔찔끔 만족감을 느끼기는 해도 여전히 영구적인 불만족에 시달리는" 시대라는 것이다(루이스, 2013: 54). 우리는 소비재를 향한 끝없는 욕구가 서구 사회의 전형적인 특징이 될 정도로 사람들이 자기 물건에 그다지 만족하지 못하게 하는, 경제적·문화적으로 편향된 체제 속에서 살고 있다. 이제 우리에게 남은 질문은 **어떻게**이다. 자본주의 체제는 어떻게 더 많은 물건을 얻기 위해서 노동시간 단축과 더 많은 여가시간을 위한 투쟁을 희생하도록 우리를 설득했는가? 오늘날 소비자가 돈을 쓰는 이유는 무엇인가?

아마 가장 확실한 대답은 광고일 것이다. 밴스 패커드Vance Packard 의 고전 《숨은 설득자》(1957)는 광고의 힘을 다룬 가장 널리 알려진 저작이다. 패커드는 1950년대에 기존의 강매 방식에서 벗어나 교묘한 심리적 조종과 유혹의 기술로 소비자 설득 기술을 개선하기 시작한 광고주들의 전략에 관심을 기울였다. 소비재 시장이 점점 더 치열해지면서 제품의 좋은 점을 나열하는 것만으로는 충분치 않게 되었다. 그런 광고는 제품의 특성을 완전히 무시하는 광고가 일반적일 정도로 훨씬 더 다양하고 정교한 설득 도구에 익숙해진 현대 시청자의 눈에 우스꽝스러워 보인다. 시청자가 더욱 혁신적인 광고 기법에 휘둘릴 것을 염려한 패커드는 광고를 더 비판적인 눈으로 볼 수 있도록 독자들을 교육하고자 했다.

패커드를 비롯한 광고 비평가들이 시청자의 피암시성을 과장한다는 비판이 종종 제기되었고, 광고에 거짓 필요를 꾸며내는 능력이 있다는 견해에 발끈하는 학자들도 나타났다. 하지만 거짓 필요를 만들어낸다기보다는 **진정한** 필요를 상품화된 수단으로 채우도록 만들고자 애쓴다고 보는 편이 현대 광고를 더 정확히 이해하는 방법일 수 있다. 광고는 사회적 수용, 존중, 자부심, 문화적 정체성 같은 진정한 필요를 돈으로 살 수 있다고 우리를 설득하려 들 때가 많다.

최신 광고 기법에서는 품질과 가격에 근거한 판단을 우회한 채 대상을 감정이나 사상과 나란히 놓는다. 제품이나 브랜드가 찰나적인 어떤 것,

즉 인기, 매력, 화목한 가정, 세련미, 건강 등 우리가 소중히 여기는 사회적 가치의 상과 상징적 연관성을 갖게 만드는 것이 목표이다. (루이스, 2013: 82)

광고의 세계에서 특정 상표가 붙은 카메라는 기능만 더 많은 것이 아니라 사용자에게 준프로 사진가나 세계 여행자라는 정체성을 심어줄 것이고, 가격대가 더 높은 브랜드의 개 사료는 영양가가 더 높을 뿐 아니라 구매자를 안목 있는 견주로 만들어줄 것이며, 수익의 일부가 자선사업에 기부되는 의류 제품을 입은 사람은 세련되게 차려입었을 뿐 아니라 윤리적 의식도 지닌 소비자로 비칠 것이다.

한 걸음 더 나아가 '모르는 게 없는' 소비자의 회의적인 시선을 활용하는 광고도 있다. 예를 들어 남성용 체취 억제제 링크스 광고는 남성을 더 매력적으로 만들어주는 향기 나는 세면도구를 선전했던 오래된 광고를 우스꽝스럽게 과장한다. 링크스 스프레이를 뿌리는 순간 말 그대로 자석처럼 여성들이 끌려와 달라붙는 것이다. 매체에 익숙한 시청자는 광고에 담긴 유머를 알아차리고 으쓱하게 되지만, 그와 동시에 예전 광고 방식을 거리낌 없이 가지고 놀 만큼 통크고 유머 감각도 있는 세련된 브랜드라는 인식을 심어주려는 광고 의도도 관철된다. 거의 단편 예술영화 수준의 완성도를 보여주는 텔레비전 광고를 제작해온 기네스도 오랫동안 비슷한 전략을 썼다. 제품, 즉 기네스 맥주 자체는 최소한으로만 노출함으로써 기네스가 (이전에는 기네스도 다를 바 없었을지라도) 손쉬운 설득 전략에 의지할 필요가 없을 만큼 믿을 만하고 매력적인 브랜드라는 인상을 전달한다. 이런 사례는 모두 광고가 제품이 아니라 하나의 **아이디어**를 구매하도록 만든다는 사실을 알려준다.

회의적인 시선을 보낸 사람이 많다고 해도, 누구나 이런 광고를 접하는 상황에서 우리를 강렬한 결핍에 사로잡히게 하는 매체 속의 화려하고 세련된 생활방식에 계속 노출되는 상황을 피하기는 쉽지 않다. "텔레비전을 통해 다른 집은 어떻게 사는지 보고 선망하는 유명인이나 공인의 생활방식을 글로 읽으면서 우리는 의식적, 무의식적으로 이런 정보를 모방한다."(쇼어, 1998: 4) 우리가 마약 주사를 맞듯이 매체에 담긴 메시지를 분별없이 흡수한다는 말이 아니라, 매체에서 전하는 좋은 삶의 이상이 물질적 재화를 소유하려는 우리의 욕구를 끊임없이 빚어내고 부풀리고 있다는 것이다. 헬가 디트마르Helga Dittmar는 이를 다음과 같이 잘 표현했다. "X라는 제품을 산다고 해서 슈퍼모델이나 연예인으로 변신하리라 믿는 사람은 아무도 없다. 소비자적 이상은 간접적이기는 해도 '오랜 시간에 걸쳐 개인의 생각, 감정, 행동'에 강력한 영향을 미친다."(디트마르, 2007: 25)

현대 사회에서 야심 찬 광고 화면을 벗어나기는 사실상 거의 불가능해 보인다. 1990년대 연구자들은 미국인이 열여덟 살이 될 때까지 35만 건 정도의 광고를 보는 것으로 추정했다(로, 1994). 2011년 한 해 동안 전 세계적으로 이 정도의 문화적 접촉을 달성하기 위해 광고업계가 들인 비용은 5000억 달러에 달한다.[7] 광고판이나 텔레비전 광고와 같은 전통적인 광고만이 아니라 간접 광고, 연계 광고, 아마존

추천 상품, 온라인 '위시리스트' 그리고 페이스북 프로필에서 추출한 정보에 맞춘 클릭 광고까지 아우르는 새롭고 더 교묘한 광고도 많다. 네트워크에 연결된 전자기기만 갖고 있으면 광고가 일상의 한자리를 차지하기 때문에 그것을 무시하기란 매우 어렵다. 광활하게 퍼져나가는 광고는 어디에나 동일한 메시지를 퍼트린다. 우리가 이미 얼마나 많은 것을 소유하고 있든 상관없이 진정으로 행복을 유지하는 단 하나의 방법은 더 많은 물건을 사들이는 것이라고 말이다.

좀 더 포용적인 문화 연구 영역에서는 일반 소비자를 매체에 조종당하는 희생자로 보는 사회 비평의 경향에 반발하는 움직임이 일었다. 자신의 소비 행동으로 선택, 통제, 권력을 행사하는 능동적인 소비자 상을 지지하며 대안적인 소비자 동기 이론을 제시하는 논평가들이 나타났다(예를 들어 피스크, 1989; 윌리스, 1991; 페더스톤, 1991). 자신을 장난스럽게 꾸미기 위해서 소비재의 미적·상징적 특질을 한데 끼워 맞추는 소비자를 조각보 제작자에 비유한 사례도 있었다. 이런 접근법을 쓴 대표적인 비평가인 콘래드 로지악Conrad Lodziak 이 요약했듯이, 이 새로운 합의는 "소비를 선택 및 개인적 자유의 장으로 그려내면서 소비의 의미 있는 본질, 즉 물질적 사용가치보다는 상징적 가치에 초점을 맞추며, 개인의 정체성과 생활방식을 형성·유지·표현하는 데에 소비가 차지하는 의미를 강조한다."(로지악, 2002: 1) 물론 우리가 소비자 동기를 이해하려고 할 때 어떠한 즐거움을 누리거나 특정 임무를 달성하거나 감성을 드러내는 데 활용하기 좋은 소비재의 속성을 간과하는 실수를 범할 수 있다. 하지만 이러한 문화 연구는 소비자를 조종당한 희생자가 아닌 행위자로서 바라보게 해주는 대가로 계속해서 소비를 유도해야 하는 자본주의 체제의 필요를 지나치게 경시하게 했다.

철학자 케이트 소퍼Kate Soper는 9·11 테러 이후 미국 정부가 소비자들이 자유를 행사하고 서구적 삶에 대한 충성심을 표현하려면 '애국적으로' 쇼핑하라고 부추긴 일을 떠올리며 이 점을 상기시켰다. 소퍼는 애도를 멈추고 쇼핑을 시작하라는 이 절박한 호소가 소비지상주의에 대한 사람들의 충성심에 의존하는 기업 권력의 모습을 잘 보여준다고 해석했다(소퍼, 2008: 568). 무엇이 소비자를 움직이게 하는지 이해하려면 이 점을 인식해야 하고, 자본주의가 필요를 조종하는 체제라는 견해를 수용하기 위해서 소비자를 조종당한 얼간이로 보는 해석에 의지할 필요는 없다. 킴 험프리Kim Humphery는 소비에 의지하지 않고는 필요를 채우기 어렵거나 그렇게 필요를 채우는 것이 부자연스럽게 느껴지는 경우가 많을 정도로 시장이 우리를 **포위**하는 다양한 방식을 관찰함으로써 소비자 동기를 이해할 수 있다고 제안한다. 여기에서 포위encirclement라는 개념은 소비 수준이 높을수록 특혜를 누리게 하는 식으로 자본주의가 경제적, 시간적으로 우리의 공동체와 주거 공간, 일상생활을 점진적으로 재편해온 다양한 방식을 부각한다.

은유적으로 포위는 시장 자본주의와의 밀접한 관계에서 생겨나 소비에 완벽히 맞추어진 생활 세계에 우리를 위치 짓는 감각을 일러주는

[개념]으로, 풍요로운 국가에 사는 우리는 그 안에서 공적·사적·제도적·상업적 공간을 통해서 그리고 매일 돌아가는 일상의 시간적 배열을 통해서 자신의 삶을 살아간다고 느낀다. (험프리, 2010: 133)

이 점을 염두에 두고 다시 질문해보자. 자본주의는 어떻게 해서 적게 일할 자유를 해칠 정도로 점점 더 많이 소비할 필요를 우리에게 심어주는가? 험프리의 포위 개념은 대부분의 소비자 거래는 광고의 은밀한 설득에 의해 생성되는 것이 아니라 당연히 해야 할 것 또는 자본주의에 의해 객관적 필요성을 띠게 된 것으로 보아야 한다는 고르츠의 주장과 맞아떨어진다. 고르츠는 필요의 생산에 관한 한, 광고를 비롯한 문화적 설득 기법은 이미 노동의 소외 탓에 소비를 강요당하는 사람에게는 부가적인 장식에 불과하다고 주장한다. 이 말은 곧 유급 고용에 참여하면 소비를 충당할 돈을 벌 수 있을 뿐 아니라 돈을 쓰도록 **부추김**을 당할 수 있다는 뜻이다. 정규직 노동은 돈을 지급하는 대신 자율과 자기 생산 역량을 빼앗아 시간과 기력을 집어삼키는 경향으로 소비를 부추긴다(로지악, 2002: 89). 이것이 편리함을 전면에 내세우는 상품과 서비스가 널리 소비되는 이유이다. 즉석식품에서 식기세척기, 청소 서비스에 이르기까지 사람들이 시간과 기력이 있다면 스스로 해결할 수 있었을 다양한 필요가 이제는 상업적 거래를 통해 충족된다. 노동 소외가 소비를 촉진한다는 고르츠의 주장은 특정한 소비 행위는 일하는 괴로움에 대한 위로와 보상을 얻으려는 노력으로 설명할 수 있다는 사실에도 주목하게 한다. 사치품이 "채우지 못한 영혼의 결핍"을 달래준다거나(소퍼, 2008: 576), 일의 규율과 대조되기에 경박하고 충동적인 소비 경험을 즐긴다(바우만, 2001: 15)는 주장이 제기된 바 있다. 소비재로 가득 찬 집은 개인이 일로 맺는 종속적 관계에서 벗어나 '독자적 주권'을 발휘할 수 있는 사적 영역을 의미한다(고르츠, 1967: 68).

여기에 제시한 견해들에 따르면 소비자를 움직이게 하는 것은 소비자의 물질주의, 단순함, 특별해지고 싶은 자기애적 갈망이 아니라 사회적 관습과 시간적 리듬, 주어진 환경이 상품 집약적 생활방식을 보편화하는 방식으로 점진적으로 재편된 결과이다. 이 과정의 중심에는 자본주의의 상품화 경향이 자리한다. 이전까지 경제적 영역에서 제외되던 행동들이 점차 그 궤도 안으로 끌려들어가고 있으며, 이전에는 필요를 소량이나 몇 안 되는 종류의 상품으로도 채울 수 있었다면 이제는 사회적 접촉에서 지식, 이동, 건강, 재미, 쉼터, 영양, 안전, 자기 구별self-distinction에 이르기까지 점차 늘어나는 필요를 시장에서 금전 거래를 통해 채우는 방향으로 변하고 있다. 운동은 값비싼 헬스장 회원권과 개인 트레이너를 통해서 하고, 갈증은 수도꼭지를 트는 게 아니라 상표가 붙은 '음료'를 구매해 해결한다. 공공도서관이나 보조금이 들어가는 생활체육시설 같은 편의시설을 철거하고 공원을 관리하지 않고 버려두는 행태도 갈수록 도심지를 돈을 쓰지 않고는 돌아다니기 어려운 '벽 없는 쇼핑몰'로 개발하는 경향과 맞물려 포위화 과정에 기여했다(민턴, 2009: 19). 이 상품화 과정은 자기 생산이 아닌 소비를 표준으로 삼아 세계를 서서히 재편했고, 이제는 그 안에서 소비에 의존하지 않고 여러 가지 개인적 필요를 해결하는 것이 비정상적이고 불가능하며 때에 따라 범죄가 될 수도 있다고 여기는 새로운 세대가 태어나고 사회화하고 있다. 고르츠는 극한에 다다른 자본주의 사회는 자기가 소비하는 어느 것도 생산하지 않고 자기가 생산하는 것도 일절 소비하지 않도록 설계된 경제 구조 안에 있는 '노동자-소비자'로 이루어진다고 주장한다(고르츠, 1989: 22). 더 이상 아이들 곁에 시간과 기력 그리고 자기에게 필요한 일을 하는 방법을 아는 어른이 없는 세상에서 광고의 설득력이란 그저 '필요하고 원하는 물건을 살 돈을 벌기 위해서 일한다'는 이미 통용되는 견해를 강화하는 역할을 할 뿐이다(로지악, 테트먼, 1997: 72).

이 모든 것이 뜻하는 바는 소비자의 필요가 다양한 방식으로 과장된다는 것이다. 매체 광고의 설득 기법도 분명 일부분을 차지하지만 이는 문화적인 성격보다는 구조적인 성격으로 설명하는 편이 더 정확할, 다양하게 부과되는 소비 의무를 통해서 이루어진다. 시장이 개인을 포위하고 그에 따라 소비의 필요가 과장되는 현상은 자본주의가 노동 감축 가능성에 대항하며 계속 작동하게 해주는 주요 기제 중 하나이다. 소비의 필요가 커질수록 일을 해서 버는 소득에 더 의존하게 되고, 경제의 상당 부분을 일회성 재화의 생산과 유통에 투여하는 상황을 용인하기 쉬워진다. J. K. 갤브레이스의 말을 빌리면, 자본주의에서 소비자 필요가 지속적으로 증폭되는 현상은 노동 감축이 가능하다는 사실을 감추는 '정교한 사회적 위장술'을 일부나마 드러내는 장면이다(갤브레이스, 1958: 264). 생산 기술의 발달은 서구 사회에 두 가지 선택지를 주었다. 여가를 더 많이 누릴 것인가, 아니면 소비재 생산 및 소비를 늘릴 것인가. 자본주의는 우리를 후자의 길로 끌어내렸고, 모두를 위한 휴식과 여가라는 이상주의적 꿈은 산더미 같은 상품 아래에 파묻혔다.

앞 장에서 나는 사회의 일 중심성을 낮추자는 주장이 노동 교리를 해체하고, 일이 점점 더 많은 사람에게 신뢰할 만한 소득, 권리, 안정의 원천이 되지 못하는 현실을 드러낸다는 점에서 그러한 주장을 옹호했다. 일을 줄이고 여가를 늘리자는 주장은 노동자 소외 문제에도 설득력 있는 대응이라고 보았다. 여기에 더해 현시점에서 노동 교리를 집중적으로 비판해야 마땅할 세 번째 이유로, 이것이 경제적 요구에 우리의 시간을 지배당하는 현실을 성찰하고 대응할 기회가 된다는 점을 들고자 한다. 주어진 시간의 상당 부분을 일만 하느라 소진된 기력을 회복하고 일에 대한 보상을 누리는 데에, 아니면 일자리를 찾고 일할 역량을 갖추고 유지하기 위해 꼭 해야 할 수많은 일을 하는 데에 쓰는 우리는 그중에 진정 자신을 위한 시간이 얼마나 되는지 말하기가 점점 더 어려워지고 있다. 지금 우리가 하는 활동은 본질적으로 가치가 있기에 참여하기보다는 현재와 미래의 생존 보장을 위한 것이 대부분인 것 같다.

20세기 초입에는 일을 줄여 더 많은 시간을 자신을 위해 쓰게 되리라는 전망이 가능해 보였지만, 당시 일 중심성이 덜한 미래를 예견한 이들은 자본주의의 주체들이 생산성 향상의 결실을 더 많은 여가시간이 아니라 더 많은 소비의 형태로 받아들이도록 우리를 어느 정도까지 밀어붙일지를 간과했다. 생산 기술의 발달로 노동시간 감축이 이론적으로는 가능해졌을지 몰라도, 지속적인 경제 성장이라는 원칙과 우리의 여가시간을 소비의 손아귀에 몰아넣으려는 자본주의의 계속되는 노력으로 인해 현실 세계에서 일이 줄어들 가능성은 여전히 막혀 있다. 노동 교리를 진지하게 재평가하여 궁극적으로 일을 줄이자는 주장은, 우리 삶의 훨씬 더 많은 부분이 상업적 부를 생산하고 소비하라는 압박에서 벗어날 수 있는 미래를 요구하는 목소리이기도 하다.

4장

일하지 않을 용기

> 노동시간을 줄이는 데는 인도적 측면이 있기는 하지만, 이 주제에 골몰하다 보면 여가가 원래 있어야 할 자리인 일의 뒤편이 아니라 앞쪽을 차지하는 문제가 발생할 수 있다.
>
> - 헨리 포드(허니컷, 1988: 46에서 재인용)

소논문 〈게으름에 대한 찬양〉에서 버트런드 러셀은 다음과 같이 요점을 주저 없이 제시했다. "세상에는 할 일이 너무 많고, 일이 고결하다는 믿음이 엄청난 해악을 끼치고 있으며, 현대 산업국가는 여태 설파해온 것과는 전혀 다른 이야기를 내놓아야 한다."(러셀, 2004c: 1) 1장에 소개한 일 비평가들과 마찬가지로 러셀은 필수 노동을 더 평등하게 분배하면서 전반적으로 노동시간을 단축하는 방안을 지지했다. 게으름이 주는 즐거움이 부당하게도 타인의 노동을 착취하여 여유로운 생활을 누리는 엘리트 지배층에만 주어졌다고 주장했다. 이런 경향에 맞서 여가는 모두가 누려야 마땅할 특권이라고 믿었다. 그러면서 삶의 필수재를 확보하는 데 드는 인간 노동의 총량을 줄여주는 현대 생산 기술의 시간 절약 능력 덕에 여가를 과감히 확대할 수 있게 되었다는, 오늘날 우리에게도 익숙해진 주장을 펼쳤다.

러셀에 따르면 여가 확대를 막는 가장 큰 걸림돌은 유급 노동이 고귀한 의무라는 믿음을 고집하는 사회적 집착이었다. 여가를 확대하자는 러셀의 요청은 역사적으로 가난한 사람이 여가시간을 현명하게 활용하는 능력이 있을지 의심해온 "부유층에 충격을 주었다."(러셀, 2004c: 8) 가난한 사람은 여가를 누릴 자격이 없으며 자유시간이 늘어나면 권태와 범죄가 확산할 것이라는 생각이 일반적이었다(러셀이 글을 쓰던 당시에는 영화 관람객이 늘어나는 현상도 그로 인해 청년층이 타락하리라 믿었던 중산층에게 심각한 도덕적 혼란을 안겨주었다). 최고 권력층의 시각에서 더 큰 문제는 여가시간이 늘어나면 빈민의 정치의식이 높아지거나 사람들이 집단행동을 할 여유가 늘어나리라는 점이었다. 1932년 당시 러셀은 현실적으로 중산층의 노동 윤리를 극복할 수 있을지에 대해서는 언급하지 않았지만, 일의 신성한 지위를 타격하기 위해 고안된 '위대한 대중 선동'의 필요성을 간단히 언급했다(러셀, 2004c: 1).

일을 줄이자는 제안에 대한 도덕적 반론은 허니컷의 《끝없는 노동》에 더 자세히 기록되어 있다. 허니컷은 노동시간 단축이 현실화될 가능성이 점점 커지는 듯했던 1920년대에 유급 고용이 인간의 기본적 필요라고 사람들을 설득하기 위해서 기업가들이 어떤 친노동적 선전 문구를 개발했는지 보여준다.

> 그들은 일이 '즐거움', '인간 진화의 핵심 요소', '경이로움', '신성성', '미국의 비밀', '지친 마음'과 '정신적 피로'의 치유, '모험', '더 나은 놀이 방식', '영적 영감의 원천'이라고 말했다. 일의 사회적 가치가 '위기'에 처했던 지난 20년과 반대로 이 시기에는 적어도 경영과 무역 부문의 출판물을 보면 그런 의문이 거의 남아 있지 않았다. (허니컷, 1988: 47)

일의 수호자로 나선 이들 중에는 필라델피아 기어워크스 회장 조지 L. 마크랜드George L. Markland가 있었다. 노동일을 주 6일에서 5일로 단축해 노동자가 토요일에 쉴 수 있게 하자는 주장에 마크랜드는 "이 나라의 남자들이 유약한 응석받이가 되어가고 있다."고 경고하면서 "주 40시간 노동을 요구하는 사람은 이 나라에서 시민권을 주장하기를 부끄러워해야 한다."라고 선언했다(허니컷, 1988: 40에서 재인용). 일이 문명화된 인간 행위의 근간이라는 생각에 집착하는 사회에서 필수 노동에 투입되는 인력의 총량을 줄인다는 것은 끔찍한 발상이었다.

이 장에서는 유급 고용에 대한 특정한 도덕적 신념이 일 중심 사회가 맞이할 미래에 대한 열린 토론을 어떻게 막아왔는지 보여주려 한다. 일이 줄어들 것이라는 전망은 20세기 초에는 도덕적 문제를 일으켰고, 21세기 신자유주의에서도 여전히 불안을 유발하고 있다. 최근 고된 노동의 신성성에 이념적 관심이 재차 집중되면서 비노동자와 노동 윤리에 저항하는 사람을 악의적으로 악마화하는 현상이 나타났다. 이 장에서 살펴보겠지만 이런 견해는 온갖 매체를 장식했을 뿐 아니라 일에 저항할 여지를 심하게 축소하는 일련의 사회 정책에까지 반영되면서 힘을 얻게 되었다. 이 장의 말미에서 나는 유급 노동이 인간의 기본적 필요라는 견해를 강화한 사회학 연구가 일 중심 사회의 재생산에 어떻게 연루되었는지도 살펴보려 한다. 실업 상태가 어떤 것인지 이해하려는 시도는 가치 있고 공감을 불러일으킬 때가 많다. 하지만 고용이 우리의 정신건강에 필수라는 널리 퍼져 있으나 미심쩍은 주장을 전파하여 부지불식간에 대안이 없다는 생각을 굳히게 했을지도 모른다.

비노동자 악마화하기

《우리는 왜 이렇게 오래, 열심히 일하는가》에서 캐시 위크스는 노동 윤리가 현대사의 전 과정에서 인내와 적응에 얼마나 큰 역할을 했는지 강조하면서 그 유산을 세밀히 탐구했다(위크스, 2011: 1장). 17세기와 18세기에는 종교가 헌신적으로 일하는 삶을 요구했지만, 19세기에는 종교적 요소가 거의 사라지고 계층 이동에 대한 약속,

즉 땀 흘려 일하면 자신과 가족의 사회적 지위가 올라갈 수 있다는 약속이 그 자리를 대신했다. 20세기 중반에는 일이 자아실현과 자기계발의 경로로 이상화되면서 새로운 요소가 부각되기 시작했다. 금욕적 이상으로서 노동 윤리의 존재감이 어마어마해진 것인데, 그 형태와 상관없이 노동 윤리가 규정하는 행위는 계속 유지되었다. 어떠한 형태로든 노동 윤리는 "임금노동과 자신을 동일시하고 체계적으로 수행할 것, 일을 삶의 중심으로 끌어올릴 것, 일 그 자체를 목적으로 받아들일 것"을 장려했다(위크스, 2011: 46). 오늘날의 풍요로운 사회에서도 직업은 여전히 독립성, 성숙함, 올바른 인성의 상징으로 여겨지며, 열심히 일하는 것이 적절한 삶의 방식이자 한 나라의 번영을 위한 소명의 증거로 인식된다. 유급 고용 이외의 영역에서도 기여하고 성취할 방법이 있다고 해도 그런 방법은 제대로 드러나거나 널리 인정받지 못한다.

이 점은 신자유주의를 바탕으로 노동 윤리가 거세게 되살아나는 것만 보아도 알 수 있다. 2010년에 집권한 데이비드 캐머런 영국 총리는 정부가 '열심히 일하는 사람'을 위해 노력할 것임을 끊임없이 강조했다. 2013년에는 이렇게 말했다. "우리는 일하는 사람, 계속 일하기를 원하는 사람을 위한 나라를 건설하고 있습니다. 그리고 우리는 이 나라에서 열심히 일하는 한 사람 한 사람에게 말하고자 합니다. 우리는 여러분의 편이라고…. 정부는 열심히 일하는 사람의 것이며, 앞으로도 그러할 것입니다."(《허핑턴포스트》, 2013) 이보다 앞서 캐머런은 거듭해서 복지수당 신청자를 "소파에 앉아 수당이

들어오기만을 기다리는" 낭비꾼으로 묘사했다(캐머런, 2010). 이 '열심히 일하는 사람'이라는 표현은 2012년 보수당 회의에서 조지 오즈번 장관이 한 연설에서도 반복되었다. "수당으로 생활하는 옆집의 가려진 블라인드를 바라보며 어두운 새벽에 집을 나서는 교대 근무자를 위한 공정성은 어디에 있습니까?"(조윗, 2013) 이처럼 거듭 언급되는 (언제나 유급 노동이라는 뜻으로 쓰이는) 부지런한 노동자라는 관념은 대중의 머릿속에 경직된 이분법을 심어놓는다. 한쪽에는 나라의 미래를 보장하는 데 기여하는 성실하고 부지런한 시민이 있고, 다른 쪽에는 아무것도 하지 않는 도덕성이 의심스러운 실업자가 있다. 당신은 어느 쪽인가? 잠꾸러기인가, 직장인인가? 게으름뱅이인가 노동자인가? 사람들을 미친 자와 제정신인 자, 정상인과 비정상인, 위험인물과 무해한 인물 등으로 구분하는 이러한 기법은 오래전부터 사회적 규율의 도구로 활용되었다. 신경제재단New Economics Foundation에서는 최근의 이 이분법이 사람들을 '성실한 자 아니면 게으른 자'로 나누어, '열심히 일하는 사람'이라는 도덕적 영역의 바깥에 존재하는 사람은 자격 없고 도덕성이 의심스러우며 범죄자가 될 수 있는 사람이라는 생각을 영속시키는 문화적 미신이라고 말했다(쿠트, 라이얼, 2013).

이머전 타일러Imogen Tyler는 비노동자의 위신을 떨어뜨리려는 이러한 시도를 '빈곤의 문화화'라고 불렀다(타일러, 2013: 162). 정부는 대량 실업과 불평등 심화라는 구조적 현실을 외면한 채 빈곤과 실직 같은 문제를 계속해서 문화적 문제 또는 행동방식의 문제로 틀 지으려 한다. 사회 계급에 관한 논의가 시들해지면서 실업의 구조적 요인에 대한 인식이 사라지고, 빈곤은 자기관리 부족의 당연한 결과라는 인식만 남았다. 일자리 수보다 실업인구가 훨씬 더 많은 지역에서조차 자기를 더 잘 꾸미고 조금만 더 노력하거나 자신을 믿기만 하면 일자리를 찾아 빈곤에서 벗어날 수 있다는 믿음이 유지되고 있다. 극빈층은 인생에서 옳은 선택을 하지 못했거나 사회에서 제공하는 기회를 움켜쥘 의지가 없는 사람으로 간주된다. 재정적 빈곤은 열망의 빈곤으로 비난받으며 이런 인식이 계속해서 문화적 태도의 전면을 차지하고 있으니 정부가 빈곤과 실업의 구조적 요인을 무시할 수 있게 된 것이다. 이 새로운 틀 안에서는 사회의 주적이 더 이상 불평등이나 일자리 부족, 매력적인 일자리의 고갈 같은 구조적 병리 현상이 아니라 이른바 게으름, 수급 자격, 의존성 문화에 내재하는 개인적인 병리 현상이 된다. 이런 문화적 해석이 개인에게 끼치는 고통과 낙인은 제쳐두더라도, 구조적인 사회 문제를 논의에서 제외한다는 점이 이런 해석이 끼치는 가장 큰 해악이다. 대량실업 현상은 일이 사회적 포용과 연대의 기반으로서 유용한지 의문을 제기할 기회로 삼아야 하지만 실제로 진행되는 논의는 대단히 편협한 수준에 그치고 있다.

물론 '성실한 자 아니면 게으른 자'라는 수사에 모두가 수긍하지는 않겠지만, 이런 말이 널리 퍼져 있는 것만으로도 충분히 우려할 만하다. 실업자에 대한 낙인은 전염성이 있다. 세금 낭비를 우려하는 타블로이드 신문 기사는 그리 큰 비율을 차지하지도 않을 듯한 수당 부정 수급 의혹에 집착하는 모습을 보인다. 자선단체 턴투어스Turn2Us에서 내놓은 수당 의혹 타파 보고서(턴투어스, 2012)는 실업으로 인한 영국의 '복지 부담'이 심하게 과장되었다고 주장했다. 보고서에 따르면 대중의 인식과는 반대로 복지 관련 공공 지출액이 2008~2009년 금융위기 이후로 거의 정체상태이며, 2012년에는 마찬가지로 경기침체를 겪은 후였던 1995년에 비해 지출 금액이 훨씬 감소했다.[1] (인색한 고용자에게 보상해주는) 노동 세액 공제에 투입되는 공공기금이라든지, 많은 사람을 주택 보조금에 의존하게 만드는 높은 임대료, 제대로 형사 처벌되지 않는 법인세 탈세 문제에 대해서는 유난히 분노가 덜하다. 매체들은 흔히 공허하고 도덕적 기준이 없는 삶을 사는 것처럼 그려지는 실업자를 향해 혐오를 쏟아낸다.

2012~2013년의 케이트 라일리 사건은 '성실한 자 아니면 게으른 자' 담론을 전면에 내세운 매체의 이러한 행태에 딱 맞아떨어지는 사례이다. 2012년 영국 연합정부는 수많은 수당 신청자에게 일정 기간 무급 노동을 수행하도록 강제해 실직 문제를 타개하려 했다. 새 정책에 담긴 규정에 따라, 지질학과를 졸업하고 실직 상태였던 라일리는 박물관에서 이수 중이던 직업체험 실습을 중단하고 생활용품을 판매하는 파운드랜드 매장에서 무급으로 일해야 했다. 이 사연을 들은 변호사가 정부를 상대로 한 소송 제기를 돕겠다고 나서면서 라일리의 이름이 언론에 대서특필되었다. 타블로이드 매체가 불타올랐다. 라일리에게 무급 노동을 강요하는 것이 인권 침해라는 주장에 대해 잔 모이어Jan Moir는 《데일리메일》에 이렇게 썼다.

"관타나모 수용소에서 10년 동안 수감생활을 하는 것도 아닌데 말이다. 매일 죽을지 살지 모르는 채로 나치의 포로수용소에 5년이나 갇혀 지내는 것도 아니지 않나."(모이어, 2012) 노동연금부 장관 이언 덩컨스미스도 이 논쟁에 뛰어들어 라일리를 '속물 노동자'로 규정하고 소송을 지원하는 사람들을 지적 허영과 우월감에 빠진 이른바 '입만 살아 있는 엘리트'라며 싸잡아 공격했다(홀하우스, 2012). 이런 지독한 발언은 영국 공공 부문 노동자들이 정부의 연금제도 수정안에 반발해 대규모 파업을 벌인 지 불과 몇 달 만에 나온 것이었다. 역시 《데일리메일》에 기고하는 팀 시프먼Tim Shipman은 파업의 동기는 보도하지 않으면서 영국 공무원이 민간 부문 노동자보다 평균 7.5퍼센트 더 많이 번다고 주장하는 통계를 인용하며 투쟁을 깎아내렸다. "이 조사 결과는 공무원들이 부당한 대우를 받는다고 주장하는 노동조합 지도자에 대한 신뢰를 떨어뜨린다."(시프먼, 2011)

이런 사례는 노동 윤리를 둘러싼 도덕적 장벽이 높을 뿐 아니라 엄청나게 견고하다는 사실을 보여준다. 선을 넘는 노동자는 즉시 위험한 이방인으로 지목되어 정치적 발언권을 빼앗긴다. 반항자를 병적인 존재로 몰아 반항 행위의 정치적 중요성을 묻어버리고 대중의 관심을 정치적 대의에서 이른바 반항자의 일탈적 심리로 돌려놓는다.

이런 상황에서 저항은 자본주의적 노동 과정의 불평등에 관한 것이 아니라 부정적 태도나 협업 능력 부재, 책임 회피와 같은 노동자 개인의 문제와 관련된 것으로 치부된다. 다시 말해 현대적 노동의 병리 현상이 피고용자 개개인에게 떠넘겨지고, 팀 회의나 성장 평가 세미나, 사적 영역에서의 '자조'적 소비 등을 통해 '극복해야 하는' 개인적 태도나 성격으로 내면화한다. (플레밍, 스파이서, 2003: 174)

케이트 라일리의 사례에서 논평가들은 다양한 방식으로 라일리가 신경증이라거나 이상한 사람이라거나 수급 자격에 대한 불건전한 인식의 피해자라는 암시를 주었다. '속물 노동자'라는 두루뭉술한 용어는 '히피', '괴짜', '음모론자' 같은 기존의 용어와 동일한 맥락에서 정통적 사고방식에 대한 위협이 나타나는 즉시 깎아내리기 위한 도구로 활용된다. 매체에서 흔히 나타나는 또 다른 반응은 '이만하면 다행'이라는 주장을 펼치는 것이다. 라일리가 곤란에 처했다고 생각한다면 전쟁 포로가 되지 않은 데 감사해야 한다고 했다. 2012년 파업에 참여한 공공 부문 노동자들이 자신을 부정의의 희생자라고 믿는다면 그보다 더 적게 벌거나 열악한 환경에서 일하거나 일자리를 얻으려 애쓰는 사람은 어떨지 생각해보라고 했다. 반란을 꾀한 사람보다 더 어려운 처지에 놓인 사람의 사례를 도발적으로 제시하면서 다시금 개인에게, 그리고 그들이 지닌 수급 자격 의식에 문제가 있다는 메시지를 퍼뜨린다.

일을 도덕화하는 작업이 온갖 매체를 통해 유통된다면, 그 진정한 힘이 발현되는 통로는 그러한 인식 속에서 수당 신청자가 복지제도에서 벗어나 유급 고용의 세계로 들어가도록 유도하기 위해 설계된 일련의 노동복지 정책일 것이다. 일의 도덕화가 강력한 문화적 장치라면, 그것이 현대 정책 의제에 녹아들었을 때는 더 추하고 강압적인 모습을 띤다. 영국에서는 1997년에 '일을 중심에 둔 복지국가 재건'(사회보장부, 1998)을 다짐하며 신노동당이 집권하면서 그동안 보호받던 한부모나 장애인과 같은 복지 수급자에게 구직을 요구하는 사례가 점점 늘어났다. 노동복지의 유산은 연합정부의 '일하는 영국을 위한 대담한 계획'에서도 이어져, 수당 청구권자의 조건이 단계적으로 강화되었고 이 조건에 못 미치는 비노동자에 대한 감독과 처벌이 갈수록 엄격해졌다.[2] 이런 식으로 조건을 강화하는 것은 도움이 필요한 시민에게 손길을 내밀기는커녕 목을 조르는 행위이다. 제재를 받지 않으려면 실업자 수당 청구자는 구직에 충분히 책임감 있는 태도를 보이고, 잡센터플러스Jobcentre Plus의 관료들이 합당하다고 보는 고용 제안을 수락해야 하며, 구직 가능성을 높여준다는 구직자 훈련 프로그램에 참가해야 한다. 비평가 아이버 사우스우드는 일자리가 부족한 지역이 많은 것으로 드러난 상황에서 이런 활동은 낮은 지위의 업무에 긍정적이고 열정적인 모습을 꾸며내도록 청구자를 압박하는 보여주기식 절차가 되는 경우가 많다고 주장한다. "피차 갖고 있는 불신을 묻어두고 이런 보여주기 작업에 동조하기를 거부했다가는 기관이 '고객'에게 직권을 총동원하게 만들 위험이 있다."(사우스우드, 2011: 46)

이 대담한 계획에서 가장 문제가 된 부분은 수당 청구자가 의무적으로 무급 노동을 이행하도록 강제한 정책이었다. 2011년에는 장애가 있는 청구자의 수급 자격을 인증하기 위해 실시하는 노동능력평가 사업이 사기업인 아토스ATOS로 넘어갔다. 이후로 공익 감사인, 내부 고발자, 탈락자 등이 징벌적 감사가 진행되는 과정에 사용된 왜곡된 노동능력평가 시험 방식 때문에 수당 청구서가 너무 많이 반려되는 경향이 있다는 신뢰할 만한 주장을 내놓으면서 논란이 일었다(프랭클린, 2013). 복지 수급 지원이 아니라 수급자 수 제한을 목표로 하는 평가 체계 때문에 수천 명이 잘못된 '노동 적합' 판정을 받은 것으로 추정된다.[3] 노동복지 정책이 일련의 복잡한 변화를 겪는 와중에도 거기에 내재된 도덕성은 꾸준히 유지되어, 유급 고용이 모두가 열망해야 마땅한 정상적이고 우수한 상태로 장려되었다.

이 모든 것이 뜻하는 바는 역사적으로 시급히 일을 줄이고 재평가해야 하는 시점에 도달했는데도 불구하고 여전히 강력한 도덕적 힘이 동원되어 진정으로 열린 토론이 활성화되는 것을 가로막고 있다는 것이다. 무수한 개인적·사회적·환경적 위기로 인해 현대 사회에서 일의 기능과 중요성에 의문을 제기할 필요가 높아지는데도 일을 도덕화하는 작업이 끊임없이 진행되는 탓에 우리는 낡은 사고회로에 그대로 갇힌 상태이다. 생각을 해보려는데 누군가 귓불을 계속 튕겨대는 듯한 지속적인 소음 공해가 발생하는 꼴이다. 나는 이후 7장에서 내가 면담한 비노동자 중 상당수가 이렇게 일을 중시하는 도덕적 환경에서 비판적 견해를 확고히 지키기가 어려웠다는 사실을 통해 이런 현실이 미치는 영향을 보여줄 것이다. 여기에 언급한 케이트 라일리와 공공 부문 노동자들과 마찬가지로, 그들은 다르게 생각하고 다르게 행동한다는 이유로 낙인찍히곤 했다. 일에 저항하는 사람이 이렇게 즉각 폄하되고 매도당하며 꺼림칙한 존재가 되는 상황에서 일의 미래에 대해 열린 마음으로 지적인 토론을 벌이도록 장려하기는 점점 더 어려워진다.

일이 약이라는 믿음

사회에서 주류를 차지하는 정치적 신념에 비추어 보면 일 비판은 분명 급진적이다. 하지만 더 놀라운 것은 (적어도 하나의 범주로서) 일 비판이 창의적인 사회학 영역에서조차 여전히 다소 급진적인 위치에 놓여 있다는 점이다. 이 분야를 돌아보면서 랠프 페브르Ralph Fevre는 사회학이 때로는 일의 비평가가 아니라 공범자에 가까운 역할을 해왔다고 주장했다. 경제사회학의 일부 분야에서는 '비경제적 의미와 가치를 경제 행동에 대한 비판'에 활용하는 데 탁월했던 마르크스, 에밀 뒤르켐, 베버와 같은 고전 이론가들을 무시한 채 경제적 합리성의 우위를 받아들이는 지경에 이르렀다고 한탄한다 (페브르, 2003: 3). 이따금 실업 경험에 관한 사회학적 연구에서도 이와 비슷하게 일을 미화하는 데 이바지하는 모습이 나타난다. 사회학은 실업 경험을 풍부하고 가치 있게 연구해온 역사를 지니고 있으며 소득, 지위, 정체성, 권리 상실의 고통스러운 영향을 훌륭하게 기록해왔다. 그렇지만 인본주의적인 의도에서 최선을 다해 수행한 연구라고 해도 연구자가 별다른 의문을 품지 않고 일이 정상적이거나 자연스러운 상태이며 실업자는 거기서 비껴나 있는 존재로 취급했다면 그 연구의 어떤 부분이 부지불식간에 노동 윤리를 강화했을 수 있다.

나는 이런 견해를 실업에 대한 사회학적 연구가 고용을 정상적이고 건전한 존재 상태와 동의어로 간주하는 인식을 강화하는 부작용을 낳았다고 주장한 사회학자 매슈 콜Matthew Cole에게서 얻었다(콜, 2007). 고용이 정상적이고 건전한 상태라는 가정은 현재의 일 중심 사회에 대한 대안을 꺼리게 해 일차원적인 사고방식에 머무는 경향이 있다. 콜은 1930년대에 마리 야호다Marie Jahoda와 동료들이 수행한 상징적인 연구에 비판의 초점을 맞추었다(야호다 외, 1972). 야호다를 비롯한 연구진은 오스트리아의 마리엔탈이라는 마을에 있던 섬유 공장이 폐쇄된 후에 그 마을을 집중적으로 연구했다. 1932년에는 공장 폐쇄로 인해 정규직 노동자가 한 명도 없는 가구가 77퍼센트에 달하는 비극적인 상황이 되었다. 연구진은 "노동자들이 집 창가에 서서 자갈 더미, 찌그러진 보일러, 낡은 변속기 휠 그리고 한때 자기 직장이던 건물의 벽이 부스러지는 모습을 내다본다."라며 마을 풍경을 암울하게 그려냈다(야호다 외, 1972: 14). 광범위한 연구를 바탕으로 연구진은 마리엔탈 마을 주민들이 미래에 대한 기대 없이 지루하게 시간을 흘려보내며 냉담한 태도를 보인다면서 이들이 낙담과 체념이라는 위태로운 경사면에 서 있다고 결론 내렸다. 지역의 정체성이 산업과 밀접하게 연결되어 있었던 점을 고려하면 공장 폐쇄는 생활방식의 파괴나 다름없으며, 이런 결론의 신뢰성을 의심할 이유가 전혀 없다. 실제로 마리엔탈 마을의 사례는 1980년대에 대처 총리가 탄광을 폐쇄한 후 탈산업화의 비극적인 영향에 고통받고 있는 내 고향 사우스웨일스와도 비슷하다. 이런 사례는 공동체를 해체하고 익숙한 생활방식을 파괴하는 실업의 힘을 보여주는 증거이다.

1970년대에 영어로 번역된 마리엔탈 마을 연구는 실업 지역의 현실을 훌륭히 그려내 공감을 얻었다. 그러나 나는 곡해할 위험을 감수하면서도 이 연구에 대한 세심한 검토가 필요하다는 콜의 의견에 동의한다. 이 연구의 핵심 문제는 분석의 틀이 경직되어 있다는 점 그리고 이후 사회학적으로 고용을 이해하는 데 이 연구가 광범위한 영향을 미쳤다는 사실에 있다. 이 연구에서 사용한 틀은 쉽게 말해 '박탈 모델deprivation model'이라 할 수 있다. 박탈 모델에 따르면 유급 고용은 공유된 경험과 집단적 목적의식, 정기적인 활동에 참여하는 구조화된 시간 경험, 지위와 자기정체성에 대한 감각 등 일련의 핵심적인 심리적 필요를 채워준다(야호다, 1982). 실업 상태에서 겪는 고통은 박탈 모델에 비추어 보면 이러한 핵심 필요와의 단절이라는 측면에서 설명할 수 있다. 따라서 실업은 결핍 상태, 정상적이고 이상적인 고용과 정반대인 상태, 근본적으로 고통과 연관된 상태로 분석된다. 야호다와 동료들은 마리엔탈 마을의 상황이 (실업이 갑자기 비정상적으로 급증한 산업 지역이라는 점에서) 비교적 특수한 성격을 띤다고 인정했지만, 박탈 모델은 실업과 필요의 박탈을 연구하는 수많은 학자에게 영감을 주었다.[4]

분석이 단순하다는 점은 박탈 모델을 어느 정도 매력적으로 만들어주는 동시에 문제를 일으키는 주요인이 된다. 가장 큰 결함은 유급 노동의 추악한 현실에 대한 무지이다. 실업자의 고통이 유급 노동을 치유책으로 제시해야 하는 증거로 쓰이지만, 고용의 혜택은 좋은 일자리와 나쁜 일자리에 관한 진실이 전혀 구분되지 않은 채 추상적으로만 언급된다. 박탈 모델의 이런 특징은 공중보건에 대한 영국 정부의 접근법에서도 공통적으로 나타난다. 아무런 근거도 제시하지 않은 채 "일을 하면 몸과 마음이 더 건강해진다."라고 쓴 데임 캐럴 블랙Dame Carol Black의 2008년 보건정책에 관한 공식 보고서가 현재의 인식을 보여주는 좋은 사례이다(보건부, 2010). 블랙의 보고서에 대해 일이 "삶의 질을 높이고 잠재력을 최고로 발휘하게 해주는" 핵심 요소라고 말한 정부의 공식 반응에서도 동일한 견해가 드러난다(노동연금부, 2013). 지독히 모호한 주장이다. 예를 들어 노동복지 수혜자로 자주 지목되는 한부모 여성에게 노동복지 수당이 무슨 도움이 되는지 아무것도 밝혀져 있지 않다(베이커 외, 1999; 쿡, 2012). 또한 이런 주장은 2장에서 살펴보았듯이 소외와 건강상의 해악을 유발하는 (반복적이고 관행적이며 집중 감시가 이루어지고 의미를 찾기 어려운) 질 낮은 일자리에 대한 연구 성과를 통째로 무시하는 것이다. 유급 노동이 '우리에게 좋은 것'이라는 주장에는 아무런 맥락이 없다. 순전히 이념일 뿐이다.

박탈 모델의 두 번째 문제는 실직자를 예상 가능한 심리 반응을 보이는 단일한 유형으로 바라본다는 점이다. 실업은 본질적으로 비참하며 일하는 것이 정상적이고 자연스러운 것이므로 사람은 일을 해야 한다고 강하게 암시한다. 실업 경험이 얼마나 다양한지 밝혀내어 이런 납작한 인식을 두껍게 재구성한 훌륭한 연구가 많다. 1980년대 말에 프라이어D. Fryer와 매케나S. McKenna가 수행한 연구에서 그 뚜렷한 사례를 찾아볼 수 있다(프라이어, 매케나, 1987). 연구진은 면담을 통해 완전히 정리해고당한 사람과 7주간 일시적으로 해고되었다가 복직을 앞둔 사람으로 선별한 실업자 표본집단의 경험을 비교했다. 그 결과 완전히 정리해고당한 쪽이 일시적 해고자보다 더 큰 어려움을 겪는 것으로 나타났다. 전자는 시간이 정체되었다고 느꼈지만, 후자는 자유시간을 즐기고 업무에 복귀하기 전에 스스로 정한 작업을 마무리하기 위해 노력하는 등 만족스러운 일상을 보내고 있었다. 이 연구 결과가 시사하는 바는 고통을 유발하는 것은 실직 자체가 아니라 정리해고라는 것이다. 하지만 연구자들이 두 남성 집단 사이의 뚜렷한 차이도 함께 제시했기 때문에 이렇게 일반화하는 것도 유효하지 않다. 프라이어와 매케나가 검토한 변수 중에는 실직자의 성격과 미래에 대한 불안의 수준이 있었고, 불안은 활동을 계획하고 실행하는 능력을 잠식하는 것으로 보였다. 그밖에 소득 상실이 개인에게 끼치는 영향(웰러, 2012), 일자리 상실 자체의 부정의에 담긴 함의(비스, 모그, 1986), 정리해고가 준 충격의 정도(둘리, 카탈라노, 1988)에 초점을 맞춘 연구도 있다. 결국 실직에 대한 반응에는 다양한 변수가 작용한다고 결론 내릴 수밖에 없다.

특정한 인과적 변수를 독립적으로 검토하는 데 집착하는 수천

건의 임상심리학 연구와 다를 바 없이, 실업 상태를 불행하게 만드는 요인에 대한 연구는 언제든 분석 모델을 반박하거나 완성하려는 연이은 희비극적 시도로 인해 퇴보할 수 있다. 어떤 연구에서는 가족이 처한 상황이 중요하다고 주장하고, 다른 연구에서는 성격 유형이, 또 다른 연구에서는 개인의 재정 상태가 중요하다고 할 수 있겠지만 이 모든 요소에 더해 훨씬 더 폭넓고 다양한 사회적 요소가 개인의 경험에 영향을 미친다는 사실을 간과하는 이가 많을 것이다. 감정적 측면의 정신적 외상을 들여다보는 연구자라면 어느 정도 일반화를 할 수는 있겠지만 엄정한 분석 모델을 사용해 넓은 범위에서 '정신적 외상을 유발할' 만하다고 여겨지는 상황에 사람들이 어떻게 반응할지를 알아내기는 무척 어렵다.

결혼이 누군가에게는 기쁜 일이겠지만 자기 의지에 반해서 결혼하게 되었다거나 하는 사람에게는 비극이 될 수 있듯이, 실직이 어떤 사람에게는 재앙일 수 있고 다른 누군가에게는 축복일 수도 있을 것이다. (…) 무엇을 중요하게 볼 것인가는 당사자와 그 사람의 고유한 인생사에 따라 분명 다를 것이다. (리더, 코필드, 2007: 60~61)

마리엔탈 마을의 사례에서 실업으로 인해 주민들이 겪은 부정적 경험은 '핵심인 정신적 필요'를 박탈당했기 때문이라기보다는 애초에 거기서 일하던 사람들이 노동자로서 사회화되었기 때문일 것이다. 정규직으로 일하는 사람은 다른 관심사나 기술, 사회적 유대를 익힐 공간이 제한되어 있다. 따라서 의지할 만한 개인적·사회적 자원이 거의 없기 때문에, 실직으로 인한 부정적 경험의 책임이 어느 정도는 고용 **자체**에 있다고 할 수 있다. 누군가 일에 대한 애착을 고백할 때는 그 일이 본질적으로 만족스러운 경험을 선사해서일 수도 있지만 사회적으로 검증된 지위를 가진 다른 성취의 기회가 없다는 것에 대한 좌절감의 표현일 수도 있다(골랭, 2004: 41).

나는 대학 강사 생활을 하면서 이 문제를 성찰해볼 기회를 가졌다. 수년 동안 나는 해마다 막스 베버와 노동 윤리에 대한 그의 이론을 다루는 정기 세미나를 진행했다. 세미나에 참석한 학생들에게 우리가 일하는 이유가 무엇인지 생각해보게 하려고 만약 복권에 당첨되더라도 계속 일을 할 거냐고 물었다. 놀랍게도 거의 모두가 그럴 거라고 답했다. 나 자신도 흔들릴 정도로 명백한 상상력 부재의 현장이었다. 러셀은 여가가 늘어나면 지루해질까 봐 염려스럽다면 우리는 이 상황을 "우리 문명에 대한 단죄"로 여겨야 한다고 말했다(러셀, 2004c: 11). 그렇지만 여러 가지 면에서, 학생들이 일 개념에 집착하는 것은 전적으로 합리적이다. 현대 자본주의 사회에서 공적 생활이란 유급 노동과 거의 동의어가 되어버렸기 때문에 개인이 순전히 사적인 존재로서의 고립을 넘어설 다른 방법을 상상하기가 어려워졌다. 랜섬Ransome이 이 문제를 잘 지적했다.

사람들이 계속해서 노동 과정에 참여할 의지를 그렇게나 강하게 표출하는 핵심적 이유는 현실적으로 가능한 대안이 없다는 사실과 어느 정

도 연관이 있다고 보는 것이 매우 타당할 듯하다. (랜섬, 1995: 210)

다시 한번 말하지만 일을 즐길 수는 없다고 주장하려는 것이 아니다. 그보다는 일할 필요를 느끼는 데는 사회의 정치적·경제적·도덕적 선택이 강하게 영향을 미친다는 것이다(콜, 2004: 9~10). 박탈 모델에 담긴 확신과는 다르게, 인간이 타고난 심리 기질에 반드시 유급 노동자가 되어야 할 요소는 하나도 없다. 일 중심적인 현대 사회에서 대부분의 사람에게 실업은 분명 끔찍한 경험이지만, 이 사실을 바탕으로 일이 소득, 권리, 소속의 유일한 원천을 제공하지 않을 것으로 추정되는 미래 사회에서라면 비노동이 어떤 경험으로 다가올지 알아낼 방법은 전혀 없다. 모두가 더 높은 수준의 재정 안정을 누리는 방향으로 일과 소득을 분리해낼 수 있다면 어떻게 될까? 유급 노동을 하지 않아도 한 명의 시민으로서 존중받을 방법이 많다면? 자유시간이 늘어나면서 비공식 사회관계망과 자율적으로 조직한 생산의 기반이 풍성해진다면? 나의 옛 수강생들은 그래도 일에 그토록 매달릴까? 내 생각에는 그렇지 않을 것 같다. 고용이 인간의 특정한 근본적 필요를 채우는 유일한 길이라는 잘못된 확신을 부추기고 일 중심 사회 너머를 바라볼 능력을 가로막음으로써 우리의 상상력을 제한하는 박탈 모델은 주의 깊게 다루어야 한다. 일할 필요가 사회의 정치적·경제적·도덕적 선택의 산물임을 인식할 때 우리는 **새로운** 선택을 할 수 있는 자유를 얻게 된다. 전통적으로 유급 고용을 통해 충족되던 (또는 때에 따라 충족되지 않은 채로 남아 있던) 필요를 채울 다른 방법이 있으리라는 비판사회이론가들의 흥미로운 전망도 열린 자세로 대할 수 있게 된다.

일에 대한 저항

사회학자 에드워드 그랜터Edward Granter는 일 비판을 폭넓게 검토한 연구를 마무리하면서 일이 '정치, 정책, 여론에서 차지하는 난공불락의 지위'를 지적했다(그랜터, 2009: 182). 이제까지 내가 다룬 수많은 주제가 이런 우려를 뒷받침하는 듯하다. 다양한 비판적 사상가가 일 자체와 일이 사회에서 담당하는 역할에 대한 근본적인 재평가를 촉구했지만 여전히 유급 고용이 우리 일상을 지배하고 있는 모양새이다. 일하고 소비할 새로운 이유를 내밀며 우리를 계속 사로잡는 소비자 경제 그리고 일을 건강과 도덕적 미덕의 대체 불가능한 원천으로 장려하는 정치적 이념 속에서 노동 단축의 전망 또한 멀어 보인다. 이처럼 일의 미래에 관한 열린 토론이 펼쳐질 전망이 어둡기는 해도, 이 책에서 내가 하려는 제안은 앞의 여러 장에 담긴 내용을 좀 더 희망적인 탐구의 기반으로 활용하자는 것이다. 자본주의적 생산에 우리의 삶과 정신이 점점 더 많이 지배당하고 있기는 하지만, 사회는 결코 개인을 완전히 지배할 수 없다. 어디에나 자기 자신이 사회가 강요하는 역할에 맞지 않거나 벗어나 있다고 느끼는 사람이 존재한다. 문제는, 라일과 소퍼가 지적했듯이 사회가

4장 알하지 않을 용기

내세우는 이상이 그 사회를 지배하는 이상과 일치하지 않는다는 것이다.

이타주의를 가르치지만 이기주의에 의존하고, 사회적 책임을 인정하지만 사리사욕에 보답해주고, 비판적 자율성과 개인의 전면적 발전의 목표를 추켜세우면서도 다수를 지루하고 단순한 노동에 장시간 묶어두는 체제를 지지한다. (라일, 소퍼, 2002: 58)

게다가 안정적이고 의미 있는 일자리가 부족한데도 열심히 일해야 한다는 윤리를 계속 장려한다. 받아들이기에는 너무 과한 조건이다. 윤리적 이상과 일상적 현실 사이의 모순을 용인하는 데는 한계가 있으며, 일이 옳고 건강하며 정상적이라는 생각을 받아들이기를 거부할 때마다 반란과 모반을 일으켜온 항거의 전통을 함께 인식하지 않는 한 일의 지배력에 대한 비판적 연구는 불완전하다.

노동 윤리에 대한 반란은 다양한 형태로 나타났다. 1860년대로 거슬러 올라가면 영국과 프랑스에서 노동시간을 놓고 노동자와 자본가 사이에 벌어진 (마르크스가 《자본론》의 '노동일' 장에 기록한) 기나긴 투쟁을 살펴볼 수 있다. 최근 수십 년만 놓고 보자면 펑크, 히피, 슬래커slacker의 역사를 살펴보거나 잭 케루악, 찰스 부코스키, 헌터 S. 톰프슨, 밥 딜런, 우디 거스리, 톰 웨이츠 같은 이들이 벌인 예술 운동에서 예찬의 대상이 된 술주정뱅이, 건달, 방랑자 들을 떠올릴 수 있다. 이런 예술가들은 모두 나름의 방식으로 정규직 노동자로서의 삶에 대한 거부를 표방했다. 이들의 책과 노래를 통해 잘 알려진 인물상은 1990년대 더글러스 커플런드Douglas Coupland가 동명의 소설을 통해 널리 퍼트린 X세대라는 용어와 상당한 가족유사성 family resemblance을 띤다. 《X세대》(커플런드, 1991)는 여피족 생활방식에 담긴 허세에 환멸을 느끼는 청년 집단을 그려냈다. 재치 넘치면서도 극도로 비판적인 커플런드의 소설에는 X세대가 무기로 쓸 신조어가 담긴 용어집까지 실려 있다. 맥잡McJob(급여, 지위, 품위, 혜택 모두 낮으며 미래가 없는 서비스 영역 일자리), 송아지 사육장Veal-Fattening Pen(직물로 덮인 분리 가능한 칸막이벽으로 구성한 작고 비좁은 근무 공간으로 신입 직원이 사용한다), 지연된 반란Rebellion Postponement(청년기에 전통적으로 청년답다고 여기던 행동과 진지한 직업 경험을 축적해주는 예술적 경험을 회피하려는 경향. 때로 서른 살 무렵이 되어서야 젊음을 잃는 것이 안타까워 바보 같은 헤어스타일과 놀림받기 좋은 값비싼 의상을 걸치는 경우도 발생한다) 같은 단어이다.[5]

하지만 일에 대한 저항은 결코 예술운동에서만 일어나지 않았다. (유난히 남성적인) 이런 문학적 거부 행동 외에도 다양한 대안의 역사를 찾아볼 수 있다. 먼저, 남성처럼 일의 영역에 진입하는 것만으로도 여성이 해방될 수 있다는 생각에 의문을 제기한 제2물결 페미니스트들을 떠올려볼 수 있다. 1970년대에 마리아로사 달라 코스타Mariarosa Dalla Costa와 셀마 제임스Selma James는 여성들에게 "조립라인에 매달린 노예가 된다고 해서 부엌 싱크대에 묶인 노예 생활에서 해방되지는 않는다."라며 일을 통한 해방이라는 신화에 저항하라고 촉구했다(달라 코스타, 제임스, 1973: 33). 또한 1960년대에서 1970년대 사이에 '노동 거부'라는 기치 아래 노동자, 페미니스트, 학생, 실업자들이 느슨하게 연대해 펼친 대대적인 운동에 급진적 학자들이 동참했던 이탈리아 자율주의 운동도 살펴볼 수 있다(라이트, 2002). 아니면 고용의 영역 바깥에서 의미와 기쁨을 찾는 반란을 벌인 일부 흑인 노동계급에 관한 로빈 켈리Robin Kelley의 이야기도 있다(켈리, 1994). 혹은 현대 유럽에서 나타나는 불안정한 노동 생활에 대한 급진적인 대응을 떠올려보자. 캐시 위크스가 언급했듯이 유럽의 일부 활동가들은 노동 계약이 힘을 잃어가는 상황에서 익숙한 착취의 세계로 돌아가자고 주장할 게 아니라 일과 생활의 관계를 완전히 새롭게 설정하자고 요구했다(위크스, 2011: 80). 1년에 한 번씩 서유럽 전역의 유연 노동자, 임시직 노동자, 이주노동자가 결집해 대안적 발전상을 주창하는 행진을 벌이는 유로 메이데이 운동이 그중 하나이다.[6]

고르츠가 저작을 통해 꾸준히 다룬 주제는 선진 산업사회에서 눈에 띄지 않지만 적극적으로 일에서 벗어나려는 시도가 나타난다는 생각이었다. 고르츠는 '신프롤레타리아', 즉 고용으로 인해 자신의 시간과 능력이 낭비되고 있음을 깨닫고 삶의 다른 영역에서 성취를 이루기로 결심한, 인구통계학적으로 다양한 '비노동자 비계급non-class of nonworkers'의 탄생을 시사했다(고르츠, 1982). 고르츠는 신프롤레타리아가 누구이며 어디에서 찾을 수 있는지 등 이론 수준을 넘어서는 자세한 설명은 하지 않았다. 중요한 것은 고르츠가 신프롤레타리아를 혁명적 정치 주체가 아니라 (즉 마르크스의 혁명적 프롤레타리아를 대체하는 집단이 아니라) 아직은 집단적 움직임이나 정치적 협상 역량을 갖추지 않은, 일에 대한 문화적 환멸을 체현한 존재로 보았다는 사실이다. 고르츠가 자라나고 있다고 믿었던 반노동 감수성은 사람들의 머리와 마음속에서만 혁명을 이루었을 뿐, 일에 대한 환멸이 진정한 사회적 대안으로 전환될지는 미지수였다.

오늘날 일을 재평가하자고 요구하는 이들 중에는 여전히 일에 자기 시간을 투여할 가치가 얼마나 되는지 적극적으로 의문을 제기하는 문화적 움직임이 존재한다고 확신하는 사람이 많다. 핀 보링 Finn Bowring은 학계의 일에 대한 비판이 지닌 강점 중 하나는 현대 사회운동의 욕구에 발맞추어 나가는 능력이라고 주장한다. 이런 운동은 "더 나은 삶의 질 (…) 덜 공격적이고 개인주의적인 문화, 더 어린이 친화적인 정책과 공간, 환경을 미적·영적 자양분의 원천으로 보는 인식, 자유시간이 더 많고 상품 집약성이 덜한 존재 방식에 대한 요구"를 내놓았다(보링, 2011: 150). 케이트 소퍼는 자유시간, 행복, 유쾌함, 느슨한 삶의 속도와 같은 비물질적 재화의 가치를 강조하면서 긴 노동시간과 소비 집약적 생활방식을 면밀히 재고하는 '대안적 쾌락주의alternative hedonism'라는 새로운 문화가 부상하고 있다고 지적하면서 이런 확신을 제시한다(소퍼, 2008). 비슷하게 신경제재단은 주 21시간 노동선언문을 내놓으면서 "사회에서 일과 시간을 사용하고 가치를 매기고 분배하는 방식에 대한 기대 또는 도덕성의 전환"을 언급했다(쿠트 외, 2010: 4).

이런 비평가들은 자신의 견해에 문화적 근거가 있다고 확신하지만, 현재로서는 거부와 반란에 관한 논의에 여전히 모호한 측면이 있다고 해야 온당할 것이다. 이 책의 남은 부분에서는 이런 상황을 개선하기 위한 조심스러운 걸음을 내딛는 것을 목표로 삼고자 한다. 다음 세 장에서는 실제로 일하는 시간을 줄이거나 아예 일하지 않고 사는 방식을 시도하면서 일에 저항해본 사람들이 직접 들려준 이야기를 살펴볼 것이다. 먼저 5장에서는 내가 만난 사람들을 소개하고 이들이 일에 저항하는 이유가 무엇인지 그리고 그렇게 확보한 시간에 무엇을 하는지 간략히 보여줄 것이다. 6장과 7장에서는 일에 저항하려 하면서 마주한 즐거움과 어려움을 어느 정도 살펴볼 것이다. 일 중심 사회의 맥락을 감안하면 짐작할 수 있듯이, 개별적으로 일을 줄이려고 시도할 경우 그 앞을 가로막는 중대한 걸림돌이 존재한다. 이렇게 대안의 가능성을 막아서는 힘이 존재하는 상황에서 일에 대한 반란을 어디까지 이룰 수 있을 것인가? 그리고 일에 덜 집착하고 상품 집약성이 낮은 생활방식에는 어떤 즐거움이 숨어 있을까? 이런 질문이 이 책의 남은 부분을 이끌어갈 것이다.

5장

×

회사를 떠난 사람들, 진짜 삶을 시작하다

게으름뱅이로서 나는 맹세한다. 터무니없이 오랜 시간을, 특히 몇몇 기업 양아치들을 위해 일하려고 애쓰지 않기로. 가능한 한 스트레스가 나를 침범하지 못하게 막아내기로. 천천히 먹기로. 리얼 에일을 자주 마시기로. 더 많이 노래하기로. 더 많이 웃기로. 토하기 전에 정규직의 쳇바퀴를 벗어나기로. 혼자 있을 때나 남들 앞에서나 스스로 즐기기로. 일이란 그저 고지서에 찍힌 요금을 지불하기 위한 것임을 인식하기로. 친구들이 힘의 원천이라는 걸 항상 기억하기로. 단순한 것을 즐기기로. 자연에서 좋은 시간을 보내기로. 대기업과 업체에는 돈을 덜 쓰기로. 그 대신 좋은 것을 많이 만들기로. 순리에서 벗어나기로. 아무리 사소한 수준이라도, 세계와 내 주위 사람을 변화시키기로….

— '게으름뱅이연합The Idlers' Alliance' 서약 중 일부

2009년부터 2013년 사이에 나는 일이 자기 삶을 지배하지 않도록 중대한 결정을 한 사람들과 함께 시간을 보냈다. 일하는 시간을 줄인 사람도 있었고, 아예 일에서 손을 뗀 사람도 있었다. 나는 인터넷 검색, 지역 광고, 기존 참여자의 추천 등 다양한 경로로 이들을 찾아낸 다음 만나서 일에 대한 견해와 경험에 관해 물었다. 일에 저항하게 된 계기가 무엇인지 파악하고, 그렇게 확보한 시간에 무엇을 했는지 알아보고, 저항하는 과정에서 겪었을 즐거움과 어려움을 더 깊이 이해하고 싶었다. 전화로 면담한 경우도 있지만 가능한 한 집으로 찾아가 직접 만나려고 했다. 시간을 넉넉히 내주는 사람이 많아서 면담을 몇 시간씩 하기도 하고 한 번으로 끝나지 않은 경우도 더러 있었다. 이런저런 활동에 참여해보라는 초대에 응하기도 했다. 연구하는 동안 나는 해변을 걷고, 텃밭을 가꾸고, 바비큐 준비를 돕고, 지역 음악축제 현장의 가판대 뒤에 앉아 있기도 했다.

한 가지 염두에 둘 점은 내가 만난 사람들이 비교적 평범했다는 것이다. 제일 극단적인 축에 속하는 사람은 게으름뱅이연합이라는 조직과 관련이 있는 네 사람, 즉 잭, 마이크, 앤, 앨런이었다. 그리 평범하게 느껴지지 않을지 모르지만, 여기서 '조직'이라는 단어는 너무 강한 표현일 수 있다. 이 연합의 창립자 중 한 명이 말한 바로는 한 가지 사소한 예외만 빼면 (이후에 나올 것이다) 이 집단이 '어떤 정치적 행동을 하려고' 시도한 적은 전혀 없었다. 연합에서 주로 활동하는 공간은 정체가 뚜렷하지 않고 인구통계학적으로 다양한 사람들이 드나드는 온라인 게시판이었다. 게시판 사용자 중에는 일하는 시간을 조금 줄인 사람도 있었고 아예 일을 하지 않으려고 노력 중인 사람도 있었다. 그저 지적 대화를 나누고 싶어 하는 사람도 있었다. 이 장의 서두에 인용한 서약에서 볼 수 있듯이 게으름 부리기는 고정된 일련의 원칙이라기보다는 진지함에서 장난스러움까지 다양한 수준을 아우르는 태도나 분위기를 나타내는 말에 가깝다. 게시판에서 사용자들은 달라지는 복지정책에 관해 의견을 나누거나 돈 모으는 방법을 공유하거나 괜찮은 영화를 추천하거나 변기 시트 디자인을 뭐로 바꾸면 좋은가 하는 시시한 대화에 참여한다. 면담에 응한 사람 중에는 일에 저항하는 자신의 싸움을 정치적 용어로 표현할 정도의 지적 개념과 구조적 사고 틀을 활용할 줄 아는 이들도 있었지만 게시판 사용자 전체가 이념적 확신을 품은 활동가나 일관된 사회운동의 구성원은 아니었다.

나는 게으름뱅이연합 참여자 네 명을 비롯해 서로 다른 배경과 조건, 욕구를 지닌 15명을 만났다. 그중 30대 초반의 여성 엘리너는 일에 저항하기 위해서 사회를 벗어나 공동주거 실험에 참여할 만큼 적극적인 유일한 사람이었다. 이 정도로 극단적인 부류에 속하는 사람을 한 명 더 꼽자면 자신을 '다운시프트 생활자'이자 '느리게 살기'의 열렬한 지지자로 정의한 셰릴이 있다. 내가 면담하러 집에 찾아갔을 때 셰릴은 지역 라디오 프로그램에서 자신의 가치관을 전하며 수입의 일부를 벌고 있다고 말했다. 하지만 전반적으로 볼 때 두 사람은 제법 극단적인 예외에 속한다. 내가 만난 사람은 대부분 '게으름뱅이'나 '다운시프트 생활자' 같은 용어는 들어본 적도 없었고, 그런 표현이 듣기 거북하다고 말하는 사람도 있었다. 참여자 중 한 명인 레이철은 "어쩐지 전부 히피같이 들리네요."라며 거부감을 드러냈다.

적극적으로 대안을 시도하지 않는 편의 극단에는 경력을 전환하려고 일에 저항한 애덤과 서맨사 같은 이들이 있다. 애덤은 업무 몰입도가 높은 컴퓨터 프로그래머를 그만두고 프리랜서로 프로그래머 일을 조금씩 병행하면서 일본에서 시간제 영어 강사로 일하고 있었다. 서맨사는 고소득직인 변리사 대신 좀 더 여유를 누리며 살수 있는 시간제 식당 종업원과 개인 교사 일을 택했다(그래서 어머니를 몹시 놀라게 했다). 건강이 좋지 않아 직장에 다니기 어려웠던 브루스, 루시, 에마 같은 이들도 있다. 그들이 일에 저항한 동기는 자신을 지키려는 데 있었다. 내가 만난 사람 중에서 가장 소극적인 저항 행동을 보인 사람은 래리일 것이다. 래리는 용기를 내어 관리자에게 업무 시간을 한 시간만 줄여달라고 요청해 동의를 얻었다. 그저 쫓기는 일상과 스트레스를 조금이나마 덜어내는 것이 래리의 소박한 목표였다.

그럼 이 사람들은 일에 저항하는 데 성공했을까? 답은 간단치 않다. 앞으로 여러 장에 걸쳐 이 문제를 계속 다룰 예정이다. 잠정적으로 답하자면, 남들보다 좀 더 잘하는 이들이 더러 있었다. 시간제 수입이나 모아놓은 돈, 배우자의 수입으로 제법 편하게 생활하는 사람도 있었지만 대부분은 점점 줄어드는 잔고, 띄엄띄엄 생기는 임시직 일자리, 상호 부조, 대출, 정부 보조금을 이리저리 끌어모아

생활비를 충당하면서 일에 저항하기 위해 상당한 희생을 감수하고 있었다. 확신의 정도에 따라서도 차이가 컸다. 7장에서 보겠지만 친구와 가족의 공감과 지지에 힘입어 자신의 선택에 자부심을 표하는 이들이 있었다. 이와 반대로 실직자라는 낙인에 짓눌려 수치심과 자괴감에 가득 찬 이야기를 들려주는 이들도 있었다. 여기서 독자들이 염두에 두어야 할 점이 있다. 면담으로는 개인이 자신이 처한 상황을 어떻게 생각하는지 알아내는 데 한계가 있다는 사실이다. 모든 사회적 만남이 그러하듯이 면담은 자기표현과 선택적 진술 행위를 통해 이루어진다. 참여자들이 거짓말쟁이라는 뜻이 아니다. 다만 면담도 사회적 상호작용의 하나라는 사실을 잊지 말자는 말이다. 내가 만난 사람 중 한두 명이 보인 지나친 낙관주의에는 다소 미심쩍은 마음이 들었다는 사실을 밝혀둔다. 자기 삶에서 썩 바람직하지 않은 부분을 어쩌면 나에게, 어쩌면 자기 자신에게 감추는 것은 아닌가 싶었다. 하지만 대부분은 자기 삶의 기복을 솔직히 보여주었다. 자신의 감정을 제대로 들여다볼 수 있는 기회라며 연구에 참여하게 된 것을 기뻐하는 사람이 많았다.

이런 주의할 점을 제시하면서 이번 장과 다음 장에서 내가 만난 사람들의 이야기를 펼쳐놓으려 한다.[1] 6장과 7장에서는 일에 대한 저항의 즐거움과 어려움을 주로 다룰 것이지만, 여기서는 **왜**라는 기초적인 질문에서부터 시작해보자. 참여자들은 왜 일에 저항해야겠다고 느꼈을까? 아니, 더 정확히는 일에 저항해야겠다는 느낌을 왜 **행동**으로 옮겼을까? 저항할 필요를 느끼는 사람은 많지만 그렇다고 해서 자신이 처한 환경을 실제로 바꾸는 경우는 드물다. 이야기가 진행될수록 게으름이나 나태함, 생산적 활동에 대한 혐오 때문에 일에 저항하기로 한 경우는 전혀 없다는 사실이 드러날 것이다. 오히려 일에 저항하려는 결심은 항상 일련의 강력한 대안적 도덕 원칙에서 비롯했다. 여기서 나의 목표는 일 중심적인 사회에서 흔히 그렇듯이 이런 시도를 유별나거나 일탈 행동이라고 치부하는 것이 아니라, 일을 재평가하고 줄이려는 논의에 영감을 주는 원천으로 진지하게 대하며 그 안에 담긴 도덕성을 탐구하는 것이다.

산타클로스여, 안녕

뜨거운 여름날, 나는 게으름뱅이연합 회원들을 만나러 잉글랜드 남동부의 지역 축제를 찾아갔다. 축제장에 부스를 차릴 예정이던 그들은 내가 참여하는 것을 흔쾌히 받아들였다. 구호를 외치거나 깃발을 흔드는 이는 아무도 없었다. 한두 명이 어쩌다 지나가는 사람에게 쭈뼛거리며 전단을 나눠주기는 했지만 그 자리는 캠페인이라기보다는 그저 모임을 열 핑계에 가까워 보였다. 점심 무렵에는 회원 대부분이 자리를 떴는데, 부스에서 조금 떨어진 곳에 드러누워 햇볕을 쬐는 잭을 발견한 게 그즈음이었다. 30대인 잭은 자신을 드러내는 편이 아니어서 처음에는 면담에 응하기를 꺼리는 듯 보였다. 자신이 세상을 보는 관점이 내가 국토의 절반을 가로질러 찾아올 만큼 가치 있다고 여기지 않는 모양이었다. 햇빛을 피해 눈을 가리며 결국 나와 마주 앉는 데 동의한 잭은 미안한 듯한 어조로 면담을 시작했다. 하지만 이야기를 나눌수록 잭은 좀 더 철학적인 면모를 보였다. 내가 질문을 던지면 시간을 들여 고민하고 숨을 한 번들이쉰 다음 조용히 자신의 세계관을 설명했다. 그는 정규직이었던 사서 일을 시간제로 전환했는데, 그 이유는 자유시간을 더 많이 확보하기 위해서였다고 강한 사투리 억양으로 말했다.

> 이런 생각이 들더라고요. '잠깐, 매일 9시부터 5시까지 일하고 출퇴근하고 뭐 그런 게 인생의 전부는 아니잖아. 뭔가 더 있어야 할 텐데.' 아마 그래서 일을 줄인다는 생각, 하루 반나절만 일하고 나머지 시간은 나를 위해 쓰는 이 방식에 꽤 매력을 느꼈던 것 같아요.

잭은 창조적인 일을 하고 싶은 열망이 강했지만 이전의 정규직 일자리가 이 열망을 억눌렀다고 보았다. 창조성은 풍부한 대화와 독서가 가능한 여유로운 생활 속에서 발달한다고 믿는데, 직장 생활을 하면서는 그런 시간을 내기가 어려웠다고 아쉬워했다. 그가 시간제로 전환한 것은 덜 지친 상태로 창조적 활동에 대한 갈증을 되살려내기 위해서였다. 특히 글쓰기를 좋아하는 잭은 다시 글 쓸 시간이 생겼다고 기뻐했다.

> 계속 시간제로 일하게 될 줄은 몰랐지만, 살면서 시기별로 새로운 무언

가에 끌리는 자신을 발견하는 건 재밌는 일이잖아요. 그때는 그냥 이걸 해보고 싶었어요. 그 후로 꽤 오래 이렇게 지내왔고 덕분에 창조성이 훨씬 더 커졌다고 생각해요.

잭은 자신의 생활방식이 특이하다는 것을 알지만 그래도 하루 4시간 정도 일하는 새로운 일상이 더없이 자연스럽게 느껴진다고 했다. 대다수의 생활방식이 '종교나 일종의 광기' 같다는 잭의 표현은 노동 윤리에 관한 이야기인 듯하다. 잭은 자신을 둘러싼 세상의 광기를 꿰뚫어보았다고 믿으며, 일을 줄이기로 한 결정을 '개안epiphany'이나 '각성awakening' 같은 단어로 설명했다.

문제는, 일단 그 일이 일어난 뒤에는 정말이지 다른 어떤 방식으로도 사물을 바라볼 수 없다는 거예요. 가면 뒤의 실체를 들여다본 것처럼 거의 있는 그대로를 눈으로 본 셈이니까요. 어른이 되어서 산타클로스가 존재하지 않는다는 사실을 깨달은 것과 비슷하죠.

내가 만난 사람 중 상당수가 이와 비슷한 용어를 쓰면서 일을 줄이기로 한 결정에 대해 몸에 밴 문화적 신념이 깨어진 결과라고 설명했다. 이런 비판적 거리 두기는 직장생활 중에 생긴 것이지만, 그 뿌리가 훨씬 더 이전으로 거슬러 올라가는 경우도 있었다. 게으름뱅이연합의 또 다른 회원인 마이크는 30대가 되어서야 학교 선생님들이 주입한 노동 윤리를 꿰뚫어보게 되었다고 말했다. 연구 참여자 엘리너는 "항상 일해야 하고, 돈을 많이 벌어야 하고, 이 모든 걸 다 해야 한다는 생각은 정말로 사회적으로 학습된 것일 뿐"이라고 믿게 되었다. 어떤 이유에서든 이들의 눈에 고용될 필요라는 것은 피할 수 없는 삶의 현실이 아닌 사회적 구성물로 비쳤다. 갑자기 왜 일을 하느냐는 질문에 맞닥뜨렸고, 잭이 말했듯이 돌아갈 길은 없었다. 산타클로스에 대한 믿음을 되살릴 수는 없다.

> 다른 삶은 불가능하다는 그런 인식 자체의 속성 때문에 우리는 뒤로 돌아가 무심하게 일상에 다시 적응할 수 없으며, 슬프게도 우리는 이미 우리의 자의식이 이 허구를 파괴해버린 지점에 도달하고 말았다. 무분별한 그 상태로 돌아갈 길은 없다. (코언, 테일러, 1992: 59)

이런 경험은 1970년대 미국에서 버나드 레프코위츠Bernard Lefkowitz가 수행한 자발적 실업 연구와 비교할 만한데, 당시 면담에 참여한 이들 또한 각성이나 뜻밖의 발견에 관해 자주 이야기하곤 했다(레프코위츠, 1979). 레프코위츠는 사람들이 일단 (많은 경우 영구적으로) 일에서 떨어져나와 쉬기로 결정하는 지점이면서 정서적으로는 '단절'을 겪는 시기라는 뜻으로 이런 순간을 '단절점breakpoint'이라 칭했다. 단절점은 몸에 밴 습관과 신념이 의문에 빠지는 일종의 개인적 위기를 가리킨다. 어떤 생애사적 사건이나 새로운 도덕적 통찰, 누적된 억압감이 익숙한 습관과 신념에 의문을 던지게 해, 평소와 다름없는 환경과 일상을 점점 더 못 견디게 한다. 사회학 용어를 빌리자면 단절점은 **사물화**reification로 알려진 현상을 뛰어넘는 순간을 가리킨다고 볼 수 있다. 피터 버거Peter Berger와 동료들은 마르크스가 처음 사용한 사물화 개념을 인간 의식을 분석하는 데 적용했다. 마르크스와 마찬가지로 버거와 동료들은 인간이 세계와 언제나 변증법적 관계에 있다는 생각을 기반으로 삼았다. 인간의 삶을 지배하고 형성하는 사회적·제도적 질서는 언제나 인간 활동을 통해 꾸준히 생성되는 산물 그 자체라는 것이다. 《실재의 사회적 구성》에서 버거와 루크만T. Luckmann은 사회 세계는 언제나 인간 활동의 산물일 수밖에 없음을 상기시킨다. "개인의 눈에 아무리 거대해 보일지라도, 제도화된 세계의 객관성은 인간이 생산하고 구성한 객관성이라는 점을 명심해야 한다."(버거, 루크만, 1967: 78) 우리가 영향을 미칠 수 있는, 가능성이 열린 장으로서 세계를 경험하려 한다면 사회는 인간의 행동과 선택의 산물이며 그렇게만 존재할 수 있음을 반드시 기억해야 한다. 사물화 개념은 인간이 사회 세계의 생산자라는 근본적인 진실이 잊히는 과정을 설명해준다.

버거와 루크만은 사람들이 복잡한 사회적·제도적 질서로 인해 인간적인 현상을 "비인간적이거나 어쩌면 초인간적인 개념으로서, 마치 **사물**things인 것처럼" 이해하게 된다고 주장한다(버거, 루크만, 1967: 106, 강조는 필자). 이 사물화된 의식은 개인이 사회의 규범과 역할, 구조를 마음에 확실히 새기게 해 탈선을 막고 사회적 결합을 촉진하는 사회화가 결과물이다. 사회는 사회화를 통해 인간의 의식에 파고들어 사회적으로 바람직한 형태로 다듬고 개인이 최소한의 성찰만으로 제 역할을 하도록 만든다는 것이 사회학의 핵심 원리이다. 사회화 과정이 성공적으로 이루어지면 사회에 통합된 개인은 현실을 결정하는 요인을 자연스럽고 당연한 것으로 받아들인다. 세계는 곧장, 의식하기 전에 이미 머릿속에 존재하며 사회적 역할은 "당연하게 받아들이고 필연적으로 겪어내야 하는 운명"이 된다(버거, 풀버그, 1966: 65).

코언과 테일러는 이 기본적 또는 일상적 의식 형태가 자신에게 주어진 역할에 편안함을 느끼는 개인의 심리를 의미한다면서 이를 '성찰 없는 순응'의 일종이라고 설명했다(코언, 테일러, 1992: 47). 그렇지만 버거와 풀버그는 일정 수준의 사물화가 정신적, 기능적으로 필수라면 이것은 일종의 소외이기도 하다고 말한다. 인간의 의식 속에서 움직이지 않거나 고정된 실체로 나타날 때, 사회 세계는 더 이상 인간의 개입을 기다리는 열린 가능성의 지평을 의미하지 않게 된다. "사물화를 거치면 제도의 세계가 자연의 세계와 융합되는 것처럼 보인다. 필연이자 운명으로서, 행복하든 불행하든 주어진 그대로 살아가야 하는 것이 된다."(버거, 루크만, 1967: 108) 인간은 고정되거나 자연적으로 '주어진' 세계와 마주한다. 세계는 "자신의 바람과 상관없이, 자신과는 별개의 주권을 가지고, 이해하기 어려운 낯선 사물로서 그 자리에 존재한다."(버거, 풀버그, 1966: 63)[2] 일상생활 속에서 이 소외는 껄끄러운 느낌을 주며 우리를 불편하게 한다. 삶의 너무 많은 부분이 미리 짜인 규정에 따라 수행되는 듯한 불편하고 억압적인 느낌을 받게 한다. 코언과 테일러는 이렇게 썼다.

성찰 없는 순응 덕에 시간을 보내고 하루를 견딜 수 있어 고마운 마음
이 드는 게 아니라, 따분하고 하찮고 뻔히 내다보이는 일상에 그렇게
쉽게 젖어들도록 자기를 내버려둘 수 있다는 사실에 불편해진다. (…)
우리는 이런 경험을 지루함, 단조로움, 따분함, 체념이라고 부른다. (코
언, 테일러, 1992: 50)

따분한 관습을 불편해하는 개인적 감정이 내가 만난 많은 사람
이 느낀 감정을 잘 설명해준다. 50대 초반의 성실한 여성 레이철은
(인사 담당자로 일하던 직장에서) 정규직에서 시간제로 전환하기로 한
결정을 '자동 조종 장치에서 벗어나려는' 시도라고 표현했다. 프리
랜서 사진작가가 되려고 업무 몰입도가 높은 직장을 그만둔 앤의
경우도 비슷하다. 앤은 자신의 결정을 '긴 잠에서 깨어난' 결과물
이라고 말했다. 뚜렷한 이유나 목적 없이 의례적인 방식으로 살아
가는 듯 보이는 전 직장 동료들을 깎아내리는 사람도 몇 명 있었다.
루시는 예전 동료들을 "끝없이 일만 하고 아무런 불만을 못 느끼는
사람들'이라고 말했다. 현대의 경력 개념에 심각한 의구심을 품은
애덤은 이렇게 말했다.

경력이라는 게 그저 이 일자리에서 저 일자리로, 또 다른 일자리로 옮
겨 다니는 것일 뿐 애초에 자신이 왜 그 일을 하는지 모른다면, 인생을
낭비하고 있다는 거죠.

애덤은 주위 사람들에게 일하는 이유를 찾아보라고 부드럽게 독려했지만 이런 대화는 불편하거나 금기시되는 영역에 속한다는 사실을 알게 되었다고 했다.

사람들은 '아, 그런 건 묻지 마세요'라며 건성으로 대답해요. 다른 이야기나 잡담은 꽤 즐기면서도 이런 깊은 이야기를 하려고 하는 사람은 아무도 없죠.

면담 참여자들은 한때 뚜렷한 의식 없이 자기 삶을 주도하지 못하고 살았다며 의식적으로 살고자 하는 강한 열망을 표현했다. 이런 맥락에서 단절점은 일 역할에 의문을 품기 시작하는 반가운 순간을 의미한다. 버거의 용어를 빌리면, 고용될 필요가 사회적으로 구성된 속성임을 더 잘 인식하게 되는 **탈사물화**de-reification의 순간이다. 물론 단절점을 맞이했다고 해서 그 사람이 사회에서 문화적으로 주입받은 지위를 완전히 벗어났다거나 구조적, 이념적으로 부여되는 일할 의무를 벗어난 거나 다름없는 상태로 본다는 뜻은 아니다. 그보다는 소박하게, 단절점이란 사람들이 자신을 둘러싼 사회적 제약 속에서도 인지 능력의 본질과 자신을 스스로 통제하는 능력에 관해 좀 더 명확히 성찰하기 시작하는 순간을 가리킨다. 고용될 필요는 더 이상 자연법칙이나 인간 본성의 요소가 아니라 비판적 관심을 기울일 대상이 되었다. 면담 참여자들은 넘치는 열정과 자부심을 품고서 자신이 어떤 과정을 거쳐 상투적인 관념과 습관을 성찰하고, 하던 역할을 내려놓고, 가능성이 열린 삶을 재발견했는지 설명했다. 또한 자신을 독특하고 사려 깊고 책임감 있는 사람으로 바라보기 어렵게 만드는 시간표, 임무, 일과, 규칙으로 규정된 세계를 거부한다고 밝혔다. 진정한 변화를 통해 억압감이 막을 내리는 순간 그들은 카타르시스를 느꼈다.

그들이 이전까지 자연스럽게 여기던 상태와 비판적 거리를 두게 된 이유는 정확히 무엇일까? 단절점은 사물화에 균열이 생기면서 삶이 달라질 가능성을 새롭게 느끼게 해주는 순간을 의미한다. 그러나 사람들은 언제, 왜 자신의 사회적 역할을 자연스럽고 당연한 것으로 받아들이지 않게 되는 걸까? 사회화, 사회적 규율 그리고 이념이 정상화 기능을 수행하는데도 불구하고 사회적 투쟁이 나타나는 현상은 개인을 사회 질서에 통합하는 작업이 결코 완결된 과정이 아님을 보여준다. 그러나 통합을 거부하는 자아의 요소가 상존한다면 무엇이 이것을 일깨워 드러나게 하는 걸까? 단절점을 불러내는 요인을 콕 집어 말하기는 어렵다. 비판적 성찰은 꽉 막힌 도로나 붐비는 쇼핑몰에서 문득 다가오는 막연한 적막감, 아무 의미 없는 팀 회의 중에 불쑥 솟구치는 분노, 자연 속을 여행하거나 탁 트인 도로를 달릴 때 느껴지는 명상에 잠긴 듯한 기분 등 예기치 않은 상황에서 촉발될 수 있다. 엘리너는 대화 중에 일종의 초월 또는 번뜩이는 영감 같은 신비주의적이라 할 만한 표현을 썼는데, 이것은 코언과 테일러가 탈출에 관해 쓴 글에서 "직물을 통과하는 찰나의 미끄러짐"이라고 부르는 것이다(코언, 테일러, 1992). 재평가의 과정으로 자신을 이끄는 모호하고 설명하기 어려운 어떤 힘이나 기운에 잠시 압도당하는 것이다. 엘리너는 자신의 경험을 길게 이야기하지 않는 편을 택했다. 그 경험을 표현할 수 없다는 사실에 두려움을, 혹은 적어도 약간의 당혹감을 느낀 듯했다.

> 아마도 중요한 전환점이 있었을 거예요. 막연해서 설명하기 어려운데요, 누구에게도 이 일에 관해서 말한 적이 없기도 하고, 그게, 그 감정에서 꽤 멀리 떨어져나왔기 때문에, 음. 흠. 언제 한번 가만히 앉아서 실제로 그때 무슨 일이 일어났는지 따져봐야겠어요.

버거와 풀버그는 탈사물화가 '곤란한 시기'에 일어나, 세계를 근본부터 뒤흔들어 새롭게 재건하도록 해주는 것이 아닐까 추측한다 (버거, 풀버그, 1966: 69). 이 견해를 뒷받침하듯 내가 만난 사람 중 몇 명은 죽음을 목격하고 불안정한 상태를 겪었던 일을 이야기했다.

> 내가 열 살 때 양아버지가 돌아가셨는데 그건 마치 경고음 같았어요. 내 시각을 많이 바꾸어놓았죠. '인생은 너무 짧아. 그냥 저렇게 끝날지도 모르니까 나는 나만의 일을 해야겠어'라고 생각했어요. (마이크)

> 사별이나 해고 같은 사건은 말이죠, 사람들을 바꾸어놓고 앞으로 20여 년을 똑같이 정규직으로 일하며 사는 것만이 유일한 선택지는 아니라는 걸 깨닫게 해주니까, 때로는 좋은 일이기도 해요. (레이철)

이처럼 현실을 뒤흔들어 세계를 새로운 관점으로 바라보게 만든 인생의 중요한 사건을 짚어내는 이들이 더러 있기는 했다. 죽음을 마주하고 생각하면서 이들은 마치 전기가 통한 듯 자신이 추구하는 가치와 우선순위를 돌아보게 되었다. 하지만 면담자 중에서 이렇게 중요한 촉매가 된 사건을 짚어낼 수 있는 사람은 많지 않았다. 단절점은 이보다 좀 더 고질적으로 신경을 거스르는 불쾌감이나 불안의 결과물로 보이는 경우가 많았다. 이런 경우에 우리 눈에 보이는 것은 갑작스러운 깨달음이 아니라 욕망과 현실 사이에 끼어 있는 일하는 세계에 대한 점진적인 환멸이다. 내가 만난 브루스의 표현을 빌리면 우리는 개인적 열망과 윤리적 이상, 자아 인식 그리고 실제로 경험하는 삶의 불쾌한 현실 사이의 격차에서 발생하는 '불-편dis-ease'한 감각을 목격한다.

사람들이 왜 일에 저항하는지 이해하려면 더 깊이 파고들어야 할 것 같다. 이 장의 남은 부분에서 내가 하려는 작업이 이것이다. 물론 내가 제시하는 것은 단순화된 현실이다. 일에 저항하기로 결정하게 된 중요한 하나의 요인이나 순간이 있을 수 있다는 의견에 반발하는 참여자가 많았던 것은 충분히 이해할 만하다. 그것을 '결정'이라고 부르는 것조차 어느 정도는 오해일 수 있다. 어쩌면 그보다는 감정의 축적이나 기나긴 일련의 사건의 결과에 가까울지 모른다. 일을 하기에는 몸이 너무 힘든 경우라면 일에 저항하는 것을 '결정'이라고 표현하기 어려울 수 있다. 그보다는 필연적인 결과나 자기보호 행동에 가깝다. 나는 자신이 왜 그런 행동을 하는지 정확히 말할 수 있는 사람에 한해 그 사람이 일에 저항하게 된 요인에 관해 논할 것이다. 이 점을 염두에 두면서 이제 일에 저항하게 되는 세 가지 경로, 즉 형편없는 일자리, 작은 이상향, 망가진 몸에 관해 살펴보려 한다.

형편없는 일자리

래리와 접촉한 건 연구가 중반 정도 진행되었을 무렵이다. 래리의 친구(이자 전 직장 동료)에게서 연락처를 받았는데, 직접 만나기를 원치 않아 전화 통화로 대신했다. 오랫동안 사회복지사로 일한 50대의 래리는 스트레스에 시달리고 있었다. '절반이라도 그럭저럭 괜찮은 기분'이 들겠지 싶어 노동시간을 하루 한 시간(8시간에서 7시간으로)만 줄이고 싶다고 건의했다. 그 한 시간으로 혼잡한 통근 시간도 피하고 좀 더 여유롭게 지낼 수 있을 듯했다. "저녁에 피로감이 덜 하고, 제가 원하던 일을 할 시간도 조금 늘었어요." 면담 내내 래리는 사회복지사로 일하면서 겪은 변화에 관해 주로 이야기했다. 수혜자 한 사람을 맡으면 시작부터 끝까지 주관할 자유가 허용되던 초창기를 그리워하는 듯했다. 복지사가 수혜자의 필요를 파악하고 삶을 실질적으로 개선하도록 돕는 좋은 방법이라고 평했다. 그에 비해 현재 복지사 업무는 '관료제의 기계'나 다름없다고 했다.

5장 일자리를 떠난 사람들, 진짜 삶을 시작하다

요즘은 수혜자와 접하는 시간이 아주 짧아요. 우리는 정해진 평가와 계획수립 과정에 따르기 때문에 종합적인 평가 계획을 이미 갖고 있어요. 거의 한 번도 만난 적 없는 사람들에 대해 엄청나게 많은 양식을 채우고 **수많은** 문서를 작성하는 게 기본적인 업무예요. 꽤 지루하고 스트레스도 심하죠. 이런 행정 업무는 완벽히 해치우려 한들 결코 해낼 수 없어요. 예산, 양식, 신원 확인증, 허가증, 연락처 등등 기록할 것도 너무 많고, 저마다 다른 내용으로 보고할 대상도 너무 많아요. 그걸 다 하고 나면 그 모든 서류를 다 정리했다는 보고서를 써야 해요.

나는 래리에게 일에 대해 만족하는 부분이 있는지 물었다. "전혀 없어요. 예전에는 이 일을 좋아했지만 이제는 정말로, 전혀 마음에 들지 않아요."라는 답이 돌아왔다. 여러 해에 걸쳐 업무 절차가 계속 바뀌면서 사회복지사는 비교적 적은 인원의 수혜자를 통합 관리하기보다는 더 많은 수혜자를 더 협소하고 일률적으로 관리하게 되었다. 래리는 이런 변화로 인해 수혜자에게 필요한 최적의 지원책이 무엇인지 판단할 자유를 빼앗겼다고 믿었다. 오랜 기간 업무를 통해 축적된 지혜도 쓸모없어졌다. "경험은 자판 치는 속도만큼도 가치를 인정받지 못해요." 심지어 책상 위에 놓인 그 서류 속에 수혜자의 '급박한 감정적 문제나 비명'이 담겨 있다고 해도 초조하고 분한 마음을 안고 행정 업무를 해치우며 일과를 보내야 하는 처지가 되었다. 래리는 양심적인 사람이어서 인내심이 점점 줄어드는 게 괴로웠다. 예전에는 수혜자에게 넉넉한 인내심을 발휘할 수 있었지만, 이제는 항상 화가 난 상태였다. 이런 자신의 상태는 열정 없이 그저 생존에 필요한 범위 내에서만 기계적으로 업무를 처리해온 결과라고 했다(면담 이후 래리가 완전히 일을 그만두었다는 소식을 들었다). 래리는 언젠가 공식적인 고용 관계를 떠나 좀 다른 환경으로 가면 사회복지사로서 일에 대한 열정을 되찾을지 모른다고 생각했다. "돈을 벌지 않아도 되면 나는 그냥 자원봉사자가 되고 싶어요. 장애 교육이나 성인 문해 교육 아니면 환경 관련 활동을 하는 자원봉사단체에서 일하고 싶어요." 나는 래리가 언제쯤 그런 선택을 하게 될지 궁금했다.

래리의 이야기에는 2장에서 살펴본 다양하고 탄탄하게 정립된 일 비판의 주제가 담겨 있다. 래리는 '목표와 목적', '성과', '사명 선언문' 따위로 채워진 관료주의가 득세하는 모습에 낙담했고, 그런 표준화 과정이 섬세하고 유능하게 업무를 해내는 자신의 역량을 가로막았다고 생각했다. 노동 과정의 표준화와 분업으로의 전환이 사회복지사로서의 정체성을 잠식해, 도덕적 행위자라는 감각과 일에 대한 자부심을 무너뜨렸다. 그는 딱히 제대로 경험해본 적도 없으면서 표면적 효율성만 선호하는 젊은 동료들에게 거리감을 느꼈다. 수년에 걸쳐 이렇게 서서히 변해가는 과정을 지켜보아야만 하는 게 래리에게는 비극이었다. 그가 보기에, 수혜자의 개인 사정은 적당히 밀어둔 채 꾸준히 늘어나는 일련의 행정 절차로 인해 자신이 쌓아온 지혜와 공감 능력을 발휘하면 좋을 업무가 서서히 밀려 나갔다. 이런 경험이 래리가 일에서 멀어지게 된 중요한 요인이었을 것이다.

일 자체에 대한 부정적인 경험은 매슈와의 대화에서도 뚜렷이 드러났다. 그는 또 다른 면담 참여자 루시의 남편이었다. 둘은 20대 초반의 젊은 부부였다. 나는 연구하는 동안 여러 차례 사우스웨일스에 있는 그들의 집을 방문해 차를 마시며 이야기를 나누곤 했다. 그때마다 부부는 그사이 달라진 상황을 먼저 들려준 다음 미래에 대한 희망과 두려움을 구체적으로 솔직히 이야기했다. 두 사람과의 면담은 항상 즐거웠다. 이야기가 꾸밈이 없고 놀랄 만큼 감성적이기도 했다. 일에 대한 자신의 관점을 설명하는 게 처음인 듯 보일 때도 있었다. 그들과 처음 만난 것은 두 사람이 매슈가 철학을 공부하던 대학 근처로 이사한 직후였다. 당시 매슈는 공부에만 전념하는 상황이어서 일에 관한 결정을 내려야 할 부담이 없었다. 그래서 면담은 주로 루시와 했지만, 루시 이야기는 나중에 다시 꺼내려고 한다. 루시는 직장에 다니지 않는 상태였고, 당분간 일자리를 찾을 의사도 없었다. 생계는 그동안 저축해둔 돈과 매슈가 받은 학자금 대출로 꾸리고 있었다. 하지만 연구가 끝날 무렵에는 상황이 크게 달라졌다. 학위 과정을 마친 매슈도 루시처럼 직장을 구하지 않았다. 자기주도성이 강한 매슈는 루시와 소중한 시간을 보내고, 온라인 매체에 비디오게임에 관한 글을 쓰고, 영화 모임에 참석하고, 왕실조류보호협회에서 봉사활동을 하며 지내고 있었다. 그렇게 일하지 않는 삶을 즐기고 있다고 말하면서도, 재정적 안정을 무척 염려했다. 마지막 면담 무렵에 두 사람은 주택수당을 신청했고, 매슈는 구직자 수당도 받기 시작했다. 구직을 하긴 했지만 아주 가끔이었고 그다지 열정을 보이지도 않았다. 내가 만난 모든 사람이 그랬듯이 매슈는 의미 있는 일을 하려는 욕구가 강했다. 대학에서 열린 설명회에 몇 차례 잠깐씩 참석해본 결과 왕실조류보호협회에서 봉사활동을 하는 것이 자신의 이상에 가장 잘 부합했다. 그 단체를 '신뢰하기에' 협회 활동을 홍보하는 일을 즐거워했지만 일반적으로는 괜찮은 일자리를 구할 수 있으리라는 기대가 그다지 높지 않았다. 구직활동은 대체로 의무적인 수준에 그쳤다. 수급 조건을 갖추기 위해서 번화가 의류 매장 따위에 이력서를 내면서도 회신이 오지 않기를 바랐다. 최저임금을 받으며 일해봐야 가계에 극히 미미한 보탬이 될 뿐이라는 계산이 나온 뒤로는 더 그랬다. 매슈는 수당을 받는 과정은 마치 게임과 같은데, 결국 자신들이 질 거라고 확신했다. 쓸모없고 윤리적으로 의심스러운 일을 억지로 해야 하는 때가 올 것이라고 생각하면 늘 마음이 무거웠다.

> 아무 관심 없는 물건을 팔거나 흥미도 없는 무언가에 기여하는 일, 아니면 최악의 경우 비윤리적인 무언가에 기여하는 일. 매일같이 우울함이나 분노를 느끼면서, 또는 두 가지 감정이 뒤섞인 상태로 그런 일을 어떻게 해낼 수 있을지 모르겠어요. (⋯) 나쁜 일자리가 내게 어떤 영향을 줄지 정말 걱정돼요.

어쩌면 매슈는 예전에 할인 매장에서 일했던 아내 루시와 같은 운명을 겪으리라 염려하고 있었을 것이다. 루시는 이렇게 말했다.

다시는 쿠션을 안 살 것 같아요. 내가 했던 일이 바로 그거였거든요. 어울리지도 않는 공간에 쿠션을 밀어 넣는 거. [관리자들은] 그냥 그 자체가 삶인 듯 보였어요. '아, 그쪽에 쿠션 세 개 놓아야겠어요. 그쪽에 세 개, 저쪽에 세 개' 하는 식이었죠. (…) 난 미쳐버릴 것 같았어요.

의미 있는 일을 하려는 매슈의 열망이 가장 강해진 때는 두 사람의 재정적 곤란을 온전히 받아들였을 무렵이었다. 그 의지가 얼마나 강했는지, 집세도 거의 못 낸 채 그날그날 가진 돈만큼만 구입한 단출한 음식으로 근근이 먹고 지내면서도 매슈는 여전히 적극적으로 일자리를 찾으려 하지 않았다.[3]

일을 어떻게 대하는지 물었을 때 매슈는 이전에 직무 경험을 쌓기 위해 지역 잡지사에서 몇 달 동안 무급 행정보조로 일했던 경험을 여러 차례 떠올렸다. 매슈는 그 일을 싫어했다. 면담하는 시간이 늘어나면서 나는 매슈가 꽤 붙임성 있는 사람이라고 느꼈다. 다정하고 열정적이고 루시를 세심히 대했지만 일할 때 이런 자질을 드러내기는 쉽지 않았다고 인정했다. 자기 역할이 의미 없다고 느낄 때 특히 그랬다.

사람을 성격으로 평가하는 것 같아요. 언제나 들뜬 상태를 유지하기를 기대하는 거죠. [잡지사에서] 일할 때 다들 아주 친절했지만 쾌활한 모습을 보여야 한다는 압박이 컸어요. 누군가에게 전화를 걸어서 이야기 나누고 뭔가를 권하는 업무가 많아서, 매력적이고 사람을 휘어잡는, 뭐 그런 요소가 필요했거든요. (…) 사무실에서 일하려면 감정적으로 상당한 투자를 해야 해요.

이 이야기를 나눌 당시 매슈는 구직수당이 끊어질까 봐 걱정하고 있었다. 예상할 수 있는 최악의 상황이 뭐냐고 물었더니, 그는 구직센터에서 판매직 일자리를 강요하는 거라고 했다.

사무실에서 사람들에게 인사를 건네고, 내 기분이 엉망이라도 '잘 지냈어요?'라는 인사를 받고, 누군가에게 전화를 걸고… 그렇게 일할 생각을 하면, 그게 또 판매직이라면 항상 '자기답게, 행복하게!' 쾌활한 모습을 보여야 하겠죠. 난 사실 기분이 좋지 않을 때도 많은데 이런 식으로 행동해야 한다고 생각하면 마음이 무거워요.

매슈의 불만은 2장에서 소개한 혹실드의 감정노동을 떠올리게 한다. 매슈는 업무에서 요구되는 감정적 역할을 수행하느라 애썼던 경험을 토로했다. 낙관적인 태도로 '쾌활한 모습'을 유지해야 했지만 역부족이었다. '무서울' 정도로 진이 빠졌고, 자기 존엄성과 진정성이 흔들리는 것을 느꼈다. 그의 경험은 래리와 정확히 상반된다. 래리가 일에서 느끼는 주된 불만은 윤리적으로 민감한 업무를 관료제의 냉정한 거리감을 지닌 채로 수행하도록 강요받는다는 점이었다. 이와 정반대로 매슈는 관료적인 단순 업무를 따뜻한 전문가적 자세로 수행하도록 요구받을까 봐 염려했다.

면담 중에 나는 매슈가 자신의 성격이 사교적이라는 점을 반복해서 강조한다는 걸 깨달았다. 가장 좋아하는 활동이 '사람들과 대화하는 것'이라고 했다. 이 말을 들으니 '수다 떨기'를 가장 좋아한다고 했던 잭이 떠올랐다. 나중에 면담한 브루스가 자기는 '사람 사귀기'를 좋아한다고 했을 때도 마찬가지이다. 그렇게나 사교적인 사람들이 일터에서는 위축되고 억눌리는 느낌을 받는다는 게 이상해 보일 수 있다. (야호다와 동료들이 박탈 모델에서 사회적 접촉을 일의 '핵심 심리 기능' 중 하나로 꼽은 것을 떠올려보면) 결국 일은 사회성의 중요한 원천으로 취급되곤 한다. 그런데 내가 만난 사람들은 대체로 일을 사회적 접촉의 원천으로 보지 않았다는 점에 주목할 만하다. 내 생각에 그들이 좋아한다고 했던 대화란 서로 공감하는 사람끼리 생각을 공유하고 솔직한 이야기를 나누고 경험을 쌓는, 친구 간의 허심탄회한 대화를 의미했다(아니면 장난기 가득한 농담이라든지, 매슈가 말한 '두서없는 헛소리' 같은 대화이기도 했다). 그들은 '단지 유용한 수단으로 활용하려거나 남의 계획에 시비를 걸려는 게 아니라' 동등한 입장에서 서로 다가서는 상호작용을 소중히 여겼다(누스바움, 2010: 6). 대화를 좋아한다는 것은 '목적 없는 관계'를 맺을 가능성을 즐길 때 나타나는 다정함에 대한 갈망이었다(아도르노, 2005: 41). 내가 만난 비노동자 중에는 사회적 고립감 때문에 힘들다는 사람은 있어도 이전 직장에서 누리던 사회적 환경이 그립다는 사람은 아무도 없었다는 점이 인상적이다. 앤은 전 직장 동료들을 '뒤통수치는 인간들'이라 했고, 레이철은 직장 내 괴롭힘이 어떻게 나타나는지 설명했다.

루시는 퇴근 후 동료들과 술을 마시느니 남편이 있는 집으로 가겠다고 했다. 일하지 않으면 고립될 수 있지만, 일이 꼭 다정하고 진실한 인간적 상호작용의 소중한 원천은 아니라는 것이다.

지금까지 살펴본 사례에서 일과 면담 참여자 사이의 관계는 순전히 도구로 형성되었다. 래리와 매슈는 자기 경험에 비추어 경제적으로 꼭 필요할 경우에만 유급 노동을 감내하기로 결심했다. 그래서 래리는 노동시간을 줄였고, 매슈는 가능한 한 일하지 않기로 했다. 부정적인 업무 경험 때문에 직업을 바꾼 사람들도 있다. 업무 몰입도가 높은 직업에서 저임금 시간제 일자리로 옮겨간 사람들은 자유시간에 생산적인 활동을 하고 싶다는 갈증을 해소할 수 있었다. 애덤과 서맨사의 경우도 마찬가지일 수 있다. 20대 중반의 활기찬 청년인 애덤은 런던에서 수입 좋은 컴퓨터 프로그래머 일자리를 그만두고 도쿄로 가서 시간제 영어 강사가 되었다. 대학에서 프로그래밍을 전공했기 때문에 프로그래머라는 직업을 '당연히 할 일'로 여겼지만, 일은 생각대로 돌아가지 않았다. "아마 첫 주부터였을 거예요. 뭔가 한참 **잘못되었다**는 느낌이 서서히 들더라고요." 대학 시절 애덤은 컴퓨터 프로그래밍을 무척 좋아했고, 여가시간에 스스로 기획해서 프로그래밍을 해보기도 했다. 하지만 이런 열정은 직장을 다니면서 깨져버렸다. 자기가 보기에는 목적에 걸맞지 않은데도 그런 소프트웨어를 쓰도록 압박하는 상사에게 크게 실망했다. 마감이 임박하면 하루 열여섯 시간이나 일해야 하는 것도 경악스러웠고, 휴일에 제대로 쉬지 못하는 것도 화가 났다. 연차는 겨우

12일에 그쳤다. 이건 그가 꿈꾸던 삶이 아니었다. 자신이 능력 있는 직원이라고 생각했지만 아무도 인정해주지 않는 것 같았다. 상사들은 그를 한 인간이 아닌 숫자로만 보았다.

'하나의 인격체인 당신이 우리 회사를 계속 나아가게 해주어 대단히 고맙습니다' 같은, 그런 건 없어요. 그냥 '때 되면 나와서 여기 적힌 기다란 목록 전부 처리하도록 해. 제대로 처리 못하면 책임을 물을 거야'라는 식이죠. 그리고 아! 이건 또 다른 얘긴데, 그 사람들은 우리를 전부 '자원'이라고 불러요! 믿을 수 없었죠! '음, 이 사업에는 자원이 더 필요하군' 그러면 나는 생각하죠. 자원이라니 뭘 말하는 거지? 아! 사람이 필요하다는 말이군!

대학 시절 애덤은 일과 여가가 연속선상에서 이어지는 게 좋아서 남는 시간에 자발적으로 프로그래밍을 했지만, 괴로운 직장생활을 시작한 뒤로는 일과 휴식을 서로 다른 영역으로 구분하게 되었다. **"일터에서의 나와 집에서의 내가 따로 있었어요."** 이 상황을 견디기 어려웠던 애덤은 직장을 그만두고 영어 강사로 일하기 위해 일본으로 떠나는 극적인 결정을 내렸다. 이야기를 나눌 때 애덤은 꽤 들떠보였다.

외국인으로서 '영어는 정말 즐거워요!'라고 말하는 게 내 일이에요. 나를 찾아온 사람에게 설명해주면 '고마워요, 이제 이해가 되네요'라는 말을 듣죠. (…) 영어 강사 일을 시작했을 때 '아, 이 일 재밌겠는데' 싶었어요. 그래서 예전 직장으로는 돌아갈 수 없어요.

시간제 일을 하다 보니 애덤은 언제든 프리랜서로 컴퓨터 프로그래밍을 할 수 있게 되었다. 관심 있는 작업을 맡을 수도 있고, 작업 속도와 기법을 결정할 권한이 훨씬 커져서 더 행복하다고 했다.

애덤의 사연은 30대 초반의 학위 소유자로서 역시 갑작스럽게 삶의 궤도를 전환하는 식으로 저항을 실행한 서맨사와 비교할 수 있다. 서맨사는 유전학 박사학위를 따고 런던에서 특허변리사로 일했다. 애덤처럼 서맨사도 대학에서 갈고닦은 능력과 열의를 활용할 수 있는 직업을 찾으려고 최선을 다했다. 생명공학 특허 분야를 선택한 것도 유전학 배경지식을 활용하기 위해서였다. 하지만 전문지식을 활용할 기회가 드물다는 사실을 알고 금세 낙담했다. 그 일로는 '현실 세계에 참여할' 범위가 제한되어 있다는 게 실망스러웠다. 내가 만난 사람은 대부분 가게나 사무실, 대형마트 같은 곳에서 평범한 일을 하고 있었던 데 비해 서맨사의 직업은 요구하는 기술 수준도 사회적 지위도 높았다. 하지만 하는 일이 지겨웠던 것은 서맨사도 마찬가지였던 모양이다. 고급 기술이 필요하긴 해도 그 일 역시 하나의 '커다란 게임'일 뿐이었다. "매일 복잡한 스도쿠 퍼즐을 맞추며 먹고사는 기분이었어요. (…) 스도쿠 퍼즐이 그렇듯이 그냥 지적 훈련을 하는 느낌이었죠. 최종 목표는 오직 돈이고." 서맨사의 사례는 기술과 능력이 요구되는 일이라고 해서 반드시 의미 있는 경험을 제공하지는 않는다는 사실을 알려준다.

서맨사는 박사학위가 흥미로운 직업을 갖기 위한 관문이 아니라 족쇄 같았다고 말했다. 잘나가는 경력을 얻기 위한 자격을 따내야 한다는 압박을 받았기 때문이다. 현실적으로 대단하거나 흥미로운 변화가 일어나리라고 기대할 수 없는 인생의 '막다른 골목'에 다다른 기분이었다고 회상한다. 시간이 흐를수록 자신이 몰입도 높은 직종에 그다지 흥미가 없다는 사실을 인정해야만 했다. 처음에는 일을 아예 때려치우는 극단적인 대응을 했지만 그건 잘못된 선택이었다. "늘 아무것도 하고 싶지 않다고 생각했어요. 완전히 자유로워지는 것보다 더 근사한 건 상상할 수 없었지만, 실제로 그건 엄청나게 어려운 일이라는 걸 깨달았죠." 결국 서맨사는 시간제 식당 종업원으로 일하면서 개인 교사 일을 병행하게 되었다. 그렇게 일하면서 "좋은 사람들을 만나고 멋진 대화를 나눌 수 있어서" 좋았지만, 면담 당시만 해도 앞으로 어떻게 해야 할지 몰랐다. 심리치료사 교육을 염두에 두고는 있었다. 중요한 것은 '삶을 스스로 만들어간다'는 생각으로 사는 것이었다.

단절점에 관한 이들의 이야기에서 핵심은 노동시간을 줄이건 아예 일을 그만두건 사람들이 그런 결정을 내리는 것은 어떤 철없는 반노동적 도덕성 때문이 아니라 무언가 더 하고 싶다는 강한 열망의 결과라는 사실이다. 직업에 관한 면담 참여자들의 이야기는 의미와 자율성이 없는 일자리가 어떻게 저항의 욕구에 불을 지피는지 보여준다. 유급 노동 같은 기능적인 사회적 역할은 그 안에 머물도록 강요당하는 다양하고 입체적인 사람들과 결코 일체가 될 수 없다. 사회적 역할을 넘어 자유롭게 퍼져나가기를 원하는 자기표현의 욕구가 항상 넘쳐난다. 내가 만난 사람들은 정규직으로 일하면서 맡은 직업 역할로는 특정한 욕구를 채우지도, 야망을 이루지도, 능력을 발휘하지도 못했다. 자아의 중요한 부분을 표현하고 인정받으려는 욕구는 거부당했다. 이전의 직업 역할이 마치 '양동이 밑에서 터지는 폭죽'처럼 느껴졌다던 매슈의 말이 떠오른다. 연구를 진행하는 내내 나는 이 사람들이 주 5일 하루 8시간 동안 기꺼이 일할 만한 일자리라는 게 존재할지 의문스러웠다.

작은 이상향

사람들이 단절점에 다다르고 자신이 느끼는 소외에 맞서 적극적으로 싸우게 되기까지 가장 먼저 필요한 것은 자율을 추구하는 감각일 것이다. 매력적이고 의미 있는 활동에 대한 어떤 이상적 모델에 익숙해진 상태라야 그런 활동을 할 수 없는 절박한 소외를 진정으로 인식하게 된다. 이것은 마르크스가 1850년대에서 1860년대까지 다중작업자multi-tasking 또는 '다기능자polyvalent'라는 숙련 노동자 집단에 기울인 관심의 본질을 알려준다. 마르크스는 이런 노동자는 다행히도 소외 없는 진정한 작업의 감각을 지녔기 때문에 더 큰 자율성을 확보하기 위해 싸울 준비가 되어 있을 것으로 믿었다(고르츠,

1982: 27~28). 그들이 일하는 분야 자체에 단절점이 내재한다는 것이다. 하지만 내가 마주한 사람들의 사연에서는 현대의 노동 방식에서는 노동자가 스스로 정한 효율성, 아름다움, 유용성에 따라 진정하고 자율적인 활동의 감각을 개발할 기회를 찾기가 거의 불가능하다는 사실이 뚜렷이 드러났다. 매슈의 사례를 다시 한번 살펴보자. 후반부의 몇 차례 면담에서 그는 인생에서 특별히 즐거웠던 경험으로 대학 시절에 떠났던 여행을 꼽았다.

우아한 저택에 자리잡은 웨이넌 수도원으로 여행을 떠났어요. 철학과도 가고, 뉴버러의 철학과도 오고, 다들 함께했죠. 크고 웅장한 저택의 방에서 잠을 자고 다 같이 아침을 먹었어요. 만나고 싶었던 강사들이 학생들과 나란히 앉아 있는 동등한 분위기였죠. 한 번도 해본 적 없는 경험이었어요. 나는 정말 유명한 철학 교수 한 분과 컵라면과 즉석식품에 관해 이야기했어요. "종이컵으로 만들 수 있는 음식이라니 정말 대단하죠!"라고 교수가 말했어요. 이렇게 설명하니 좀 이상한데, 다 같이 식사하면서 철학에 관해 이야기하거나 그저 잡담을 나누었을 뿐이에요. 그런 다음에는 하루 종일 강의를 듣거나 철학적 주제, 국민건강보험, 윤리, 니체 등에 관해 토론하고, 차와 커피를 마시면서 또 대화를 나누었어요. 머무는 동안 날씨가 좋아서 다행이었죠. 계곡 주변을 오래 걸으며 희망, 꿈, 정치, 그밖에 이런저런 주제로 이야기하는 날도 있었어요. 돌아와서는 다 같이, 사회적 지위가 서로 다른 사람들이 전부 다 같이 식사를 했어요. 저녁에는 시를 좀 쓰다가 맥줏집에 가서 다들 취하도록 마시고, 놀고, 보드게임도 하고 퀴즈도 풀었죠. 주변을 어슬렁대고, 축구도 하고, 그러다 깊은 대화를 나누는 건 정말 멋진 일이었어요. 그때 나는 완전히 변했어요. 삶이 어때야 하는지 체험해본 거죠.

여행 이야기를 하는 동안 매슈는 무척 즐거워 보였다. 나중에 그는 이 기억을 '작은 이상향'이라 불렀다. 좋았던 일을 여러 가지 언급했지만 가장 핵심적인 요소는 다양성 또는 다중적인 활동이었던 듯하다. 몸과 마음을 쓰고, 지적인 대화와 시시한 잡담을 나누고, 실내와 야외를 오가고, 규칙적인 일과와 특별한 활동을 병행하고, 진지한 태도를 보이다가 바보 같은 행동을 하는 그런 것 말이다. 매슈의 이야기를 들으니 '오늘 한 가지 일을 하고, 내일 또 다른 일을 하고, 아침에는 사냥하고 점심에는 낚시하고 저녁에는 소를 돌보고, 저녁을 먹은 후에는 토론하며' 지낼 수 있는 미래를 그린 마르크스의 그 유명한 저술이 떠올랐다(마르크스, 1970: 54). 매슈가 그 여행을 자세히 묘사한 것은 아마도 일에 저항하는 계기가 된 인생의 핵심 사건에 설득력을 부여하려는 의도였을 것이다. 여행의 설렘과 다채로움은 다른 모든 것을 제쳐놓고 한 가지 재능이나 역량에만 몰두하게 만드는 유급 노동의 협소한 경험과는 대조적이었다. 매슈의 경험은 엘리너의 다음 이야기와도 비교할 수 있다.

한 자선단체에서 진행하는 지소Zissou 작전이라는 환경 연구 과정에 참여했어요. 프랑스로 갔는데, 석공조합과 대기업에서 후원하는 과정이기는 했지만, 그저 열여덟에서 스물넷 사이의 청년들이 서로 떠들면서 지역 환경에 관해 공부하는 게 다였어요. 꼭 해야 하는 일이라고는 일주일의 과정 중 마지막에 자신이 흥미를 느낀 부분에 관해 10분짜리 발표를 하는 것뿐이었죠. 사실 이것도 공동체 안에서 함께 지내고 밥을 먹고 무언가 이루기 위해서 머리를 맞대는 그런 시간이었어요.

대학에서 떠난 여행에 관해 이야기한 매슈와 마찬가지로 엘리너는 암묵적으로 자유와 긍정적 경험을 유급 고용에서 겪은 소외의 경험과 대비시킨다. 이 사례에서 강조되는 것은 각자 관심사에 열중할 자유와 자유로운 협력정신(또는 '무언가를 이루기 위해서 머리를 맞대는' 것)이다. 엘리너가 외국에서 얻은 경험은 버거와 풀버그가 말한, 당연하게 여기던 현실을 무너뜨리는 낯선 가치와 관습을 마주할 때 일어나는 '문화 충격' 또는 '세계의 충돌'에 담긴 탈사물화하는 힘에 비할 수 있다(버거, 풀버그, 1966). 타국의 문화를 접하면 내게 익숙했던 문화가 타국에서 다른 형태로 정당화된 삶의 방식과 비교되면서 그 실체가 뚜렷이 드러난다. 외국인 혐오나 익숙한 곳으로 돌아가고 싶은 갈망을 불러일으키지만 않는다면, 이런 경험은 개인적·사회적 전환의 씨앗이 될 수 있다. 물론 모두가 이런 특별한 경험을 누릴 수는 없다. 하지만 자율의 감각이 꼭 이국적인 경험이나 값비싼 수련회에서만 얻을 수 있는 것은 아니다. 가까운 데서 영감을 얻는 경험을 한 피언이 그런 사례다. 일에 관해 이야기를 나누던 도중에 피언은 불현듯 크리스마스 때 가족과 함께 음식을 만들던 기억을 떠올리고 깜짝 놀랐다.

> 며칠 전에 떠오른 기억인데요, 정말 사소하지만 따뜻하고 다정한 느낌
> 을 받았던 게 기억나요. 몇 년 전 크리스마스 때 라이네 가족이 놀러 와
> 서 다 같이 음식을 만들었어요. 뭘 할지 결정할 시간적 여유가 있어서
> 그랬던 거예요. 민스파이도 만들고, 음식을 하나하나 직접 만든 후 크
> 리스마스 노래를 듣고 브랜디도 마셨죠. 쫓기는 기분 하나 없이 모두 함
> 께한다는 게 정말 근사했어요.

피언은 그 자리에서 여유로움을 만끽했다. 필요한 것을 하나하나
직접 만들고 '쫓기는 기분 하나 없이' 시간을 보내는 즐거움 말이다.
그 덕에 평소 바쁘게 지내는 직장생활 외에 다른 대안이 있을 수 있
다는 생각을 마음 깊이 품은 듯했다.

이런 사연은 매슈가 말한 '작은 이상향'에 꼭 들어맞는다. 면담 참여
자들은 학자들이 좋은 사회의 이상으로 제시한 것과 마찬가지로 따분
하고 틀에 박힌 일상에서 일시적으로 탈출하는 데에 비슷한 가치를 부
여했다. 에드워드 톰프슨E. P. Thompson은 이상향을 상상하는 것은 "더
나은 것을 더 많이, 다른 방식으로 갈망하는" 방법을 알려주기에 가치
있다고 말했다(톰프슨, 1976: 97). 문화적 이상이든 학문적 차원의 이론
적 이상이든 잠시 일상에서 탈출하는 것이든, 이상적 대안을 마주
하면 익숙한 습관과 규칙에 파묻혀 있던 해결되지 않은 욕구가 드
러난다. 이상향과 조우한 사람은 "현 사회 질서에 부여된 지위, 즉

그것이 자연발생적 생산물이자 필연적 발전이며 의심할 바 없는 미래라는 지위를 약화할 수 있는 거리감estrangement"을 얻게 된다(위크스, 2011: 205). 이 거리감은 자기 앞에 놓인 길이 지워지지 않는 잉크로 그어진 것이 아니라는 사실을 깨닫게 해준다.

오늘날 고용의 세계에 환멸을 느끼는 대학 졸업자들에게는 아마 대학 생활이 불안정한 '작은 이상향'으로 작용했을 것이다. 일하는 성인이 대학 생활을 '현실 세계'의 일부로 인정하지 않으려 하는 데도 그만한 이유가 있을 것이다. 대학 바깥에서는 학생 시절과 같이 자신의 관심사를 좇고 자기 일정에 따라 움직이고 일과 놀이를 결합할 기회를 누리기가 어렵다. 자본주의적 분업과 소외를 유발하는 현대적 노동의 특성을 감안할 때, 교육 과정에서 창조성과 다양성을 맛본 사람은 이후의 삶에서 이것을 발휘할 기회가 거의 없는 상황에 맞닥뜨릴 수 있다. 브루스가 지친 목소리로 내게 말했듯이, "대학을 졸업한 뒤에는 아무도 이상을 말하지 않는다." 애덤, 서맨사, 매슈 같은 사람은 대학 교육을 받는 동안 의미 있고 도전적인 일을 하면서도 여가시간을 충분히 누리는 자율적 노동자로서의 삶을 꿈꾸었다. 이런 기대는 졸업 후 일의 세계로 들어서는 동시에 완전히 깨어질 예정이었다. 로버트 머튼Robert Merton의 표현을 빌리면, 고등교육은 각 개인에게 문화적인 '열망의 기준 틀'을 심어주어 고용에 환멸을 느낄 요인을 제공했다고 할 수 있다(머튼, 1938). 단절점은 기대가 깨어졌음을 깨닫고 자신의 야망을 직업 세계 바깥으로 옮기는 순간에 찾아온다. 매슈가 대학 여행에 관해 말했듯이 '삶이 어때야 하는지 체험'해봤기 때문이다. 매슈는 그 순간이 너무나 즐거웠기 때문에 틀에 박힌 일을 할 생각을 하면 끔찍했다.

망가진 몸

여기까지는 면담 참여자들이 스스로 일에 저항하기로 했다는 전제로 논의를 전개해왔다. 그러나 앞으로 등장하는 이들의 저항은 어쩔 수 없는, 또는 자신을 보호하기 위한 행동에 가깝다. 활기 넘치는 용기가 아니라 무력감에 빠져 내린 결정이었다. 괴롭고 지겨운 유급 노동에서 벗어나야만 제대로 살아갈 수 있다고 믿는 이들이 있었는데, 이런 경우는 고용이 유발하는 신체적 희생에 저항하는 것으로 해석할 수 있다. 아래에 인용한 감정을 자극하는 마르크스의 글이 이러한 희생의 내용을 가늠할 수 있게 해준다.

굶주린 늑대처럼 잉여 노동을 갈망하는 자본은 도덕적 선을 넘을 뿐 아니라 노동시간의 물리적 한계조차도 넘어선다. 신체의 성장과 발달, 건강 유지에 필요한 시간을 빼앗는다. 신선한 공기와 햇빛을 흡수할 시간을 탈취한다. 식사 시간마저 생산과정 그 자체에 편입시켜, 음식을 증기기관에 넣는 석탄이나 기계에 칠하는 기름과 같은 생산수단과 다름없게 만든다. 신체적 힘의 회복과 재충전, 재생에 필요한 수면 시간도 줄일 대로 줄여 극도로 소진된 장기를 재가동할 수 있을 정도의 수

면만 허용한다. 하루 노동시간을 정하는 기준은 노동력을 정상적으로 유지할 수 있느냐가 아니라, 얼마나 병적이고 강압적이고 고통스럽든 간에 노동자가 하루에 쓸 수 있는 최대 노동력이 얼마냐에 달려 있다. 노동자의 휴식 시간은 그것을 기준으로 결정된다. (마르크스, 1906)

마르크스가 살았던 시대와 비교하면 일이 청결하고 물리적으로 안전해졌을지 몰라도, 신체의 한계를 무시하는 자본에 대한 염려는 오늘날에도 유효하다. 영국 보건안전청에 따르면 2013~2014 회계 연도에 현재 또는 이전 직장에서 병을 얻었거나 더 심해졌다고 여기는 사람이 120만 명에 달했다. 그중 39퍼센트가 스트레스나 우울증, 불안증이었다(HSF, 2014). 사회평론가 테리사 브레넌Teresa Brennan은 현대 사회가 요구하는 생산성과 경쟁으로 인해 신체의 자기조절 능력을 무시하고 회복력을 넘어서는 수준까지 기운을 소진하게 된다고 비판했다. "충분한 수면과 휴식, 적절한 음식 섭취 없이 만성적인 질병과 점점 심해지는 알레르기를 잠재우려 약을 삼키는 사이에 신체는 회복력을 상실한다."(브레넌, 2003: 22) 멈춰야 한다는 걸 알면서도, 생산성과 생존을 위해 예상하고 대응해야 할 잡다한 일에 압도된 채 계속 밀고 나간다.[4] 스트레스와 불안, 피로 등 온갖 증상에 시달리던 나의 연구 참여자들은 회복력을 잃은 몸을 되살려야 한다고, 다시 말해 삶의 속도를 늦추고 잠을 충분히 자고 야외 활동을 늘리고 좋은 음식을 먹고 긴장감 없이 여가를 즐겨야 한다고 주장했다.

실제로 면담 참여자 중 상당수가 단절점을 맞이하는 데에 건강 문제가 어느 정도 영향을 주었다. 가장 가슴 아픈 사연을 들려준 사람은 브루스였다. 우리가 만났을 때 브루스는 일을 완전히 그만두었고 가까운 미래에 다시 일할 수 있을 정도로 회복되리라 기대하기 어려운 상태였다. 그는 극심한 정신건강 문제를 지닌 사람들을 돌보는 보호소에서 활동보조인으로 일했고, 퇴직 후 장애급여 형태의 고용지원수당으로 생계를 꾸려왔다. 브루스는 몸이 '망가진' 채 보내는 나날을 다음과 같이 묘사했다.

> 말 그대로 망가진 상태예요. 내 안에 있던 스위치가 툭 하고 내려가서 그대로 망가진 것 같아요. 거의 밤새도록 온갖 고통과 경기와 경련에 시달렸어요. 잠을 잘 수 없었죠. 피부에 염증이 생기고 배탈이 나고 시력과 청력에도 문제가 생겼어요. 한꺼번에 여러 가지 고통에 시달렸어요.

브루스는 참거나 부정하거나 의학 치료에 매달리며 괴로워하기보다는 철학적인 태도를 취하며 질병에는 반드시 어떤 의미가 담겨 있다는 신념을 드러냈다. 몸이 '메시지를 보낸다'고 생각한 것이다.

> 온몸이 '그만하면 충분해'라고 말하는 듯했어요. 내가 정신적 질병을 보는 관점에서는, 내 몸이 내게 소리치고 있었다고 할까요. 내가 듣지 않으니까 그렇게 외친 거죠. '진짜 좀 그만두고, 삶을 되돌아보고 자신과 화해할 시간을 가져야 한다니까!'라고요.

브루스의 세계관에서 고통스러운 증상은 생활방식을 바꾸어야 한다고 일깨우는 소중한 역할을 할 수 있다. 일을 하고 경제적 활동을 하는 시민을 도덕적으로 매우 높게 평가하는 사회에서 신체적·정신적 고통에 대한 전형적인 반응은 사회적·환경적 부조화의 신호를 읽어내는 것이 아니라 증상을 무시하거나 억누르는 행위일 것이다. 하지만 브루스는 계속 버티며 직장에 다니기보다는 일을 그만두고 자신을 돌보는 쪽을 택했다. 브루스가 자신을 어떻게 돌보는지 설명했을 때, 나는 '위생'에 대한 고르츠의 정의를 떠올렸다. 고르츠에게 '위생'은 일상적으로 자신을 가꾸고 씻는 일 정도가 아니라 개인이 더욱 철저하게 자기 몸의 필요를 이해하고 행복을 증진하기 위해 실천하는 행위였다. 위생은 "삶의 기술"로서, "건강을 유지하고 회복하기 위해서 자신을 **스스로** 점검하는 일련의 종합적 규칙"이다(고르츠, 1980: 151, 강조는 원저자). 브루스에게 자신을 돌본다는 것은 스트레칭과 운동에서부터 영양 섭취를 우선시하며 매일 쉬고 사색하는 시간을 갖는 다양한 활동을 의미했다. 누군가에게는 자기돌봄이 이와는 전혀 다른 일련의 실천을 의미할 것이다. 엄격하고 의학적으로 승인된 건강관리 체계만이 아니라 아무것도 하지 않은 채 편안히 쉬는 시간의 중요성을 인식하고, 매 순간에 충실하고, 친구를 만나고, 책임감을 내려놓고, 일반적으로 건전하지 않다고 여기는 일을 해보는 것일 수도 있다. 중요한 것은 각자 어떤 습관, 행동, 상황, 환경이 자신을 풍요롭게 하는지 자율적으로 결정할 자유가 있다는 점이다. 경제적 필요라는 압박에서 어느 정도 자유로워야 가능한 자기 발견 과정이다.

브루스는 정신과 의사를 만난 경험을 떠올리며 굉장히 경멸스러워했다. 의사가 자기돌봄이 아니라 증상을 억제하는 약물을 권했기 때문이다. 고통이 전반적인 사회적·환경적 부조화의 신호라고 여기는 브루스는 거부감을 느꼈다.

> 학생 시절 정신과 의사를 만났을 때는 학교생활은 유연하니까 쉴 시간을 마련할 수 있을 거라고, 그러면 약을 쓰지 않아도 된다고 했어요. 그런데 지금은 직장생활을 하고 누군가에게 고용된 상태로 일을 계속하려면 약을 먹어야 한다는 거예요.

내가 만난 몇 사람과 마찬가지로 브루스는 단지 일을 계속하기 위해 질병을 억누르고 무시해야 한다는 생각에 반대했다. 브루스와 그 사람들은 자기 필요에 걸맞지 않은 환경과 상황에 자신을 맞추기를 거부했고, 일에 저항하면서 자기 몸의 요구에 더 주의를 기울일 시간을 확보하려 했다. 예를 들어 앤은 자기가 소속 없이 일하기로 하고 유연한 업무 일정을 잡게 된 데는 피로와 음식 알레르기를 관리하려는 이유도 있었다고 말했다(아버지를 돌보는 데도 시간을 더 들이려고 했다). 루시는 더 조용하고 덜 불안하게 살고 싶어서 일을 그만두었다고 했다. 제럴드는 조기 은퇴를 결정한 데는 결혼생활에서 겪는 분노와 긴장을 줄이려는 의도도 있었다고 했다.

그러나 자기돌봄에는 건강한 습관을 기를 시간을 확보하는 것보다 훨씬 더 다양한 의미가 담겨 있다는 점은 주목할 만하다. 특히 브루스의 사례에서처럼 일할 의무를 지키기 위해서 예외적으로 약물이 허용되는 듯한 부정적 경험에 저항하는 의미를 띠기도 한다. 고르츠는 이렇게 썼다.

> 사회적으로 인정받으려면 도움을 요청하는 행위는 환자의 의지와 무관한 독립적인 신체장애의 형태를 띠어야만 한다. 상사나 관리자에게 '더 못 버티겠어요. 잠도 안 오고, 식욕도 성욕도 떨어지고 있어요. 더 이상 뭘 할 기력이 없어요. 일주일만 쉬게 해주세요'라고 말해도 통할 리 없을 것이다. 요구 사항을 관철하려면 '더 못 버티겠어요'가 스스로 통제할 수 없는 일종의 불능으로서 신체적 어려움, 즉 병가에 해당하는 질병이라야 한다. (고르츠, 1980: 174)

일하지 않겠다는 결정을 인정받으려면 대체로 건강상의 문제를 진단하고 회복 과정을 처방하는 의료기관의 승인이 필요하다.[5] 일에서 벗어나려면 생의학적 진단을 받아야 한다는 압박은 브루스, 루시, 에마처럼 일하느라 너무 아프지만 그것이 생의학적 문제 때문은 아니라고 생각하는 사람에게는 심각한 갈등을 유발한다. 브루스는 수년 동안 다양한 의학적 진단을 받았다. 의료정보는 민감한 내용이니만큼 혹시 어떤 진단을 받았는지 말해줄 수 있느냐고 조심스럽게 물었다.

전문적으로 이걸 뭐라고 부르는지 오래전부터 들었어요. (브루스는 천천히 기억을 되짚었다.) S. E. 어, 뭐더라? S. E. M. H. P(지속적 중증 정신건강 문제Severe and Enduring Mental Health Problems). 주요 우울장애. 불안증을 동반하는 양극성 장애. 이렇게 세 가지 진단을 받았어요.

브루스는 이런 진단이 와닿지 않았다. 자신의 상태는 정신적 장애라기보다는 개인적 경험과 환경적 요소가 복잡하게 얽히며 누적된 '위기'라는 믿음과 상충했다. 게다가 자율적으로 자기돌봄을 습관화해 건강을 회복하려는 목표와도 맞지 않아서, 의사가 내린 진단을 영구적인 것으로 받아들이지 않았다. 브루스는 그 진단이 "'넌 정신병에 걸렸고 그게 널 평생 따라다닐 거야'라고 말하는 것" 같았다. 루시도 브루스와 비슷한 관점을 보였다. 루시는 (혼잡한 장소에 있으면 불안감을 느끼고 견디기 어려워하는) 광장공포증에 가까운 여러 가지 증상을 열거했지만 자신을 '장애인'이라고 칭하기는 꺼렸다.

의학적 진단에 저항하려는 이들의 열망은 돈이 점점 줄어들기 시작하면서 심각한 문젯거리가 되었다. 결국 장애수당을 청구할 수밖에 없는 상황에 내몰렸는데, 영국에서 장애수당을 청구하려면 병원에서 일련의 검사를 받은 다음 수급 자격을 심사하는 직무역량평가를 통과해야 한다. 브루스가 분투하던 시기는 앞서 언급한 2012~2013년 아토스 사태가 터지면서 부정 수급자가 많다는 인식이 퍼지고 환자 자격 조건이 무척 까다로워지던 때였다. 전반적으로 최근 복지정책은 정상적이고 평범한 직장생활의 일부로 용인할 만하다고 여겨지는 질병 및 장애의 범위를 넓히고 장애수당 수급 자격 조건을 축소하는 방향으로 바뀌어왔다. 브루스가 직무역량평가를 처음 받았을 때 수급 자격을 인정받지 못한 것은 그렇게 의외의 결과가 아니었지만 당사자에게는 '눈앞이 캄캄해지는' 사건이었다. 브루스는 자살 충동을 느꼈지만, 가족 곁을 떠날 수 없었다고 말했다. 시민상담소를 찾아갔더니 (당시 많은 이들에게 조언하던 대로) 직무역량평가를 하나의 게임처럼 생각하라고 했다. 브루스는 재평가를 준비하면서 이번에는 '머리를 썼다'. 자기돌봄에 들일 시간과 돈을 마련하기 위해서 의학적 진단을 활용하되 자신이 병증을 앓고 있다는 생각을 내면화하지 않으려 최선을 다하기로 다짐했다. 두 번째 도전은 성공적이었다. 브루스는 시민상담소가 '구세주'였다고 말했다. 루시도 자신이 '광장공포증'을 앓고 있다는 의학적 진단을 받아들여 장애수당 수급에 성공했다. 브루스에 비해 루시는 의료 전문가들이 자신의 상태가 나아지도록 도움을 줄 것이라는 생각에 좀 더 긍정적이었지만, 구직 센터에서 배정받은 장애 담당관에 대해서는 매우 비판적이었다. "그 사람들은 '일자리를 찾도록 도와드리겠습니다'라고 말하지만 '**당신**을 실제로 도와드리겠습니다'라고는 절대 말하지 않아요."

자기돌봄, 일에 대한 저항과 의학적 진단에 대한 저항은 고통받는 당사자가 모욕당하고 무력감과 의학적 고통을 느끼기보다는 당당하고 정상적이라고 느낄 수 있는 생활방식을 형성하려는 시도로 이해할 수 있다. 브루스 같은 사람들이 장애수당을 받으면서도 여가시간을 적극적으로 누리는 것은, 직업적으로 일하기 위해서 고통을 참기는 힘들지만 좋아하는 일을 하기 위해서는 고통도 기꺼이 참을 수 있기 때문이다.

> 그런 말을 하는 사람들이 있어요. 예를 들어 내가 오늘 선생님을 만나러 여기까지 왔잖아요. 기차를 타고. 그러면 '아, 그래. 그 정도면 일도 할 수 있겠네'라고 말하는 거죠. 하지만 그게 그리 간단하지 않아요. (깊은 한숨) 수당 체계에는 중간지대가 없어요. 네, 중간지대가 없죠.

궁극적으로 이런 사례는 일에 저항하는 것이 자발적 선택이 아니라 자기보호 행동인 경우가 많다는 사실을 알려준다. 내가 만난 몇몇은 일로 인한 스트레스와 틀에 박힌 일과에서 벗어나는 것이 행복에 필수라고 믿었다. 이런 사례를 통해 우리는 속도를 늦추거나 멈추어야 한다는 걸 알면서도 계속 밀고 나가야만 할 때 겪는 희생에 더 예민해질 수 있을 것이다.

쓸모의 윤리

이 장의 주된 목표는 일을 당연하고 피할 수 없는 운명으로 받아들이기를 멈추고 비판적으로 세밀히 검토하기 시작하는 지점, 즉 '단절점'을 형성하고 촉발하는 경험이 무엇인지 살펴보는 것이었다. 우리는 갑작스러운 충격적 사건과 불행한 일 경험이 어떻게 개인의 우선순위를 돌아보게 하는지 보았다. 지겨운 일과에서 잠시 탈출했을 때 얼마나 자유로운 감각을 경험할 수 있는지 보았고, 건강을 지키기 위해 일에 저항하게 되는 과정도 살펴보았다. 무엇보다 주목할 점은, 여기에 제시한 사례들이 일에 저항하는 사람은 현실 도피자나 게으름뱅이라는 낡은 고정관념에서 벗어나게 해준다는 사실이다. 연구를 통해 내가 확인한 것은 비교적 평범한 사람들이 정규직 고용에 맞서 벌이는 윤리적으로 사려 깊은 반란이었다.

보편적인 개념으로 표현하자면, 이 사람들은 노동 윤리를 거부하고 그 자리를 데이비드 캐넌David Cannon이 '쓸모의 윤리'라 칭한 것으로 대체했다고 주장할 수 있다(캐넌, 1994). 이들은 창조하고, 타인을 돕고, 윤리적으로 의심스러운 일은 피하려는 욕구, 즉 진정한 유용성의 감각에 이끌렸다. 물질적 부나 사회적 지위가 아니라 개인 역량을 계발할 수 있는 기회의 측면에서 성공을 정의했다. 임금을 더 많이 받자고 제 몸과 마음에 심각한 위협을 가하길 원치 않았다. 일을 통해 도덕적 자율성과 도전 의식, 만족감을 얻기를 바랐지만 공식적인 유급 고용 영역에서는 그런 바람을 이루기 어렵다고 판단해 야망을 다른 쪽으로 돌리기로 했다. 금전적 필요를 채우면서 자유시간을 최대한 확보하려는 목적으로 노동시간을 줄이고 정규직을 떠나 소속 없이 일하거나 몰입도가 낮은 시간제 일자리를 구했다. 그 시간을 나이 든 부모를 돌보거나 아이들과 노는 데 쓴 사람들도 있다. 건강이 좋지 않은 사람은 자기를 더 잘 돌보는 데 시간을 할애했다. 정치적 집회에 참여하고 자선단체에서 봉사활동을 하는 사람도 많았다. 유급 노동을 수행하는 것이 공동체에 기여하는 가장 고귀한 방법이라는 생각에는 다들 거부감을 느꼈다. 여기에 제시한 사례들은 일하지 않는 삶이 반드시 공허하고 도덕적으로 방향성 없는 존재가 된다고 보는 생각에 도전하는 조심스러운 첫걸음이다. 나는 일에 저항하는 사람들을 괴이하거나 비도덕적인 사람으로 바라보는 시각에서 벗어나, 일에 대항하는 정치가 성장할 자양분의 원천으로 진지하게 바라보고 연구하자고 제안하고 싶다.

　면담 참여자들이 일에 상당히 비판적이기는 했어도 그들이 그 손아귀에서 완전히 빠져나왔다고 말하기는 어렵다. 단절점은 사람들이 자기주도 역량과 본연의 인지 능력을 더 뚜렷하게 반추하기 시작한 순간을 의미하지만, 그 자체로 자유를 향한 탈출이 완성되는 것은 아니다. 앞의 여러 장에서 살펴보았듯이 일에 저항하려는 욕구를 통제해 그 전환이 진정한 사회 변화로 이어지지 못하게 가로막는 일련의 강력한 도덕적·물리적 제약이 존재한다. 일에 저항하는 사람에게는 재정적 궁핍에서 사회적 비난에 이르기까지 심각한 위험이 뒤따른다. 다음 장과 그다음 장에서는 일에 저항하는 사람들이 어떤 어려움에 직면하는지 그리고 놀랍게도 이런 어려움을 감당하면서 어떤 즐거움을 누리는지 더 깊이 알아보고자 한다.

6장

덜 벌어도, 더 자유롭게

> 정상적이라는 것은 일하기 위해서 구입한 옷을 입고, 꽉 막힌 도로에
> 서 아직도 할부금을 갚고 있는 자동차를 운전해서, 그 옷과 자동차 그
> 리고 생계를 유지하느라 종일 비워두기만 할 집에 드는 돈을 벌 수 있는
> 직장에 다니는 생활을 말한다.
>
> – 엘런 굿맨Ellen Goodman[1]

　연구를 진행하던 중에 앨런이라는 30대 중반의 남자를 만났다.
앨런의 이야기는 다른 면담 참여자들과 무척 비슷했다. 사무 행정
직으로 일했던 이전 직장들에서 느낀 혼란과 직업이 아닌 다른 것
으로 정체성을 인정받고 싶은 강렬한 열망에 관한 이야기였다. 일
자리는 언제든 쉽게 구할 수 있었고, 소득의 원천이라는 것 외에 직

업에 별다른 의미를 두지 않았다고 했다. 면담 당시 앨런은 유급 노동을 하지 않고 있었는데, 그동안 했던 일은 전부 다 수단에 불과했다고 설명했다. 여가를 즐기기에 충분한 돈을 모을 때까지 일정 기간 하급 사무 업무를 계속하다가 어느 순간 불쑥 일을 그만두고 자유시간을 즐기곤 했다는 것이다. 그러다 돈이 떨어지면 '다음번 모험 자금을 모으기 위해' 일터로 돌아갔다.[2] 이것은 직장이 계획의 일부일 뿐 그밖에 다른 어떤 의미도 아니라는 우회적인 표현이었다.

일을 수단으로 대하는 태도는 내 연구를 통틀어 매우 흔하게 나타났지만, 앨런에게서 눈여겨볼 점은 일에 저항하는 데 뒤따르는 잠재적 문제를 인정하지 않으려 한다는 것이다. 내가 만난 대다수는 자신이 겪는 어려움을 열렬히 토로했는데, 앨런은 어쩐지 자신이 택한 생활방식의 장점을 영업사원처럼 늘어놓는다는 느낌이 들었다. 그의 삶에서 그다지 바람직하지 않은 면을 조금이라도 밝혀내려는 내 노력은 물거품이 되었다. 앨런이 보여준 굽힘 없는 낙관주의는 일에 저항하는 것이 대개 상상력과 개인의 의지 문제라는, 다시 말해 실질적인 문제가 아니라 인식의 문제라는 생각으로 뒤덮여 있었다. 앨런은 계급적 지위에 따라 개인이 반란을 일으킬 여지가 제한될 수 있다는 견해에 특히 비판적이었다. 그는 '계급 문제가 여전하고 어쩌고저쩌고하는 사람들'을 경멸스럽다는 듯이 이야기했다. "사회에서는 다들 웬만큼 평등해요."라며, 실업을 두려워하는 사람은 "나약한 심성"을 지닌 "애잔한 인간"이라고 주장했을 때는 연구자로서 평정심을 유지하기 어려웠다.

처음에는 앨런의 견해가 놀라웠지만, 이후에 나는 이것이 널리 퍼진 반자본주의적 언술과 비슷하다는 사실을 깨닫고 충격을 받았다. 그런 식의 언술 중에서 가장 온건한 형태에 속하는 앨런의 이 주장은 사람들에게 사고방식을 바꾸고 새로운 행동양식을 받아들임으로써 행복을 누리라고 권하는 것이다. (다소 경건한 어조로) 일을 덜 하고 지출을 조절하면 더 행복해질 거라고 말한다. 이런 주장의 문제는 개인의 생각과 행동을 바꾸라고 할 뿐 변화를 가로막는 더 큰 문화적·구조적 한계를 들여다보지 않는다는 것이다. 사람들이 현 상태에 저항하지 못하는 이유를 세뇌나 도덕적 방종의 산물로 치부해버리니, 대담하게 나서서 현실의 장막을 걷어내고, 일을 줄이고, 소비를 중단하는 사람에게 행복이 찾아올 것이라는 작가나 구루의 목소리밖에 남는 것이 없다.[3] 경제적으로 생존이 불가능한 대다수에게는 느리게 사는 삶이 허락되지 않는다는 사실은 경시된다. 면담 참여자 매슈와 루시가 늘 월세 걱정과 월말에는 밥 한 그릇만으로 저녁을 때워야 하는 처지 등 저항이 불러온 대단히 현실적인 물질적 한계를 털어놓았을 때, 나는 내심 상상력과 개인의 의지만 있으면 얼마든지 일에 저항할 수 있다는 앨런의 이상적인 견해에 이들이 어떻게 반응할지 궁금했다. 일에 어디까지 저항할 수 있을지 제대로 숙고하려면 일을 줄이기 어렵게 만드는 물질적인 장애물도 분명히 고려해야 한다. 우리 사회에서 일이 소득을 얻는 주요 수단이라는 점을 감안하면 일에 저항하는 데는 여러 가지 물질적 위험과 손실이 뒤따르리라고 예상할 수 있다. 노동시간을 줄이려는 사람이 가장 기본적으로 고려할 점은 그렇게 적게 일해도 음식, 옷, 집, 전기, 휴대폰, 인터넷 등 필수재를 충당할 수 있을지의 여부이다. 일상 속의 다양한 필요를 채우는 데 드는 재화와 실천이 상품이 된 선진 자본주의 사회에서 소득을 잃으면 상당한 위험이 뒤따른다. 지금은 (수분 보충에서부터 자기표현, 여가에 이르기까지) 온갖 개인적 필요를 채우려면 돈을 지불해야 하는 시대이다. 그러다 보니 이전에는 경제적 영역에서 제외되던 활동조차 그 궤도로 끌려들어 가는 현상이 도처에서 나타나고 있다. 이런 맥락에서 사회학자 지그문트 바우만은 재정적 빈곤이 물질적일 뿐 아니라 문화적이기도 하다고 주장했다. 풍요 속에서 '신빈곤층'은 특정한 물질적 필요를 채울 수 없을 뿐 아니라 현대 소비사회에서 일반화된 문화생활에서도 배제되기에 이중의 고통을 겪는다. 바우만의 주장에 따르면 이 시대에 일반적인 삶이란 "소비 시장의 유혹에 즉각적이고도 효율적으로 반응"할 능력을 의미한다(바우만, 2005: 112). 상품 관계가 중심을 차지하는 사회에서 빈곤층의 열등한 구매력은 정상적이라고 승인받는 생활방식에 참여할 역량의 열등함과 동의어가 된다. '신빈곤층'은 일정 수준 이하의 물건을 구입하거나 그마저도 충분히 구입하지 못하는 사람, 또는 부끄럽게도 구두쇠처럼 굴거나 직접 만든 물건으로 필요를 채우는 사람, 즉 '불량 소비자'로 낙인찍힌다.

소비가 넘쳐나는 상황에서 빈곤으로 고통받는 개인이 일에 저항할 여지는 매우 적다. 이런 물질적 현실을 외면한 채 그저 태도만 바꾸면 일에 저항할 수 있다는 주장은 진부한 낙관주의나 다름없다.

그러나 시장이 결코 완벽히 일상을 포위하지는 못한다는 점도 염두에 두어야 한다. 현대 소비사회에서 살아가는 데 드는 터무니없는 금전적 비용과 그 비용을 충당하려면 안정적인 직장을 찾으라는 엄청난 압박에도 불구하고, 사람들은 어느 정도 타협을 하더라도 자신이 속한 사회의 전통을 따르거나 따르지 않거나, 거부하거나 재구성할 행위력을 갖고 있다는 사실을 기억하는 것이 중요하다(험프리, 2010: 133). 일을 줄이는 데 뒤따르는 물질적 한계를 인식하는 것도 중요하지만 동시에 거래 관계의 바깥에서 비전통적인 방식으로 필요를 채울 가능성을 그리고 소비의 압박을 피해 즐거움, 아름다움, 효율성, 행복에 대한 나름의 이상을 수립할 능력을 탐구해볼 수도 있다(보링, 2000b: 315).

연구를 진행하면서 한 가지 궁금했던 점은 사람들이 일에 저항하는 과정에서 특정한 즐거움을 박탈당했는지의 여부였다. 소득이 줄어들면 반드시 물질적 박탈감과 현실적 곤란을 겪을 텐데, 그럼에도 일에 저항하는 데에 그만한 가치가 있을지 궁금했다. 이 질문에 대한 답은 물론 소득이 얼마나 줄어드는지, 그것을 배우자 소득이나 저축, 임시직 수입 또는 실업수당 같은 다른 자원으로 충당할 수 있는지에 따라 달라질 것이다. 또한 (양육비가 무척 많이 드는) 자녀가 있는지, 풍요로운 생활방식을 누리는 지인들이 있는지(이 경우 지출을 줄인다는 것은 친구가 줄어든다는 의미일 수 있다)도 영향을 미칠 것이다. 하지만 놀랍게도 내 연구 참여자 중에서 극도로 가난한 이들조차 자기 삶을 희생한다고 보는 시선을 거부했다. 뒤늦게 면담에 응한 (변리사 출신의 식당 종업원) 서맨사는 자신이 선택한 생활방식이 금욕적이라고 보는 사람이 있을 수는 있다고 했다. 하지만 개인적으로는 그런 시각에 반대한다며 이렇게 말했다.

> 엄청나게 여유로운 느낌이 들어요. 나는 가진 게 더 많아졌어요. 종류가 다를 뿐이죠. 런던 친구들은 다들 파김치가 되어서 전화로 수다 떨 시간도 없을 정도로 오래 일하는데, 내 생각에는 그거야말로 자기혐오적이고 금욕적인 생활방식이에요.

서맨사는 수입이 적다는 이유로 사회적으로 배제당하는 느낌을 받기도 하겠지만, 벌고 쓰는 자본주의 문화에 포섭당하는 데에도 무거운 대가가 따른다고 믿었다. 정규직 변리사로 일하던 시절에 비해 한두 가지 아쉬운 점이 있는 것은 사실이지만 그 대신 얻은 여유로운 시간과 기력에 비하면 그런 아쉬움은 별로 중요하지 않았다. 서맨사의 견해는 사회적 포용의 대가를 암시하는 엘리너의 아래 발언과도 비교할 수 있다. 엘리너는 정규직으로 일하는 생활방식을 희생과 보상의 끝없는 순환이라는 암울한 표현으로 설명했다.

> 일을 줄일수록 그렇게 살지 않아도 되었다는 사실을 더 잘 알겠더라고요. 내 친구들처럼 말도 안 되는 월세를 내려고 월요일부터 금요일까지 일에 붙들려 지내다가 주말에야 겨우 빠져나와서는 코가 삐뚤어지게 마셔대고, 또다시 일에 찌들어 며칠을 보내고 나서 주말 내내 쉬면서 이

모든 과정을 되풀이할 수 있을 정도로만 겨우 기운을 차리는 그런 식으로 말이에요.

엘리너의 이야기는 현대인은 자유시간을 일과 일 사이의 공백으로 경험한다는 아도르노의 통찰을 떠올리게 한다. 정형화된 풍요로운 생활방식의 비참하고 비합리적인 면에 대한 엘리너의 견해는 면담 참여자 사이에 보편적으로 퍼져 있던 정서를 드러낸다. 나는 이런 정서가 철학자 케이트 소퍼가 말한 **대안적 쾌락주의**와 일치한다고 주장하고 싶다(소퍼, 2007; 2008; 2013).

대안적 쾌락주의는 개인의 성향을 표현하는 개념이자, 풍요로운 소비사회의 주관적 만족감에 집중하는 사회 비평 방식을 가리키는 용어이다. 전 지구적 착취와 환경 파괴 체제에 의존하는 서구 소비 지상주의의 속성이 다양한 경로를 통해 점차 드러나고 있지만, 이런 측면을 포함한 갖가지 문제가 풍요로운 생활방식에 대한 주관적 환멸에 어떤 식으로 영향을 끼치는지 토론하고 발언하는 움직임은 그다지 눈에 띄지 않는다. 소퍼는 풍요로운 생활방식이 만들어낸 부정적인 부산물로 인해, 또는 그것이 더 탄탄한 대안적 즐거움을 가로막는 경우가 많다는 사실 때문에, 풍요로운 생활방식이 새로운 불행과 불만족을 빚어낸다는 징후가 널리 퍼져 있다고 주장한다.

결국, 이른바 좋은 삶이 스트레스와 건강 악화의 주요인이라는 사실이 이제는 널리 알려져 있다. 그런 삶은 우리를 극심한 소음과 악취에 노출시키고 엄청난 쓰레기를 양산한다. 일하는 일상과 상거래 방식 안에서 수많은 사람이 거의 평생에 걸쳐 교통 체증이나 만원 지하철 또는 버스에서 하루를 시작한 다음 대부분의 시간을 지루하기 짝이 없는 업무를 처리하느라 컴퓨터 화면에 붙들려 보내는 생활을 한다. 대체로 생산적 활동은 최고로 빠른 생산 회전율과 의도된 진부화built-in obsolescence를 장착한 물질적 문화를 창조하는 데에 시간을 쏟아붓게 하면서 가치 있는, 또는 지속적이거나 매력적인 성취의 기회를 앗아간다. (소퍼, 2013)

소퍼는 소비 자본주의가 개인이 (감당할 수 있는 한) 원하는 무엇이든 소유할 자유의 보루로서 칭송된다 해도 풍요로운 사회에 만연한 갖가지 불만과 개인적 희생에 관해 이야기하도록 우리를 이끈다. 즐거움, 풍족함, 자기표현, 홀가분함 등을 현대 사회의 장점으로 내세우는 사람들이 있지만, 소퍼는 스트레스, 공해, 지루한 일상, 사회적 고립도 그에 못지않게 나타난다는 사실을 상기시킨다. 소퍼가 보기에 소비주의는 자기부정적이고 파멸적인 사회와 그 생활방식에 여러모로 잘 들어맞는다.[4] 소퍼는 반소비주의적 윤리와 정치학이 제기할 문제는 풍요로운 사회가 빚어내는 이런 불만스러운 경험이라고 믿으며, 저항의 목소리가 성공을 거둘 가능성을 높이려면 "이타적 연민과 환경적 염려에 더해, 다르게 소비함으로써 얻는 뚜렷한 만족감"을 내세워야 한다고 주장한다(소퍼, 2008: 571). 그리고 동료 저자들에게는 (사람들이 필요하다고 '생각하는' 것과 달리) 진정으로 '필요한' 고도의 지식이라는 것을 내세우며 소비주의를 난해하게 비판하기보다는 사람들이 스스로 토로하는 현대 소비주의에 대한 불만을 현실적으로 조명하기를 요청한다. 나는 그런 작업이 사회 변화에 대한 열망을 키우는 밑거름이 되기를 바라며, 소퍼가 제시한 '대안적 쾌락주의자'라는 의제를 염두에 두면서 상품 집약적 생활방식에 의구심을 불러일으키는 좌절에 대해 탐구하고자 한다. 더불어 사람들이 일과 소비를 줄이기 시작하면서 발견하는 새로운 즐거움에 관해서도 살펴볼 것이다.

불편한 즐거움

엘리오 페트리 감독의 영화 〈천국으로 가는 노동계급〉에는 50년 넘게 공장 노동자로 살아온 주인공 루루 마사가 집 안을 돌아다니며 살림살이를 살펴보는 장면이 나온다. 크리스털 꽃병, 라디오, 공기를 주입한 장난감 그리고 '마법의 순간'이라는 양초 세트가 보인다. 루루는 어느 집에나 있는 잡동사니 같은 이런 대수롭지 않은 물건에 그동안 관심이 없었지만, 이 순간만큼은 자신의 소유물에 온 관심을 집중한다. 처음으로 그 물건들의 정체를 파악한다. 쓰레기. 엄청난 노동시간을 대가로 치르고 얻은 쓰레기이다. 루루는 거실을 돌아다니며 물건을 하나씩 곰곰이 살펴본다. 장식용 탁자: 30시간 노동. 광대 그림: 10시간 노동. '이게 그만한 가치가 있었나?'라고 자문하는 듯하다. 옷장에 그득한 잡동사니를 미친 듯이 걷어차기 시작하는 루루를 보면서 우리는 그 질문에 대한 답이 '아니요'라는 걸 알게 된다.

노동자 루루가 자신의 사치품이 평생에 걸친 고되고 모욕적인 노동의 대가임을 깨닫는 순간, 부의 즐거움은 빛을 잃는다. 이 경우 루루의 사치품은 소퍼가 말한 **불편한 즐거움**troubled pleasure, 즉 근본적인 불만족을 대가로 치르고서야 누릴 수 있는 소비주의적 즐거움의 사례를 보여준다. 충동구매가 나름의 쾌락을 준다고 해도, 이제는 많은 이들이 이런 쾌락을 불편하게 여기게 되었다. 이들은 소비주의의 방대한 선택지로 인한 불안과 자괴감, 환경 비용에 대한 자각, 세계가 경박하고 어수선해지고 말았다는 괴로운 마음 등 현대 소비주의의 쾌락적 측면에 의문을 제기한다. 루루의 경우 상품 소비의 즐거움이 평생에 걸친 소외된 노동이 불러온 무기력, 좌절감, 건강 악화를 대가로 치를 만큼 가치 있는 것이 아니라는 사실을 인식하면서 '불편'을 느낀다.

1990년대 줄리엣 쇼어Juliet Schor가 연구한 미국 '다운시프트 생활자'의 사고방식에서 두드러지게 나타나는 것이 바로 이 문제이다. 쇼어는 "다운시프트 생활자들은 시간과 삶의 질이 돈보다 더 중요해지는 변화를 경험했다."고 말한다(쇼어, 1998: 138). 시간과 돈은 상충관계로 인식되고, (대다수가 그러하듯이) 다운시프트 생활자도 시간과 돈 **두 가지를** 다 갖고 싶어 하지만 자신이 추구하는 가치와 경험에 따르다 보면 소득을 줄여 자유시간을 늘리는 쪽으로 생활방식을 바꾸게 된다. 단지 물건을 더 많이 살 돈을 모으기 위해 일하는 데에 시간을 바치지는 않겠다고 결심한다.

다운시프트 생활자의 사고방식에 관한 쇼어의 설명은 내가 만난 사람들의 견해와 상당히 잘 들어맞는다. 이들 역시 사치품을 일종의 불편한 즐거움으로 느끼게 되었다. 물건을 살 때 머릿속으로 어떤 계산을 하는지 들려준 마이크에게서도 이런 모습을 발견할 수 있다. "어쩌다 '오, 이거 괜찮은데' 싶은 물건을 발견해도, 그게 없다고 못 사는 건 아니거든요. 그걸 갖겠다고 혐오스러운 일을 하러 갈 만큼 중요하지는 않아요." 마이크는 쇼핑을 아예 그만두지는 않았지만 돈을 벌기 위해서 어떤 희생을 해야 하는지 깨닫자 쇼핑의 즐거움이 퇴색되었다. 시간과 돈의 상충관계에 대한 이런 인식을 가장 뚜렷이 드러낸 면담 참여자는 셰릴이었다. 쾌활한 40대 여성 셰릴은 내가 만난 사람 중에서 유일하게 자신을 '다운시프트 생활자'라고 칭했다. 내가 셰릴에게 면담을 제안한 것도 자신을 '헌신적인 소박한 생활 전도사'라고 소개한 개인 웹사이트를 보았기 때문이다. 남잉글랜드 시골 지역에 있는 집으로 찾아가 만났을 때 셰릴은 돈보다 시간이 더 중요하다는 자신의 신념에 관해 한참 이야기했다. "더 잘 살게 해줄 것 같은 물건이 있더라도 그 물건을 살 돈을 버느라 시간을 전부 다 써버려야 한다면 아무 의미가 없어요." 셰릴은 여러 차례 '외면에 치중하는 삶'을 사는 사람과 좀 더 '내면에 집중하는 삶'을 사는 사람을 구분했다. 외면적인 사람은 돈을 중시한다. 물건을 소유하는 데 삶을 바치고, 타인이 가진 것과 비교해서 자신의 소유물을 평가하며, 끊임없이 '남들에게 뒤처지지 않으려' 안간 힘을 쓴다. 반대로 내면적인 사람(또는 '다운시프트 생활자')은 시간에 가치를 둔다. 경쟁심이 적고 관계를 더 소중히 여기며 가족이나 친구와 시간을 많이 보낸다.

외면적인 사람과 내면적인 사람에 대한 셰릴의 구분 방식에서 다시금 세계에 참여하는 근본 양식으로서 '소유'와 '존재'를 구분한 에리히 프롬이 떠올랐다(프롬, 1979). **소유**하거나 획득하려는 열망은 돈으로 채울 수 있지만, **존재**하려는 열망 또는 셰릴이 내면적 즐거움이라고 말한 경험을 얻으려면 상당한 시간과 기력을 투여해야 한다. 현실 세계에서는 획득하는 즐거움에 전혀 이끌리지 않거나 무모하게 그것만 추구하는 사람을 상상하기 어렵기 때문에 소유냐 존재냐, 내면이냐 외면이냐를 구분하는 것이 공허하게 들릴 수 있다. 그래도 이런 구분은 소비주의의 불편한 즐거움을 인식한 사람이 자기 앞에 놓인 선택지를 바라보는 시각을 구성하는 데 의미 있는 역할을 한다. 셰릴은 '존재' 또는 '내면적인' 사람을 정의하여 방향감각과 도덕적 목적을 찾을 수 있었고 다운시프트 생활인으로서의 윤리를 간결하게 표현하는 수단도 얻었다. 내면적 또는 비물질적 즐거움에 최고의 가치를 부여한 셰릴은 소득보다 자유시간을 극대화하는 선택을 해야 했다.

시간과 돈이 상충할 때가 많은 상황에서 면담 참여자들은 전자를 우선시하여 자유시간을 늘리기 위해 소득을 줄였다. 그러나 이야기를 더 자세히 살펴보면 이들이 풍요로운 생활방식에 **내재**한 즐거움에 대해서도 의문을 제기하고 있음을 알 수 있다. 쇼핑의 즐거움을 누리려면 일해서 벌어들이는 소득에 의존해야 한다는 것도 문제이지만, 쇼핑 자체에 내재한 여러 가지 결점이 이들의 마음을 불편하게 했다.

소비주의가 인간과 환경에 대한 착취 체제에 얼마나 의존하는지 깨달을수록 솟아나는 불안감이 현대의 풍요로움에 대한 가장 큰 불만 중 하나였다. 이 점을 특히 괴로워한 엘리너는 슈퍼마켓에 관해 다음과 같이 말했다.

> 저는 슈퍼마켓에 들어서기만 해도 기분이 나쁘고 화가 치밀어요. 열려 있는 냉장고처럼 엄청난 에너지를 소모하는 이 거대한 건물에 들어가면 다들 끔찍할 만큼 무신경한 세계에 갇혀서 쓸데없이 잔뜩 포장한 물건을 사들이죠. 미치도록 비참한 기분이 들어요.

엘리너를 포함해 여러 사람이 노동 착취 공장에 의존하거나 환경 오염을 유발하는 것으로 알려진 일부 소매업체를 기피한다고 했다. 피언은 가격이 저렴하다는 장점에도 불구하고 의류매장 프리마크에서 쇼핑하지 않기로 했다. 루시는 맥도날드를 자주 찾았지만 공장식 축산에 관해 자세히 알게 된 뒤로는 발길을 끊었다. 위의 인용문에서 엘리너는 슈퍼마켓이 엄청난 에너지를 소모한다고 비난하는데, 궁극적으로 강조되는 지점은 스스로 느끼는 분노와 비참함이다. 엘리너에게 슈퍼마켓 쇼핑은 "미치도록 비참한" 기분을 안긴다. 소퍼가 "쇼핑몰이나 슈퍼마켓에서 흔히 접하는 막연한 불쾌감,

즉 물건이 지나치게 많아 어수선하고 걸리적거리는, 쓰레기에 파묻힌 세계의 느낌"(소퍼, 2007)이라고 묘사한 기분을 느끼는 것이다.

소비를 줄이는 것이 사회적·환경적 착취에 기댄 소비주의에 맞서는 윤리적 대응이라면, 대안적 쾌락주의는 소비문화의 이기적 쾌락주의와 생태적인 '소박한 삶'이라는 자기부정적 금욕주의 사이에 놓인 '제3의 길'이다(드 히스, 2009: 199). 소비적 쾌락주의자와 달리 대안적 쾌락주의자는 자신이 누리는 즐거움이 인간과 환경을 해치는 대가로 얻은 것이 아니라는 사실을 알 때 즐거워한다. 상품 집약성이 낮은 존재로 살아가기로 선택하면 이타적인 동기와 이기적인 동기가 동시에 채워진다. 소비를 줄이는 것은 스스로 삶을 경험하려 시도하고 개선하는 **동시에** 자신이 세계에 끼치는 부정적 영향을 줄이려는 태도이다. 또는 자기를 돌보는 일과 타인을 돌보는 일이 서로 얽혀 있음을 인식하는 것이다. 대안적 쾌락주의가 제시하는 좋은 삶의 이상은 소비자로서 자기 행동이 어떤 불필요한 피해도 유발하지 않는다는 사실을 아는 데서 즐거움을 누리는 삶이다.

현대의 풍요로움에 대한 더 큰 불만은 소비자가 너무 많은 선택지 앞에서 심리적 불안을 겪는다는 점이다. 현대 소비사회는 선택에 집착해왔다. 무엇을 구매하든 온갖 상품을 둘러본 끝에 골라야 하고, 개별 상품에도 사용자 구미에 맞는 선택지가 담겨 있어야 한다. 도구는 색상별로, 바지는 길이별로, 휴대폰은 선택 가능한 수백 가지 앱과 기능이 장착된 채로 나온다. 영국의 슈퍼마켓 테스코의 어느 지점을 조사한 결과 샴푸와 컨디셔너 188종, 아침 식사용 시리얼 161종이 진열되어 있었다. 홍보물에서는 늘 이런 선택지가 부와 자유의 상징이라고 선전하지만 심리학자들은 이렇게 현기증 날 정도로 많은 선택지는 즐거움보다는 불안의 근원인 경우가 많다고 주장한다. 슬로베니아의 사상가 레나타 살레츨은 이런 견해를 식료품점에서 치즈를 구입한 경험을 예로 들어 설명한다(저자는 이것이 다소 풍족한 입장에서 든 예시임을 인정했다). 식료품점에서 어마어마한 선택지를 마주한 살레츨은 위축되면서 화가 났다. 아무것도 고를 수 없게 되자 처음에는 좀 더 결단력 있고 박식한 소비자가 못 되는 자신을 탓했다. 그다음에는 과연 자신이 적절한 제품을 골랐는지 의문이 들면서 주위에서 뭐라고 평가할지 염려스러웠다. 그러자 이번에는 치즈를 추천해준 가게 주인이 의심스러워지면서 (아마도 가게의 이익을 위해) 치즈를 고를 권리를 앗아간 그에게 화가 났다. 치즈를 구입하는 간단한 결정을 하는 데도 살레츨은 심리적 혼돈에 빠져들었다. "정신이 몽롱해지기 시작했는데, 그건 카망베르 치즈 냄새 때문만은 아니었다."(살레츨, 2011: 14) 소비자에게 많은 선택지를 제공한다는 것은 언뜻 매력적으로 보이지만, 사실은 풍요로운 사회의 불편한 즐거움으로 꼽히기 충분할 것이다. 아래 매슈와의 면담 내용에서 선택의 폭압에 뒤따르곤 하는 불안, 후회, 자괴감의 완벽한 사례를 찾아볼 수 있다. 매슈는 이렇게 말한다. "시내에 나가면 물건이 사방에 널려 있죠. 그리고 무언가를 선택하죠. 집에 돌아오면 문득 이런 생각이 들어요. 어, 이게 정말 필요한 물건이었나? 그러면 기분이 나빠져요."

풍요로운 소비자로 살아가는 데 뒤따르는 끝없는 열망, 또는 바우만이 "목적이나 명분 면에서 타당한 이유나 양해가 필요 없는 자생적이고 영속적인 동기"(바우만, 2001)라고 표현한 것을 언급하는 사람들도 있었다. 잭은 쇼핑으로 얻는 즐거움이 너무 짧게 끝나버리곤 해서 마음이 무거워졌다.

그저 불행해지는 길이라고 생각해요. 물건을 새로 사본 적이 있겠죠? 쳇바퀴 도는 것 같지 않아요? 기대감이 생기고 한동안 이어지다가 실제로 그 물건을 갖는 순간이 와요. 그런데 막상 들여다보면 그 안에 내가 원하는 게 다 들어 있지 않다는 것을 알게 되고, 그러면 실망감이 들어요.

특정 상품에 대한 열망을 채우자마자 관심을 쏟을 새로운 대상이 생기고, 또다시 결핍이 찾아온다. 애덤 역시 상품이 지속적인 만족을 제공할 수 있을지 회의적이었다. 애덤은 자신이 쌓아올린 잡동사니 더미에 반감이 일었다. "물건을 잘 샀을 때는 '와!' 하고 신이 나지만 그 기분은 금방 사라져요. 그러면 이런 생각이 들죠. 집에 물건이 또 하나 늘었네."

많은 사람이 소비주의와 결부된 이 끝없는 열망에 저항하려 애쓰고 있었다. 피언은 사치품을 사기 전에 집에 가서 잠시 머리를 식히는 습관을 기르고 있다고 했다. 차분히 시간을 들여 생각하다 보면 구경할 때의 흥분이 가라앉는다. 그러고 나면 그 물건이 실제로는 전혀 필요하지 않다는 결론이 나오기 일쑤였다. 매장 근처에 아예 가지 않는 방법도 있었다. 생필품이 아닌 물건을 살 때는 새로움보다는 내구성과 유용성 같은 품질을 따진다고 했다. 앤은 프리랜서로 일하는 데에 제일 유용한 기능을 갖춘 휴대폰을 세심하게 골랐고, 최신 모델이 아니었어도 그 선택에 만족했다. 레이철은 욕실색깔이 구식이라고 놀려대는 친구와 거리를 두었다. "그게 뭐 어때서요? 충분히 쓸 만한 욕실인데 말이에요."

이런 사례는 많을수록 좋다는 소비주의의 부름에 저항한다는 점에서 흥미롭다. 이들은 낮아진 지출 수준에 적응할 수 있다는 데에 자부심을 느끼는 듯했다. 상업광고가 우리 존재 자체와 소유물을 부끄러워하게 만들려고 얼마나 애쓰는지 생각해볼 때 놀라운 현상이다. 핀 보링에 따르면 수치심은 광고에서 주로 활용되는 전략이다. 그는 대중에게 호화롭고 세련된 생활방식의 이미지를 계속 심어주어 거기에 못 미치면 부끄러워해야 할 규범으로 만든다고 주장한다. "청소용품에서 헬스장까지, 고양이 사료에서 미용 시술까지, 휴대폰에서 고급 브랜드 의류까지 모든 물건을 판매하는 데 수치심을 활용한다."(보링, 2000b: 315) 보링은 수치심이 자율적으로 유용성, 충만함, 아름다움, 즐거움을 개념화하고 자부하기보다는 알지도 못하는 누군가의 의견을 우선시하도록 유도하는 기능을 한다고 말한다. 이 점에 비추어 보면 소비를 줄이는 것이 반드시 저소득의 비참한 현실에 체념하는 것이 아니라 필요의 속성을 자율적으로 성찰하는 과정에 적극적으로 참여하는 것일 수도 있음을 깨닫게 된다. 면담 참여자들에게 소비를 줄인다는 것은 훨씬 더 높은 의

6장 덜 쓸수록, 더 자유롭게

지와 자제력을 가지고 살고자 노력하는 것이었다. 여기서 자제력이란 금욕주의보다는 만족감, 즉 분별력 있고 주체적인 소비자라는 느낌, 강박적 쇼핑의 비참함과 죄책감의 덫에 덜 얽매이는 느낌, 수치심을 자극하려는 광고주의 끊임없는 부름에 쉽게 걸려들지 않는 상태를 뜻한다.

궁극적으로 여기에 제시한 사례들은 소외를 유발하는 일을 해서 버는 돈에 의존하게 하는 소비의 속성, 선택의 폭압에 대한 인식, 착취가 전제된 체제에 참여할 때 저지르게 되는 윤리적 타협, 상품화된 쾌락의 찰나적 속성 등 다양한 측면에서 소비주의적인 좋은 삶의 이상에 담긴 문제점을 보여준다. 우리는 이제 소비를 줄이는 것이 그저 일을 줄인 탓에 치러야 하는 달갑지 않은 형벌을 의미하지 않는다는 것을 알게 되었다. 일을 줄이고 쇼핑을 줄이면서 면담 참여자들은 상품 중심성에서 거리를 둠으로써 더 만족스러운 좋은 삶의 이상을 발견하고 싶어 했다. 자기 나름의 만족감에 관심을 두면서, 풍요로운 사회에서 기본으로 삼는 부와 즐거움, 충만함의 본질에 의문을 제기했다. 일에 저항하기 시작하면서 그들이 새롭게 발견한 즐거움에 대해 살펴보면 이를 더 잘 이해할 수 있다.

만끽하는 즐거움

최신 게임기 엑스박스 원을 출시한 마이크로소프트는 속도의 원리를 기반으로 하여 홍보 활동에 매진했다. 디스크를 삽입하고 로딩을 기다린 다음 몇 시간 동안 게임을 하는 원시적 재미의 시대는 갔다. 이제 게임은 켜는 즉시 시작된다. 게임이 지루하다? 버튼 하나만 누르면 (더 비싼 모델을 샀다면 손을 휙 휘두르기만 하면) 화면이 둘로 나뉘어 게임을 하면서 텔레비전을 볼 수 있다. 꽤 좋은 기록을 냈다면? 소셜미디어 앱에 게임을 밀어 넣기만 하면 온라인 친구들에게 내 기록을 보여줄 수 있다. 텔레비전 프로그램의 최신 정보를 알고 싶다? 엑스박스 원에 태블릿 컴퓨터를 동기화해 보조 화면으로 설정하면 지금 보고 있는 프로그램에 관한 정보를 찾아볼 수 있다. 엑스박스 원은 초고속 세대를 위한 초고속 오락이다. 비디오게임은 현대 대중음악이 겪은 것과 똑같은 운명을 맞이하고 있다. 월터 커 Walter Kerr는 저서 《쾌락의 쇠퇴》에서 이렇게 썼다.

> '책을 읽으며 듣는 음악', '사랑을 나눌 때 듣는 음악', '잠들 때 듣는 음악'이 있고, 누군가 재치 있게 붙인 것처럼 '음악을 들을 때 듣는 음악'도 있다. 우리 시대 대중예술의 지위를 숨김없이 표현한다는 점에서 재미있는 제목들이다. 이제 음악을 듣겠다고 가만히 자리에 앉아 귀 기울이는 사람은 아무도 없다. 음악이 나오는 동안 다들 귀로 음악을 듣는 동시에 다른 무언가를 한다는 뜻이다. (커, 1966)

엑스박스 원은 커가 언급한 '책을 읽으며 듣는 음악'이나 '텔레비전을 보며 먹는 저녁'과 마찬가지로 스타판 린데르 Staffan Linder가 '곤경에 처한 유한계급harried leisure class'이라 칭한 계층에 적합한 제품이다. 자유시간이 부족하면 긴장과 염려에 시달리고 여가를 일을 대할 때처럼 효율성과 생산성 측면에서 바라보려는 마음이 커진다. 엑스박스 원 같은 미래 지향적 제품이 지닌 매력은 여러 가지 활동을 동시에 즐기도록 놀이 일정마저도 촘촘히 잡을 수 있게 해준다는 데 있다. 조각난 여가시간을 최대한 끌어모아 쓸 수 있게 해주는 것이다. 그러나 솔깃한 홍보 문구가 말하지 않는 진실이 있다. (한 번에 두 가지 일에 집중하려 애쓰면서 겪는 혼란스러운 감각은 말할 것도 없고) 우리가 아무리 효율적으로 놀이를 즐긴다 한들 애초에 자유시간이 너무 적어서 발생하는 긴장감은 절대 해소되지 않는다는 점이다. 1970년에 출간된 스타판 린데르의 책 《곤경에 처한 유한계급》에 담긴 요점은 풍요로운 사회에서는 여가시간을 여가답게 보내기를 포기하는 지경에 이르렀다는 것이다. 곤경에 처한 계급은 자신이 다 쓸 수도 없는 많은 물건을 사들인다. 린데르는 특유의 삐딱한 어투로 이렇게 썼다.

저녁 식사 시간에는 브라질산 커피를 마시고 네덜란드산 시가를 피우고 프랑스산 코냑을 홀짝이면서, 《뉴욕타임스》를 읽고 브란덴부르크 협주곡을 들으며 스웨덴 출신 아내를 즐겁게 해준다. 이 모두를 동시에 하지만, 개별 행위의 성취도는 제각기 다르다. (린데르, 1970: 9)

노동자가 힘든 하루를 마치고 돌아오면 집 안에는 무언가 하기를 요구하는 물건이 가득 차 있다. 내 경우에는 집에 들어가면 넷플릭스에 넘쳐나는 추천 영상 목록과 CD가 잔뜩 꽂힌 선반, 읽어야 한다는 신호를 보내는 충동구매로 산 책 더미, 상하기 전에 해먹어야 할 요리 재료로 가득한 냉장고가 나를 기다린다. 덜 바쁜 시기에는 커다란 즐거움을 누리게 해주는 것들이지만 너무 바쁠 때는 좌절감만 안겨준다. 자유시간이 부족해지면 곤경에 처한 유한계급이 소유한 물건은 죄다 자유시간이 얼마나 부족할 수 있는지 일깨우며 순식간에 불안을 유발하는 물건으로 변한다. 선택에 발목 잡히고 자유시간이 부족해 허덕이는 우리는 그 상황에서 할 수 있는 단한 가지 행동만 하게 된다. 즉 아무것도 하지 않는 것이다.

내 연구 참여자 중 몇몇은 이런 기분을 익히 잘 알고 있다. 루시는 남편 매슈가 지역 잡지사에서 일하면서 무력감에 시달리던 때를 떠올리며 이렇게 말한다.

일 끝나고 집에 오면 그냥 앉아서 아무것도 하지 않고 긴 시간을 흘려보내더라고요. 그러면서도 시간을 허비하고 있다는 생각에 몹시 짜증을 내곤 했죠. 진짜로 하고 싶었던 게 아니면 (여가시간에) 그 어떤 일도 하지 않으려고 했어요. 예를 들어 나랑 같이 영화를 보는 건 안 해요. 더 나은 뭔가를 할 수 있는 시간을 낭비하는 셈이니까. 하지만 어쨌거나, 결국 아무것도 하지 않을 때가 많았죠.

루시 본인도 할인 매장에서 일할 때 비슷한 긴장감을 느꼈다고

했다. 그 시기에 자유시간은 말 그대로 쓸모없게 느껴졌다. "토요일에는 오후 4시부터 8시까지 일했어요. 그런데 그게 끔찍한 게, 4시에 일하러 가야 하니까 그전에는 **아무것도** 못하는 거예요. 나가서 밤늦게까지 일해야 한다고 생각하면 너무 우울해서요. 오전 11시 교대 근무를 할 때는 다들 '늦게 일어나도 되니까 좋지 않아?'라고 묻더라고요. 그러면 난 이렇게 대답했어요. '아니, 11시에 나가야 하니까 아무것도 할 수 없거든. 그냥 밖에 나가서 하고 싶은 걸 할 수가 없다는 말이야.'" 내 연구에서 이렇게 제대로 쉬지 못하는 사람은 한둘이 아니었다. (좌절감에 빠진 사회복지사) 래리는 소설책을 좋아했지만 일을 마치고 돌아오면 너무 지쳐서 책을 읽을 수 없었다. "일하는 내내 모니터를 들여다보느라 완전히 지쳐버렸거든요." 잭은 이전에 정규직으로 일하던 시기에는 완전히 "진이 빠지고" "소진되어서" "항상 피로를 풀고 있는" 상태였다고 했다. 연구 참여자들은 자유시간을 거의 다 일하기 위한 준비나 재충전에 소진하고 있었다는 사실, 따라서 어떤 면에서는 자유시간이 사실 자신이 아닌 고용자의 것이었다는 사실을 깨닫기에 이르렀다.

양질의 자유시간을 누리기 어렵다는 점이 일하는 삶의 주된 비극이라면, 속도를 늦추고 일을 줄이면 어떤 즐거움이 새로이 나타날까? 셰릴은 자유시간이 늘어날수록 더 자발적으로 움직일 수 있다고 믿었다. 주중에 꽉 짜인 일정에 쫓기며 일하다 보면 누리기 어려운, 계획되지 않은 즐거움을 재발견했다는 것이다. 조심스럽게 예로 들자면 셰릴은 성생활이 활발해졌다고 했는데, 규칙적인 일정에 따라 억지로 일으킬 수 없는 유형의 즐거움이 따로 있다는 사실을 되새기게 하는 이야기였다. 영화, 뮤직비디오, 광고에 온갖 성적 표현이 난무해도 현대적인 생활 속에서 성생활을 제대로 즐길 시간은 부족한 편이다(린데르, 1970: 83). 자기 전에 남은 30분 안에 의식적으로 성적 흥분을 일으키기는 어려우며, 밖에 나가서 친구들과 어울리고 맛있는 음식을 먹고 놀이를 즐기려는 충동을 주말 사이로 죄다 몰아넣을 수도 없다. 에로스는 선진 산업사회의 시간표 따위에 발맞추지 않는다.

셰릴이 누리는 감각적 즐거움과 삶에서 얻는 만족감은 천천히 채울수록 더 커진다는 사실을 상기시킨다. 케이트 소퍼는 대안적 쾌락주의를 직접 경험한 바에 비추어 볼 때, 삶이 팍팍할수록 '소비에서 미학적 또는 의례적 측면'이 사라져간다고 주장했다. 식사 시간의 변화만 살펴봐도 이 점을 이해할 수 있다. 소퍼는 식사 시간이 "인간적 교류를 촉진하고 몸을 회복시킬 뿐 아니라 마음의 양식도 제공해주는 (…) 고유의 가치를 지닌, 유쾌하게 함께 나누는 행사"로서 개인적·문화적 가치가 있다고 주장한다. 식사 시간은 지극한 즐거움과 사회적 교류를 누릴 기회이지만, 바삐 돌아가는 현대 문화에서는 즉석식품과 서글픈 책상 앞 점심 식사 같은 형태로 그 의례적 속성이 깎여나가고 있다.

심리적으로 깊은 의미가 있는 기본적 즐거움이 유지관리 기능으로 축소되었다. 필수 영양소와 비타민을 섭취하는 데 들여야 시간이 신문을

6장 일 빨어도, 더 자유롭게

읽거나 텔레비전을 보는 데 활용되는 경우가 많다. (린데르, 1970: 83)

　소퍼는 이를 '소비의 탈영성화'로 설명하는데, 오늘날 '슬로푸드' 운동 지지자들이 요리와 식사의 유쾌함을 칭송하며 탈영성화에 대항하는 방식을 눈여겨볼 만하다.[5] 슬로푸드 운동은 요리하고 장식하고 함께 먹는 행위의 의례적인 또는 숭고한 즐거움을 강조함으로써 식사를 신체적 영양 섭취 이상의 무언가로 재인식하고자 했다. 내가 면담한 사람 중 몇몇이 속도를 줄이는 방향으로 삶에 변화를 주려 한 것은 자신의 영혼을 구원하려는 시도, 또는 사라져가는 어떤 유쾌한 즐거움을 그 영혼에 재주입하려는 시도로 보였다. 셰릴은 아이들과 즉흥적으로 요리하는 것을 좋아했고, 매슈는 '식탁에 앉아 대화하기'를, 서맨사는 '식탁을 조금 특별하게 장식하기'를, 제럴드는 질 좋은 식재료를 사서 '멋진 저녁 시간 보내기'를 좋아했다. 여기에 더해 5장에 나온 피언의 크리스마스 만찬 준비 이야기에 담긴 온기도 떠올려볼 수 있다.

　욕구를 채우자마자 또 다른 욕구에 사로잡히는 오늘날의 전형적인 소비자와 달리 내가 만난 사람들은 즐거움을 만끽하는 능력을 체현하고 칭송했다. 매슈와 루시는 컴퓨터 게임에 대한 애정을 길게 이야기하며 어떻게 하면 이 값비싼 취미를 적은 비용으로 최대한 즐길 수 있는지 설명했다. 루시는 또 다른 게임을 구입하기 전에 '하나의 게임을 속속들이 다 들여다보는 것'이 중요하다고 했는데, 이런 식으로 게임을 즐겨도 부부가 누리는 전반적인 만족감이 떨어지지 않았다고 합리적으로 가정할 수 있다. 사치품을 많이 사들일수록 개별 물건에서 얻을 수 있는 일시적 만족감이 줄어들기 때문에 여가시간을 지나치게 많은 놀이 도구로 채워봐야 헛수고에 지나지 않는다. 린데르가 말했듯이 "더 많은 물건을 **사들일** 수야 있지만, 그 물건들로 더 많은 것을 **할** 거라고 기대할 수는 없다."(린데르, 1970: 83). 매슈와 루시가 비디오게임을 좋아하면서도 엑스박스 원을 구매할 생각은 전혀 없다고 말한 것이 놀랍지 않을 것이다.

생산적 즐거움

피언과 면담할 때는 남편 리스가 함께했다. 리스는 일을 아주 많이 줄이는 게 꿈이라고 했다. 그 꿈속에서는 작은 농장을 일구며 먹을거리를 직접 재배할 생각이지만 현실에서는 정규직 IT 기술자로 일하는 중이었다. 컴퓨터에 열광하고 일도 대체로 좋아했지만 문제는 정규직이라는 데 있었다. 리스가 일에 저항하고 싶었던 이유 중 하나는 평소 일하러 다니는 데만 너무 많은 돈이 든다는 점이었다.

> 생각해보면, 일주일 휴가를 내면 일하러 다닐 때보다 더 적은 돈으로 지낼 수 있어요. 지금은 덜하지만 전에는 확실히 그랬어요. 출근길에는 카페 같은 데 들러 샌드위치와와 커피를 샀어요. 퇴근 후에는 긴장도 풀 겸 맥줏집에 가고. 일주일에 거의 100파운드씩 지출했어요.

노동시간에 숨겨진 비용에 불만을 품은 사람은 리스만이 아니었다. 셰릴의 남편 벤의 경우, 임금의 상당 부분이 통근 비용으로 나가는 역설적인 상황을 더는 견딜 수 없어 이직하고 노동시간을 줄였다. 제럴드도 출퇴근하는 데 쓰는 교통비 못지않게 직장에서 요구하는 정장 차림을 하느라 옷을 사고 세탁하는 데 드는 비용이 불만이었다.

일하는 데에 일정한 비용이 들어간다는 점을 고려할 때, 일을 줄이면 소비 수준을 낮추어야만 하는 게 아니라 실제로 돈을 덜 쓰게 된다. 이 원리는 3장에 소개한 고르츠의 소비자 동기 이론과도 일치한다. 고르츠는 소비 습관의 상당 부분을 노동 소외의 산물로 설명할 수 있다고 주장했다. 유급 고용은 노동자의 시간과 기력을 잡아먹고 좁은 분야의 기술에 갇히게 만들어 스스로 자기 필요를 채우지 못하게 하거나 과도한 소비욕이 아니고는 필요를 채울 수 없게 한다. 이 점은 현대인이 편의를 위해 들이는 비용을 생각해보면 명확해진다. 스트레스가 심하고 시간이 많이 소모되는 일을 하는 사람은 시간을 줄여주는 재화와 서비스에 돈을 들여 자유시간을 더 많이 '구입'하라는 유혹을 더 느끼게 된다. 이는 곧 집안일과 텃밭 관리, 식사 준비, 운전, 심지어 쇼핑까지 아우르는 다양한 활동이 이제는 상거래를 통해 실행된다는 뜻이다(쇼어, 1998: 162). 힘들게 일하다 보면 위안과 보상의 필요가 생겨난다는 점에서 노동 소외도 소비할 필요를 촉진한다. 도피, 사치재, 오락의 속성을 지닌 소비재의 세계가 실존적 공허를 채워주겠다고(아니면 적어도 잠시나마 잊게 해주겠다고) 약속한다. 고르츠의 이론을 염두에 두고, 이외에도 유급 노동을 끊어낸 결과 실제로 소비를 줄일 수 있게 된 수많은 사례를 찾아볼 수 있다. 일례로 벤은 자유시간이 늘어나면 편의 산업을 멀리할 수 있으리라 믿었다. 포장 음식을 구매하는 행위에 대해 벤은 이렇게 말한다.

파김치가 되어 퇴근하면 포장 음식을 사먹게 되잖아요. 너무 피곤해서 요리할 기운이 없거든요. 그런데 포장 음식을 사는 데 드는 비용 15파운드를 마련하려면 또 돈을 벌어야 해요. 거대한 도돌이표죠.

자유시간이 늘어난 벤은 이제 식재료를 사다가 가족과 함께 요리해 먹을 수 있게 되었다. 포장 음식은 그 호화롭던 지위를 잃었다. 요즘은 한 달에 한 번 정도만 사먹는데, 대체로 그 품질에 실망하곤 한다. 이제는 '거대한 도돌이표', 즉 일을 하면 편의재를 소비할 필요가 생기지만, 이 편의재 소비 자체가 일해서 버는 소득에 대한 의존성을 강화한다는 사실을 인지하게 된 벤에게 포장 음식의 매력은 특히 의심스러워졌다. 자유시간이 부족한 우리 앞에 즉석식품뿐 아니라 카페인 음료, 세차, 수리, 돌봄 서비스, 개인 트레이너, 만남 주선 업체 등 현대적 상품이 어디까지 자본화되어 나타나는지 생각하면, 내가 만난 많은 사람들이 일을 줄이면 지출도 줄일 수 있음을 깨달은 것은 놀랍지 않다. 이들은 자신을 위해 더 많은 일을 할 수 있게 되었다.

또한 면담 참여자들은 별로 즐겁지 않은 현실에서 도피하려는 소외된 노동자의 욕구를 자본화하는 소비 형태, 이른바 치유적 소비와 결별하면서 돈을 아끼고 있다고 생각했다. 제럴드가 언급한 이런 소비 말이다. "좋아하지 않는 일을 하려면 일종의 긍정적 자극이 필요하거든요. 멋진 옷을 사입는다든지 새 기기를 장만한다든지, '하룻밤 정도는 놀아도 되잖아!'라고 외칠 수도 있겠죠." 대다수는 이런 일시적 도피가 자율적인 존재를 제대로 대체할 수 없다고 생각하겠지만, 그렇더라도 진정한 사회적 대안이 없는 상황에서는 일반적으로 이런 처치가 보상으로 받아들여진다(로지악, 2002: 158). 컴퓨터 프로그래머에서 영어 강사로 변신한 애덤은 여태껏 의존해온 치유적 소비를 중단한 덕분에, 줄어든 소득에 그리 어렵지 않게 적응할 수 있었다고 믿는다. 적게 벌면서 맞닥뜨리는 실질적인 문제에 관해 대화하던 중에 애덤은 이렇게 말했다.

내 경우에는 전략적으로 돈을 아낀다든지 뭐 그럴 필요가 없었어요. 내 삶이 행복하니까 더 이상 행복감을 높이는 데에 돈을 쓸 필요가 없었죠. (⋯) 내가 돈을 많이 쓰지 않는 것은, 아마도 스스로 뭘 원하는지 잘 아니까 좀 더 편하게 살려고 돈을 쓸 필요가 정말로 없어서일 거예요. 나는 내가 어디로 가고 있는지 알고 있어요.

이런 사례에서 인상적인 부분은 적은 돈으로 하는 생활을 '대처', '희생', '감당'이 아닌 즐거움이나 자율권empowerment이라는 단어로 표현한다는 점이다. 소비하지 않아도 시간, 기술, 기력을 들여 필요를 채울 수 있게 되었다는 사실은 만족감의 원천이었다. 풍요로움이란 시장에 더 많이 의존하는 것이라는 전통적인 또는 소비주의적인 좋은 삶의 이상과 크게 대조되는 견해이다. 풍요로움이라는 이상을 피언과 리스는 다음과 같이 정의한다.

> 리스: 우리가 문화적으로 강요당하는 생활방식이죠. 차를 몰고 돌아다니고 점심을 먹으러 나가는 게 풍요로운 거라고 해요. 정부가 우리더러 그렇게 살라고 하는 것 같아요.
>
> 피언: 경영진의 생활방식, 뭐 그런 게 아닐까요?

정부를 언급한 리스의 발언은 1986년에 "스물여섯 먹고 버스를 타는 남자는 자신이 패배자임을 알아야 한다."라고 했다는, 꽤 자주 회자되는 마거릿 대처의 말을 떠올리게 한다. 풍요와 성공은 값비싼 사적 소비 행태로 필요를 채우는 능력과 관련이 있다. 버스를 타지 않고 자기 차를 모는 사람이 표준적 인간이다(더 넓혀보면, 직장에 도시락을 싸가기보다는 밥을 사먹고, 스펀지와 양동이로 직접 세차하기보다는 자기가 번 돈으로 세차 서비스를 받는 사람이다). 하지만 풍요로움에 대한 이런 이상은 스스로 생산하면서 발견하는 대안적 즐거움을 간과하는 것일 수 있다.

이러한 즐거움은 자원봉사 여행 공동체에 관한 해나 오머호니 Hannah O'Mahoney의 연구에서 숱하게 등장한다(오머호니, 2014). 오머호니는 바다거북 보호 활동을 돕기 위해 그리스로 가서 잠시 머물거나 일하는 사람들의 일상생활 연구에 몰두했다. 활동 기간 동안 자원봉사자들은 해변에 직접 만든 집에서 자급자족하는 단순한 삶을 살았다. 오머호니가 지켜본 바로는 자신이 가진 돈이 갑자기 아무 쓸모가 없어지는 상황을 경험한 자원봉사자들은 이런 기회가 아니면 몰랐을 문제 해결 능력과 창조성을 발견한 데에 기뻐하며 활동을 마무리하는 경우가 많았다. 처음에는 말수가 적던 자원봉사자도 활동의 전 과정을 거치는 동안 물이 새는 부분을 고치고, 함께 먹을 음식을 준비하고, 간단한 도구로 집을 꾸미고, 자기가 챙겨 다니거나 해변에서 발견한 사소한 물건으로 나름의 재미를 찾는 능력을 개발했다. 상품에 의존한다는 선택지가 사라진 상황에서 사람들은 자발적으로 조직화하고 스스로 생산하는 능력을 키우기 시작하고 결국에는 칭송하게 되었다.

내 연구 참여자 중에도 스스로 생산하는 능력을 키워가는 과정에 대해 열정적으로 이야기하는 사람이 많았다. (공동주거를 하고 있는) 엘리너는 자립심을 키우기로 마음먹고 인내심의 한계를 열렬히 시험했다. 자신과 물질세계의 관계를 '연결', '관여' 같은 단어로 설명했고, 자립적인 취향을 갖기까지 어느 정도 영향을 준 할아버지에 대한 따뜻한 감사의 마음을 드러냈다.

할아버지가 우리를 위해서 이런저런 잡동사니를 모아 작업하던 기억이 나요. 항상 뭔가 만들고 계셨고, 우리에게도 도구를 만지고 사용하는 법을 배우도록 가르치셨죠. 그렇게 살다 보니 저도 자연스럽게 이런저런 물건에 손을 대게 된 것 같아요.

(장작 화덕을 예로 들며) 엘리너는 어쩌다 전문가의 도움을 청할 일이 생기면 늘 새로운 기술을 배울 수 있으리라는 기대감에 작업 과정을 지켜보면서 여러 가지 질문을 던지곤 한다고 말했다.

내가 만난 사람 중에서 유일하게 사회 '바깥'(공동주거 주택)에서 사는 엘리너의 사례는 분명 극단적이다. 엘리너는 자신의 생활방식이 모두의 취향에 맞지는 않으리라는 것을 잘 알고 있었지만, 그래도 내가 만난 대다수가 자립을 통해 일정한 즐거움을 찾는 모습을 보인 점은 주목할 만하다. 매슈, 루시와 면담하던 중에 매슈가 자전거 장비와 설명서를 보여주겠다며 잠시 쉬자고 한 적이 있다. 이와 비슷하게 또 다른 참여자 리스는 컴퓨터 부품에 관한 지식을 열정적으로 설명했다. 자신은 컴퓨터를 전문 기술자에게 돈을 주고 맡기거나 새 기종을 한 번에 사들이지 않고 항상 필요한 지식을 직접 쌓아 최신 상태로 업그레이드하는 게 즐겁다고 말했다. 리스가 컴퓨터 내부를 들여다볼 때 그리고 매슈가 자전거를 손볼 때 이들이 마주하는 대상은 낯선 부품의 집합체가 아니라 의미 있는 구성품이다. 나는 이들이 자기 물건을 고칠 때 숙련의 감각, 즉 엘리너가 물질세계와의 관계를 설명하면서 언급했던 '연결' 같은 감각을 느낀다고 생각한다. 자기 주변을 스스로 관리하는 데 필요한 지식을 쌓을 시간이 부족해 물건에 문제가 생기면 짜증스럽게 두드리다가 전문가를 부르거나 새 물건으로 바꾸어버리는 사람이 느끼는 좌절로 인한 무력감과는 상반되는 감각이다. 나는 면담 참여자들에게서 수리 능력을 소중히 여기는 태도를 발견하면서 로버트 피어시그 Robert M. Pirsig의 철학적 소설 《선禪과 모터사이클 관리술》(1974)을 떠올렸다. 그들이 피어시그와 공유하는 지점은 자기 물건에 대한 감정적 애착, 심지어는 충성심이었다. 피어시그는 자기 오토바이에 달린 장갑에 관해 이렇게 말한다.

> 그 장갑이 오래되어 낡았어도 내게는 소중하다. 보고 있으면 웃음이 난다. 왜냐하면 그렇게 오랫동안 낡고 해지면서도 그 자리에 그대로 달려 있었다는 게 재미있다고나 할까. (…) 겨우 3달러 주고 사서는 하도 여러 번 꿰매어 써서 이젠 고치는 게 불가능할 지경이지만 그렇다 해도 그 자리에 새 장갑을 단다는 건 상상할 수 없어서 시간이 많이 들더라도 어떻게든 손봐서 쓰곤 한다. (피어시그, 1974: 52)

면담 참여자들에게 집 안이나 물건을 보여달라고 했을 때 그들이 보여주는 물건은 애정과 헌신적인 마음을 담아 관리하는 보물이라는 티가 났다. 그들의 집은 안락한 느낌을 줄 때가 많았는데, 아직 그 느낌을 제대로 표현할 말을 찾지 못했다. 대안적 쾌락주의자의 집은 어느 모로 봐도 쇠락한 느낌이 전혀 안 들었다. 그 편안함은 아도르노가 "손길을 느낀, 온화하고 차분하며 모나지 않는 재질의 물건"이라고 쓰면서 의미했던 것과 관련이 있다(아도르노, 2005: 48). 나는 주인이 직접 만들고 고친 물건으로 가득한 집을 방문하는 감각적·미적 즐거움을 누렸다. 식사를 준비하는 풍경과 요리 냄새를 즐겼다. 겸허한 주도성이 드러나는 모습을 목격하며 기쁨을 느꼈다. 그런 집에서는 천장에 빨래를 걸 수 있도록 고리와 도르래로 얼기설기 달아놓은 설비가 건조대를 대신한다. 낡은 포장 음식 그릇이 나란히 놓인 선반은 나사못을 크기별로 구분해 보관하기 좋은 저렴하고 깔끔한 수납공간으로 쓰인다. 조각보를 이어 손수 만든 쿠션은 가게에서 파는 물건에서는 절대 볼 수 없는 제작자의 개성이 드러난다.

나는 내가 방문한 집의 따뜻한 분위기를, 시간이 없어 집안 살림을 전부 전문가에게 돈을 주어 맡겨버리는 사람의 집이 주는 불편하고 차가운 느낌의 대안으로 이해하려 했다. 고르츠는 그런 차가운 집은 절대 집이라는 느낌을 주지 못한다고 주장한다. 자기에게 필요한 일을 직접 하면 주위 환경을 소유할 수 있게 된다. 이는 "개인이 세계의 감각적 물질성에 뿌리내리고 그 세계를 타인과 공유하는" 방식이다(고르츠, 1989: 158). 사람은 "다른 사용자와 자발적으로 협력하여 개발, 구조화, 유지관리에 참여"할 수 있는 장소에서 편안함을 느낀다. 따라서 사회적, 환경적으로 단절된 느낌은 집안일을 전부 유급 노동자에게 맡기는 사람의 몫이다.

호텔이나 병영 또는 학교에서처럼 집 안의 공간적 구성이나 친숙한 물건의 속성과 형태, 배열이 관리인 또는 로봇의 시선에 맞게 주기적으로 조정된다. 기사가 운전하는 차는 소유자보다 기사에게 더 맞추어지는 것과 마찬가지로 눈앞에 있는 환경은 소유자의 것이 되지 못한다. (고르츠, 1989: 158)

실제로 자본주의는 이제 우리가 그토록 갈망하는 자급적home-made 미학의 영역에 수익성 좋은 시장을 구축하면서 환경적 단절감에서 이익을 창출한다. 낡은 느낌의 재활용 가구를 파는 세계적인 가구 판매업이 등장하고, 텔레비전에는 바느질이나 제빵 경연 프로그램이 넘쳐나고, 가정식 느낌을 주는 온갖 포장 음식과 화장품이 쏟아진다. 이 모든 것은 소퍼가 '재활용된at second remove 만족감'이라고 표현한 것의 좋은 예이다. 자본주의 체제가 그저 상품화된 형태로 되팔기 위해 우리에게서 앗아간 상대적으로 저렴한 형태의 만족감이라는 뜻이다(소퍼, 2008: 577). 하지만 이렇게 상품화된 등가물은 고르츠가 말한 기쁨, 자율권 그리고 세계에 뿌리내린 감각의 대체 불가능한 원천이 되는 진정한 자기 생산을 결코 대체할 수 없다. 자신을 위해 일하면 주변 환경과 연결된 느낌을 받고, 공동체의 일원으로 존재할 수 있다. 막대한 소득으로 손가락 하나 까딱하지 않고 모든 필요를 시장에 맡겨 해결하는 삶이 향락적인 삶이라는 생각에 찬물을 끼얹는 행위이다.

여기서 나는 인류가 상업적 재화와 전문 서비스에 완전히 의존하는 어두운 미래를 그려낸 이반 일리치Ivan Illich가 떠오른다. 1970년대에 일리치는 예부터 스스로 감당하고 돌보고 즐기고 먹고 친구를 사귀며 지내게 해준 사회적 기반이 무너지고 있다고 한탄하면서 우리가 '전문가의 시대'에 살게 될 것이라고 주장했다. 일리치는 시장의 자궁에서 자라나는 태아의 불안한 모습을 그려내면서 논점을 밀고 나간다. 극단적인 경우 "공유지는 소멸하고 전문 서비스를 제공하는 깔때기들에 연결된 새로운 태반이 그 자리를 대체한다."(일리치, 1978: 64) 고용이 심각한 의존성을 빚어내는 현실을 감안하면 유급 노동에 참여하는 것이 그렇게 강력한 성숙과 독립의 상징이 되어야 하는지 의문스럽다. 여기서 내가 말하는 의존성에는 임금 거래 관계에 내재하는 의존성뿐 아니라 일하느라 시간과 기력을 소진한 뒤에 특정한 필요를 채우려면 기댈 수밖에 없는 상업적 제품과 서비스에 대한 의존성도 포함된다. 내가 만난 사람들은 사회가 우리에게 시간을 허락한다면 기존에 값비싼 사적 소비 형태로 해결하던 필요를 자급으로 어디까지 해결할 수 있는지, 심지어 그 과정에서 얼마나 높은 수준의 자부심과 만족감을 얻을 수 있는지 보여주는 듯하다.

면담 참여자들이 해결하기 좀 더 까다로웠던 것은 상업화된 사회적 의례였다. 이제는 크리스마스에서 생일, 결혼, 성인식에 이르기까지 모든 사회적 의례가 값비싼 선물과 과시적인 소비를 의미하게 되었다. 타인에 대한 기쁨과 사랑을 고가의 상품 구매로 표현하라는 권유를 끊임없이 접하는 상황에서 돈을 아끼려고 이를 거부하는 사람은 심술쟁이나 구두쇠에 지나지 않는다. 바로 이런 이유로 사회적 모임을 꺼리는 이들이 있었지만 더러는 해결책을 찾은 경우도 있었다. 매슈와 루시는 크리스마스에 약간의 창의력을 발휘해 값비싼 선물을 사지 않을 수 있었다. 두 사람은 올리브유를 사서 고추, 마늘, 허브와 함께 병에 담아 장식한 뒤 친구와 가족에게 선물했다. 루시는 선물을 준비하는 과정이 즐거웠고, 받는 사람들도 정성이 가득한 선물을 고마워했다고 한다. "그냥 부츠 매장에 가서 증정품을 끼워주는 선물을 사는 것보다는 낫죠." 이와 비슷하게 서맨사는 생일을 맞은 친구와 비싼 저녁을 먹으러 같이 나갈 수 없었던 일을 들려주었다. 처음에는 그 상황이 속상했지만 대신에 집에서 특별한 음식을 만들어 친구에게 대접하기로 했다. 선물을 받은 친구가 기뻐하고 고마워했다고 한다. 이런 사례에 등장하는 직접 만든 선물에는 돈으로 산 특색도 개성도 없는 상품과 대조되는 특별한 가치가 있다.

이 장에서 나는 내가 만난 (대체로 소득의 일부를 자발적으로 포기한) 사람들이 자신의 결정에 관해 어떻게 말하고 이해하는지 살펴봄으로써 벌고 쓰는 자본주의적 문화 관습의 바깥에서 즐거움을 찾을 가능성을 열린 태도로 받아들였다. 나는 이들이 '행복의 열쇠'나 이상적인 생활상을 발견했다는 식의 감상적인 주장을 펼 생각이 없지만, 그런 행동과 선택이 현대 자본주의에서 지배적인 생활방식을 비판하는 데 기여하기에 흥미롭다고 본다. 연구 과정에서 나의 관심을 끈 부분은, 사람들이 대체로 덜 소비하기를 일을 줄인 탓에 겪는 달갑지 않은 부작용으로 여기지 않는다는 사실이었다. 오히려 케이트 소퍼가 '대안적 쾌락주의'라 부른 것을 체현하는 것이었다. 그들의 삶에 (어떤 이는 흔쾌히 이야기하고, 어떤 이는 말하기 꺼리는) 금전적 어려움이 뒤따른다는 점은 확실히 짐작할 수 있지만, 덜 소비하기는 덜 물질적인 좋은 삶의 이상을 발견하고자 하는 이들의 시도에 담긴 핵심 요소였다. 이들은 풍요로움의 '불편한 즐거움'을 피하고자 일과 소비를 줄여, 자유시간을 풍부하게 누릴 때라야 실현할 수 있는 숭고하고 지속적인 종류의 새로운 즐거움을 발견하고 싶어 했다. 소유물을 부끄러워하고 불만을 품게 하는 자본주의의 끈질긴 강요에 저항하면서 자기만의 즐거움, 아름다움, 충족감, 행복에 대한 이상을 개발하는 능력을 자랑스러워했다. 여태껏 몰랐던 자립역량을 개발하면서, 이들은 행복과 상품 소비 사이의 관계를 성찰하고 새로운 통제감과 세계에 단단히 발 딛고 선 느낌을 경험하고 있었다. 경제적으로 생존이 불가능하기에 현실적으로는 느린 삶으로 도피할 수 없다는 반대에 부딪힐 수도 있지만, 고도로 소비적인 생활방식이 누구나 열망해야 할 표준이라는 견해를 곧이곧대로 받아들이는 것도 무분별한 태도이기는 마찬가지이다.

7장

일하지 않는 나, 괜찮을까?

게으름뱅이, 무위도식자, 굼벵이, 잠꾸러기, 빈둥대는 놈, 놈팡이, 한량, 구부정이, 늘보, 태만한 자, 퇴근 시간만 기다리는 자, 떠돌이, 울적이, 잠꾸러기, 느림보, 건달, 부랑자, 방랑자, 탁발꾼, 걸인, 사기꾼, 기생충, 장돌뱅이, 식충이, 약탈자, 거지, 빌붙는 놈, 몹쓸 것, 낭비꾼, 칠칠치 못한 놈, 제멋대로 사는 놈, 아편쟁이, 운만 좇는 놈, 운명론자, 비노동자….

- 피터 마크 로제Peter M. Roget

예술가인 미란다 줄라이Miranda July와 해럴 플레처Harrell Fletcher는 〈나를 더 사랑하는 법〉(2007)이라는 예술 프로젝트의 일환으로 시민들에게 '자기가 무슨 일을 하는지 가족에게 설명해달라고 해보세요'라는 과제를 냈다. 제출된 답변 중에서 가장 인상적인 것은 가족 세 명에게 응답을 받은 버지니아 주민 앤절라 브리지의 사연이었다.

> 할머니(91세): 그 애(앤절라)는 요리를 자주 하고 음식과 사탕과 타이레 놀을 가져다줘요. 내 방 청소도 해주고. 항상 내 침대를 닦고 있죠.
> 아들(7세): 엄마는 나랑 놀고 홀린스대학교에 가서 거기 있는 연구실에 서 실험을 해요. 내내 컴퓨터 게임을 하고 책을 읽어요. 공원이랑 이언네 집에 나를 데려다줘요.
> 어머니(65세): 그 애는 지금 특별히 하는 일이 없어요.

이 제한적인 정보로 미루어 보면, 앤절라는 우선 급여를 받는 직 장이 없다고 할 수 있다(있다면 분명 누구든 언급했을 것이다). 그래도 시 간을 적극적으로 활용하는 바쁜 사람으로 보인다. 할머니를 보살 피고 아들과 놀아주는 한편 연구와 비디오게임에도 시간을 할애한 다. 어머니가 한 말과 달리 아들과 할머니의 말을 들어보면 앤절라 가 '특별히 하는 일이 없는' 사람이 아니라는 걸 알 수 있다. 앤절라 의 생활방식에 관한 이런 추측을 다음 대화에 등장하는 익명의 화 자가 제기한 가정과 비교해볼 수 있다.

> 익명: 책을 쓴다고? 무슨 책?
> 데이비드 프레인: 그동안 연구한 건데, 일을 줄이거나 일을 중심에 두 지 않는 삶을 살려고 애쓰는 이들을 살펴보는 내용이 될 것 같아.

아예 일을 하지 않는 사람도 있고. 이런 사람들은 어떤 가치를 추구하는지 알아보려고 해.

익명: 그러니까 놈팡이나 쓰레기 같은 인간에 관한 책이네?

직업 없이 사는 삶은 공허하거나 쓸모없으리라는 인식을 보여주는 이런 발언은 노동 교리의 특징이자 잘못된 이분법이라 할 만하다. 널리 퍼져 있듯이 유급 노동을 하지 않는 사람은 어떤 가치 있는 일도 하지 않는 게 틀림없다는 인식 말이다. 잘못된 이분법에서는 궁극적으로 사람이 일과 게으름 중 하나를 선택한다고 말한다. 자녀, 부모, 이웃, 배우자, 친구를 돌보는 활동에 사회적 가치를 부여하지 않으며, 놀이나 대화, 자연 즐기기, 문화 창작물 만들기와 감상하기 등 그 자체로 가치 있는 비직업 활동의 본질적 가치는 더욱 무시하는 인식이다. 진지한 일 영역의 바깥에 위치한다고 해도 이런 활동은 인간이 숭고한 것을 경험할 가능성을 드러내준다. 삶이 생존 투쟁 이상의 것이 되도록 만들어주는 요소들이다. 그러나 대체로는 이런 활동을 번듯한 사람이 자기 삶을 조직하기 위해서 하는 일이라고 보지 않는다.

이 책의 앞부분에서 나는 일에 저항하려는 시도를 막는 몇 가지 이론적 장벽을 간단히 설명했다. 이런 장벽 중 하나가 일을 극도로 도덕화하는 현대 사회의 행태이다. 나는 노동 윤리에 저항하는 사람에게 특권적 또는 일탈적이라는 꼬리표를 붙이는 언론의 비노동자 낙인찍기를 지적했다. 또한 고용이 정상이고 실업자는 일탈 상태에 있다고 본 일부 사회학적 연구도 일 도덕화에 공모했을 수 있다고 주장했다. 두 경우 모두 잘못된 이분법이 작동한다. 즉 권위를 지닌 자들이 고용 아니면 공허한 삶, 노동 윤리 아니면 비윤리라는 선택지를 우리에게 내민다. 오늘날 일 중심 사회에서 대안을 주장하는 목소리를 가로막는 장벽 중 하나가 일손을 놓고 경제 영역 바깥의 활동을 우선시하는 데 대한 윤리적 반대이다. 캐시 위크스는 이 문제를 호소력 있게 제기한다.

> 생산주의적 윤리에서는 생산성이 우리를 정의하고 단련시킨다고 가정한다. 따라서 생산적 목표에 직접적으로 도움이 되지 않을 경우 말하고, 지식을 쌓고, 생각하고, 제작하는 인간의 능력은 그저 게으른 대화, 게으른 호기심, 게으른 생각, 게으른 손으로 전락하며, 그 쓸모없음은 부끄럽게도 인간의 자질을 타락시키는 것으로 여겨진다. 심지어 쾌락조차도 게으르다고 판단될 경우 가치 없는 것으로 묘사된다. (위크스, 2011: 170)

전반적으로 일을 도덕화하는 경향이 고용에 저항하려는 일상적 시도에 어떤 영향을 미치는지 가늠하기 위해서 마지막으로 한 번 더 면담 참여자들, 그중에서도 특히 극단적인 경우인 아예 일하지 않는 삶을 선택한 사람들의 이야기로 돌아가보자. 내가 면담한 사람들은 자신이 선택한 생활방식이 전형적이지 않다는 것을 알면서도 남들과 다른 자신을 편안하게 받아들이는 경우가 많았다. 그렇지만 이제부터 살펴볼 사례를 통해서는 일을 회피하는 선택이 누군가에게는 잠재적으로 수치를 유발하는 원천이 된다는 사실을 알게 될 것이다. 이 수치심은 실질적이거나 물질적인 장벽과 함께 일에 저항하려는 도전의 배후에 언제나 도사리고 있다.

실업자라는 낙인

어빙 고프먼Erving Goffman은 낙인을 사회적으로 온전히 수용되지 못하는 사람이 처하는 상황이라고 정의했다. 우리 앞에 선 누군가가, "그 사람이 속할 만한 범주에 해당하는 이들과는 다르게 보이는 속성이 있으며 별로 번듯한 인간이 아니라는, 극단적으로는 몹시 나쁘거나 위험하거나 유약한 인간이라는 증거가 드러날 수 있다. 그러면 우리 마음속에서 그 사람은 온전하고 정상적인 사람에서 별 볼일 없는 사람으로 전락한다."(고프먼, 1968: 12)

연구 참여자의 사례 중에서 그저 그런 사실이 있다는 것만으로도 위협적인 낙인이 될 수 있는 요소는 실직이었다. 이것은 정상적인 사회 구성원이라는 지위를 무너뜨릴 위험이 있는 불명예스러운 사실이었다. 고프먼은 자와즈키Zawadzki와 라자스펠드Lazarsfeld의 연구에 등장하는 한 남성 실업자의 이야기를 인용한다.

실업자라는 이름을 견디기란 얼마나 힘들고 굴욕적인 일인지. 밖에 나가면 난 아무짝에도 쓸모없는 존재라는 기분에 고개를 푹 숙이게 됩니다. 길을 걸을 때면 난 평범한 시민과 비교할 수 없는 사람인 것 같고, 모두가 나를 손가락질하는 듯한 기분이 들어요. (자와즈키, 라자스펠드, 1935: 239)

실업자는 낙인을 가슴에 안고 버림받은 사람이 되어 동료 시민들과 눈을 마주치지 못한다. 우리는 이 사람이 사회적으로 인정받지 못할 위기에 처했다고 말할 수 있을 것이다. 실업자라는 이유로 동등한 권리와 존중을 누릴 자격을 박탈당했다고 여기며, 그 결과 자신이 쓸모없다는 느낌과 당혹감, 고립감을 느낀다. 악셀 호네트Axel Honneth는 한 사람이 사회적 인정을 잃는 경로는 다양하다고 말한다. 사회적 인정은 (죄수나 노예라면) 신체를 감금당하거나 통제당할 때 그리고 (인종, 성별, 성적 지향 등으로 차별받는 사람) 다수가 공유하는 특정한 권리를 부정당할 때 철회된다. 여기서 이야기하는 주제와 관련된 또 다른 형태의 철회는 사회에서 특정한 생활방식을 문화적으로 타당하다고 인정하지 않는 경우에 발생한다.

한 사람의 '명예'와 '존엄' 또는 현대적 용어로 '지위'란, 사회에 내재하는 문화적 지평 위에서 자아를 실현하는 개인의 태도에 대해 사회가 보이는 존중의 정도를 의미한다. 이 가치의 위계 속에서 한 개인이 살아가는 모습과 신념을 추구하는 방식이 열등하거나 결함 있는 것으로 평가받을 때 그 당사자는 자기의 능력에 사회적 가치를 부여할 모든 기회를 박탈당한다. (호네트, 1995: 134)

일하지 않는 사람에게 있어서 호네트가 말하는 사회에 내재하는 문화적 지평이란 노동 윤리와 그 잘못된 이분법이 강한 영향을 미치는 장이다. 일이 지위와 정체성을 확보하는 가장 일반적인 방법인 사회에서는 일하지 않는 삶이 수치심과 열등감을 야기하거나 일자리를 찾아 '정상적인' 사람으로 재탄생하려는 강한 열망을 불러 일으키는 경우가 많다.

(소득이라는 뚜렷한 혜택 이외에) 일자리를 구하려는 이유 중 하나는 사회적 안정을 얻기 위해서이다. 제럴드가 그런 경우이다. 생활이 곤궁해지기 전까지 제럴드는 학회에 참석하고 저작에 대한 찬사를 받으며 촉망받는 연구자로서 경력을 쌓았다. 제럴드는 "일하면서 이런 긍정적인 자극을 많이 받았어요."라고 말하며, 특히 제자들의 졸업식에 참석했을 때 느낀 "고마움이 담긴 훈훈한 기운"을 소중히 여겼다. 그 자리에서 자신에게 다가와 잘 가르쳐주어 감사하다고 인사하는 학생이 많았다고 했다. 오늘날 일 중심 사회에서는 일을 해야 공적 생활에 참여할 수 있고, 제럴드처럼 자신의 업적을 인정받고 보상받을 공간을 얻을 수 있다. 면담 참여자들은 이런 인정의 기회에서 등을 돌리기 전에 미리 확인하고 준비해둘 것이 많았다. 일이 차지하던 자리를 대체할 새로운 사회적 관계망, 성취하고 교류할 또 다른 공간, 동기를 부여받고 평가받을 대안적인 원천 등이다.

자신이 택한 생활방식에 사회적 낙인이 찍힌 느낌이 든다는 점이 고용의 바깥에서 보상과 존중을 누리며 살아가려는 시도를 어렵게 만드는 요인 중 하나였다. (양쪽 다 일을 완전히 그만둔) 매슈와 루시 부부는 실직 상태에 따라붙는 열등감과 싸우고 있는 듯했다. 매슈는 풍요로운 사회 문화에서 직장이 없는 사람은 대개 불완전한 사람으로 비유된다고 보았다.

> 직장이 없으면 그림자를 잃는다고 생각하는 사람이 많은 것 같아요. 제구실 못하는 인간이라는, 꿍장히 심한 말인데, 작년에 남들 앞에서 우리를 소개할 때 이 말을 썼어요. 사람들이 '무슨 일 하세요?'라고 물을 때 실업자라고 하면 '으음…' 하고 대화가 중단되곤 했어요. 다들 움찔하면서 속으로 이렇게 생각할걸요. '아, 그러니까 아무것도 안 하고 놀고 있다는 거네'.

면담 당시 매슈가 가장 좋아하는 활동은 글쓰기였다. 관심 있는 철학과 비디오게임에 관해 쓰기를 좋아했고, 그렇게 쓴 글을 게임 사이트에 게재하려고 시도하는 중이었다. 매슈는 작가로서 자신의 미적 감수성을 열정적으로 토로하면서도 글쓰기를 좋아한다는 사실을 드러내기 꺼려지는 경우가 많다고 털어놓았다.

> 아직 출판된 글은 하나도 없지만 그래도 매일 쓰고 있으니까 그냥 사람들에게 작가라고 소개하자는 생각이 점점 더 강해져요. 하지만 그랬다간 무슨 말이 돌아올지 잘 알고 있어요. '어디에 글을 쓰시죠?'라고 묻겠죠. 생산성에 집착하고, 내 글이 어디에 잘 맞을지 궁금해하고. 노동시장에서 일로서 성립하는지 알고 싶어 하는 그런 거죠.

사회적으로 뚜렷한 유용성도 없는 것 같고 수입도 없는 글쓰기에 시간을 쏟는다는 사실은 굴욕의 원천이 될 수 있었다. 매슈는 이러한 자기정체성을, 돈 안 되는 활동을 중심으로 하는 매일의 일상을 사람들이 용인해주리라 기대하지 않았다. 유급 노동 영역 밖에서 펼치는 활동을 인정하지 않으려는 문화적 경향에 비판적인 루시도 비슷한 말을 했다.

> 텔레비전에서 하는 경연 프로그램이랑 똑같아요. 사람들이 무대에 오르면 화면 아래에 이름과 직업이 자막으로 크게 박히죠. 거기에 실. 업. 자. 라고 적혀 있는 거예요. 수전 보일이 나타났을 때 딱 그랬어요, 아무것도 하는 일이 없다는 듯이. 하다못해 '카드 만들기를 즐김'이라고 쓰든지, 하여간 뭐라도 쓸 수 있잖아요. 어디나 다 그래요. 심지어 뉴스에서도 '수전 브릭스, 제빵사'라는 식으로 쓰고, 게임 프로도 마찬가지예요. 만약 내가 나간다면 '루시, 동물을 좋아하고 책 읽기를 즐김'이라고 써주면 좋겠어요. 정말 마음에 들 것 같아요.

루시는 책 읽기, 매슈와 시간 보내기, 산책하기, 손으로 뭔가 만들기, 반려동물 돌보기 등으로 채워진 즐거운 일상을 구축했다. 하루하루 돌아가는 일상이 즐겁다는 말을 자주 했지만, 내가 일에 관해서 아쉬운 점이 있는지 물었을 때는 사회적 인정이라는 주제를 꺼냈다. 루시는 눈에 띄게 속상해했다.

데이비드: 부담스러울 수도 있겠지만, 일과 관련해서 말씀하신 아쉬운 부분 중에서 제일 중요한 걸 하나만 꼽는다면 뭘까요?

루시: 음. (긴 침묵과 한숨). 예전에는 사람들에게 실망을 안겨준다는 느낌이 들지 않았다는 게 제일 아쉬운 것 같네요. 그건 아마도, 뭐랄까. 지금은 매슈 부모님과 내 부모님을 실망시키고 있다고 느끼기 때문일 거예요. 내 입으로 직접 말하지는 않을 거지만, 잘 모르겠네요. 무슨 말인지 이해돼요?

데이비드: 네. 그럼 제일 걱정되는 게 그거예요?

루시: 걱정돼요. 매일, (긴 침묵) 매 순간, (한숨) 그냥 '일자리를 구해서 모두를 실망시키지 말았어야 했는데'라는 생각이 들지만, (한숨) 그게 가능한 일인지는 모르겠어요.

루시가 품은 가장 큰 야망은 자녀를 많이 낳는 것이었다. 간호사인 어머니는 그게 너무 가정적이라거나 구식이라고 생각했다. 그래서 크리스마스 파티 때도 동료들에게 루시가 일이 아닌 다른 야망을 품고 있다는 사실을 숨겼다고 한다. 딸에게 일에 대한 야망이 없다는 사실이 어머니를 부끄럽게 만든 듯했다.

루시만 겪는 일은 아니었다. 참여자 중 상당수가 자신의 선택이 친구나 가족에게 수치심을 안겨준다고 생각했다. 심각한 위장질환을 진단받은 후 일을 그만두기로 한 에마도 그런 경우에 해당한다. 에마는 무직이라는 이유로 남들이 자기를 부정적으로 본다고 확신했다.

분명히 그렇게들 생각하고, 사회적으로도 마찬가지죠. 우리 가족도 그래요. 일하지 않는다고 나를 정말 못마땅해해요. 내가 원해서 그런 것도 아닌데. 가족도 알고는 있지만 엄마는 전혀 이해를 못해요. "언제 취직할 거니? 언제 취직해? 일자리를 구하면 좋겠는데." 내가 아파서 그러지 않느냐고 하면 이렇게 말씀하시죠. "아니, 지금은 괜찮아졌잖아!" 맞아요. 지난여름부터 조금씩 나아지고는 있지만, 그래도 그냥 좀 쉬게 놔뒀으면 좋겠어요.

에마처럼 일이 너무 힘든 사람에게는 의학적 진단이 건강이 나빠진 느낌을 정당화하는 중요한 근거가 될 수 있다. 전문적 권위를 가진 의사의 진단은 아픈 사람에게 탤컷 파슨스Talcott Parsons가 말한 '환자 역할'을 하도록 해주기 때문에 당사자는 일시적으로 일할 책임을 면제받는다. 하지만 에마의 경우에는 의학적 진단으로도 비노동자가 되려는 결정을 승인받기 어려웠다. 위장질환이 겉으로 드러나지 않는다는 점도 어느 정도 원인이 되었을 것이다. 에마의 건강 상태는 들쑥날쑥한 데다 눈으로 확인할 수도 없어서 아프다는 걸 타인에게 설명하기 어려울 때가 많았다. 질병을 드러낼 뚜렷한 방법이 없는 상황에서 에마는 일을 쉴 자격을 입증하느라 줄곧 애를 써야 했다.

실직에 드리우는 낙인의 마지막 사례로 (정규직 변리사 경력을 버리고 시간제 식당 종업원으로 일하는 30대 초반 여성) 서맨사의 이야기에 주목해보자. 서맨사의 부모는 전문직을 그만두고 바에서 시간제로 일하기로 한 결정을 정신적 미성숙의 표시로 받아들였다. 부모가 보기에 서맨사는 전문직으로 살아가는 어른의 세계를 떠나 10대 시절로 퇴보했다. 직원 중 상당수가 10대인 바에서 일하는 데 만족한다는 것은 어른이 되지 못했다는 표시로 보였다. 서맨사와 부모 사이에 계속되는 갈등은 유급 노동(특히 정규직이며 사회적 지위를 인정받는 일자리)에 참여하는 것을 성숙의 신호로 여기는 문화가 얼마나 강력한지 뚜렷이 보여준다. 젊은이(특히 학생)들은 누구나 '어른이 되어야' 한다거나 '최선을 다해봐야' 한다거나 '현실 세계', 즉 일의 요구에 순응하고 안정적인 수입을 벌어 어른으로서의 역할을 수행하는 세계에서 살아야 한다고 요구받으며 그런 정서를 접하게 된다. 변리사라는 직업은 부모에게 엄청난 자부심의 원천이었지만 서맨사에게 이런 자부심은 염증을 유발할 뿐이었다. 변리사를 자기 직업으로 진심으로 받아들이지 않았기 때문이다. 직업 역할과 관련된 실무를 수행하기는 했어도 그 역할을 자기에게 장착하기를 거부했다. 말하자면 변리사 역할은 했지만 변리사다운 시각, 변리사다운 기호, 변리사다운 행동을 함으로써 변리사로 식별되기는 싫었다. 서맨사는 부모에게 맞서며 전문직의 세계를 떠나기로 한 결정이 퇴행이나 미성숙의 신호라는 견해를 받아들이기를 거부했다. 일 역할을 습득하고 장착하는 대신에 자율성과 다양성을 발휘해 자기 나름대로 성숙의 개념을 구축했다. 관습에 휘둘리기를 거부하고 학습을 통해 신중하게 선택할 줄 아는 능력이라는 관점에서 성숙을 정의한다면, 면담 중에 들은 서맨사의 자전적 이야기는 궁극적으로 어른이 되어가는 사람의 이야기였다. "원하는 것을 인지하면서 살고 싶었어요. 내면에 귀를 기울이고 일을 대하는 나의 반응을 살피면서, 내 방식대로 일을 구조화해나가기로 했죠. (…) 처음으로 내가 의식적으로 선택한 일을 하면서 성장한다는 느낌이 들었어요."

위의 각 사례에서 사람들은 노동 윤리에 저항한 까닭에 부정적인 평가를 받고 있었다. 루시는 적절한 수준의 야망을 보여주지 못한다는 가족의 인식 때문에 괴로워했다. 상당히 가정적인 루시의 목표가 가족에게는 고리타분하고 낡은 것으로 보였다. 에마는 질병을 이겨내려 애쓰는 모습을 보이지 않는다는 주변의 평가에 고통받았다. 질병이 눈에 드러나지 않아서 그런지 사람들은 에마가 정말로 아픈지 의심했고, 그렇기에 일해야 한다는 요구demands of work에서 벗어날 자격이 있는지 의문스러워했다. 마지막으로 서맨사의 경우, 어른스럽게 책임을 받아들이지 못한다는 가족의 평가에 시달렸다. 비교적 낮은 지위의 시간제 노동자가 되기로 한 결정은 '현실 세계'에 진입하기를 거부하는 유년기적 반항의 증거로 인식되었다. 켈빈P. Kelvin과 재럿J. Jarrett은 금전적으로 타인에게 의존하지 않을 만큼 충분한 부를 창출 또는 보유해야 할 개인의 책임을 강조하는 신념 체계를 '부의 윤리'로 칭했다(켈빈, 재럿, 1985: 104). 실직자는 라일리처럼 부끄러운 줄도 모르고 지원금에 의존하려는 식충이라는 비난에 담긴 것이 바로 이 부의 윤리이다. 하지만 여기에 넘쳐나는 사례들이 보여주듯이 (결국 정부에 수당을 신청한 경우는 극소수였으니) 부의 윤리는 비노동자에 대한 낙인을 설명하는 데 한해서만 유효하다.

내가 만난 사람들은 근본적으로 일의 도덕적 시험을 통과하지 못했다는 이유로 비난받았다. 일이 공적 정체성을 얻는 주요 수단인 사회에서 이런 사람들이 자신의 선택과 활동이 의미 있고 가치 있다고 타인을 설득하기는 대단히 어려운 일이다.

끔찍한 질문

무슨 일 하세요? 고용 상태를 묻는 이 말은 처음 만나는 사람에게 '이름이 뭐예요?' '어디서 오셨어요?' 다음으로 가장 먼저 따라 나오는 질문이다. '무슨 일 하세요?'는 '직업이 무엇인가요?'라는 뜻이다. 너른 마음으로 보면 이 질문의 의도는 매우 순수하다고 할 수 있다. 사회적 관습에 따랐을 뿐이거나 공통의 화제로 대화를 이어나가기 위한 배경 정보를 얻어내려는 것일 테니까. 좀 더 비판적인 관점에서 본다면 이 질문은 상대의 지위를 판단하려는 노골적인 시도일 수 있다. 이 경우 '무슨 일 하세요?'는 '당신이 이 세상에 기여하는 바를 한 문장으로 요약해주세요. 그러면 그 정보를 바탕으로 당신을 판단할게요'라는 뜻이다. 또는 '당신은 내가 알아둘 가치가 있는 사람인가요?'라는 뜻이다.

내가 만난 사람 중에는 '무슨 일 하세요?'라는 이 단순한 질문이 상당한 사회적 불안을 유발한다고 보는 이가 더러 있었다. 브루스(질병 때문에 일을 그만둔 사람이다)는 이렇게 말했다. "친구와 저녁 모임에 가거나 새로운

누군가를 만나거나 하면 꼭 그 끔찍한 질문이 나오죠. '무슨 일 하세요?'
너무 싫어요. 대답할 말도 없는데 그런 질문을 받는 게 달갑지 않죠." 그
런 자리에서 브루스는 고프먼이 '불명예자discreditable'라고 칭한 위치에
서게 된다. 일할 수 없는 브루스의 처지는 언제 드러날지 모르는 숨
겨진 정보의 한 조각이다. 고프먼은 불명예자의 난제를 이렇게 표
현했다. "드러낼 것인가 말 것인가, 말할 것인가 말 것인가, 털어놓
을 것인가 말 것인가, 둘러댈 것인가 말 것인가. 그리고 이 각각을 누
구에게, 어떻게, 언제, 어디에서 그리할 것인가?"(고프먼, 1968: 57) 숨길
것이 있는 사람에게는 아주 사소한 사회적 교류조차 상당한 스트
레스를 유발하는 일일 수 있다.

> 웬만한 사람은 신경도 안 쓰는 사소한 일이 불명예자에게는 관리해야
> 만 하는 문제가 될 수 있다. (…) 실패를 감추고 있는 사람은 (…) 가능성
> 판독기로 작동하는 사회적 환경에서 살아남아야 하고, 따라서 주변 사
> 람들이 누리고 있는 것 같은 비교적 단순한 세계에서 소외될 수 있다.
> (고프먼, 1968: 110)

폭로당할 위험에 처하면 불명예자는 여러 가지 전략을 채택할 수
있다. '무슨 일 하세요?'라는 질문에 대한 내 연구 참여자들의 반응
은 그 자체로 하나의 연구 주제가 될 만했다. 매슈는 그 질문을 자기
를 드러낼 기회로 본다고 했다. 좀 더 자신감이 있던 시절에는 별다른
변명 없이 실직 상태라고 말하고 사람들의 반응을 주의 깊게 살폈다.

요즘엔 사람들에게 그냥 실업자라고 말해요. 그러면 대개 언짢아하지만 그게 꼭 나한테만 그러는 건 아니거든요. '어려운 상황에 부닥치셨네요'라는 말을 들으면 나는 그런 생각을 해요, 아니 실제로도, 그냥 행복하다고. 실업자로 사는 거 꽤 좋아해요. 금전적으로는 걱정이 되지만 매일 내가 좋아하는 일을 하니까요. 돈 걱정이 없다면 그리고 [구직 센터에서] 내게 억지로 직장을 구하게 할 날이 얼마 남지 않았다는 점만 제외하면 정말로 이 상태를 좋아할 수 있을 것 같아요.

매슈는 위험을 감수하고 자신이 일을 어떻게 느끼는지 솔직히 밝혀 실직에 대한 인식을 조금이나마 바꿀 수 있기를 바랐다. 이 방법으로 신선한 대화를 나누기 시작했지만, 결국에는 다들 자신을 동정 어린 시선으로 바라보았다고 했다. 이 사례는 클라이브와도 비교할 수 있는데, 클라이브는 '무슨 일 하세요?'라는 질문에 '가능한 한 덜 해로운' 존재가 되는 일을 한다며 말문을 연다. 끔찍한 질문을 부자연스러운 것으로 바꾼 다음 곰곰이 생각해볼 만한 진지한 수준으로 끌어올리기 위해서 유머를 활용하는 것이다. 이런 식으로 클라이브는 일반적인 소통 규칙을 파괴해, 사람들이 습관적으로 일에 대한 질문으로 불편을 유발하는 행태에 민감히 반응하기를 바랐다(내 친구도 비슷한 전략을 제시했다. 그는 결혼 피로연에서 돌아다니며 낯선 이들에게 '무슨 일 하세요?'라고 묻느니 '라르스 폰 트리어 감독 작품 중에서 뭘 제일 좋아해요?' 같은 질문을 던지자고 했다).
　이런 방법은 끔찍한 질문을 사전에 차단하려는 대응이라고 볼 수 있다. 이들은 자신의 생활방식이 정당하다고 주장하며, 이러한 소통 과정을 미시적인 차원에서 정치적 개입을 할 기회인 양 활용한다. 불명예스러운 정보를 해명하거나 우회하려는 방어적인 시도와는 대조된다. 매슈는 다소 혼란스럽고 자신감이 부족할 때면 직업에 대해 엉뚱한 거짓말을 늘어놓으며 장난스럽게 대화의 방향을 고용이 아닌 다른 쪽으로 돌리곤 했다. 누군가 그 끔찍한 질문을 던지면 자신은 마약 판매상이나 은행 강도, 포르노 배우라고 말하는 식이었다. 이런 태도는 일할 수 없는 상태를 매우 수치스러운 마음의 짐으로 느끼고 있던 브루스와도 비슷하다. 브루스는 자기에 관한 정보를 세심하게 제어해 그 끔찍한 질문에 대응했다.

적당히 넘길 때도 있고 사실을 왜곡해서 "아, 졸업하고 정신과 병동에서 일했는데 그게 단기 계약이었거든요. 끝나고 지금은 구직 중이에요"라고 둘러댈 때도 있어요. 어쩌다 공감해줄 듯한 사람을 만나면 솔직하게 말하죠. "네, 건강이 안 좋아서 몇 년 동안 요양했어요." 하지만 늘 자각하는 건 아니라서 조심스럽지만, 이렇게 답할 때조차도 내 말투에 죄책감과 수치심이 묻어나곤 해요. 방어적이랄까요? "이봐요, 난 게으름뱅이도 식충이도 아니라고요."라고 말하는 거예요. 나 자신을 방어하거나 정당화하지 말았어야 했는데. 그런 식으로 정당화할 필요는 없는데, 그렇지만 실직에 대해 너무 비판적인 문화이다 보니까 그런 방어적인 태도가 나와요.

브루스가 사회에서 자신을 불명예스럽게 만들 만한 정보를 관리해야 한다고 생각했다면, 에마는 심지어 우호적인 분위기에서 진행하던 이 연구의 면담에서조차 그래야 한다고 생각했다. 대화 중에 자신은 일하지 않는 시간이 필요하고 그냥 아픈 척하는 것이 아니라고 나를 설득하려 애쓰는 모습을 자주 보였다.

이런 사례들은 흥미로운 질문을 유발한다. 여기서 정말로 판단을 내리는 사람은 누구인가? 깎아내릴 의도는 전혀 없지만, 에마는 비판적 평가로부터 자신을 지켜야 한다고 느끼고 있었다. 브루스는 자신의 생활방식에 대해 누군가 의문을 제기했던 사례를 몇 가지 꼽을 수 있기는 했지만 실제로 엄격한 판단을 내리는 주체는 내면에 깃든 자기회의적 감각이었다. 5장에서 우리는 브루스가 강한 확신을 품고 자신이 선택한 생활방식에 관해 이야기하는 모습을 보았지만, 위에 인용한 브루스의 일상 경험에는 여전히 수치심이 드리워져 있음을 알 수 있다. 브루스는 심지어 인터넷으로 물건을 주문하고 창피했던 적이 있다고 털어놓았다. 다들 직장에 있을 낮에 택배기사가 물건을 배송하러 올 때마다 집에 있는 자신을 보고 어떻게 생각할지 신경이 쓰였다. '내가 실업자라는 사실을 알까?' 이후의 면담에서 브루스는 자신이 느끼는 수치심의 본질과 기원을 더 깊이 성찰하면서 자기 '내면의 비판자'에 대해 이렇게 이야기했다.

내 안에는 '아무리 봐도 너는 자격 미달에 열등한 인간이야', '너 잘못 살고 있는 거야'라고 말하는 거대한 내면의 비판자가 있어요. 정신적으

y

246

로 힘들 때면 내면의 비판자가 엄청나게 커져서는 '넌 정말 구제 불능이야'라고 외치는 순간이 와요.

내면의 비판자는 과연 누구인가? 심리학자 조지 허버트 미드George Herbert Mead의 견해를 빌리면, 내가 만난 사람들은 자신이 '일반화된 타자'에 대한 기대를 깨뜨린다는 이유로 수치심을 느꼈다(미드, 1962). 개인은 추상적 사고 또는 미드가 말한 '내적 대화'를 통해 "타인에게서 특정한 표현을 접하지 않고도 자신을 향해 일반화된 타자의 태도를 취한다."(미드, 1962: 155~156) 개인은 사회화 과정을 통해 문화적 풍토에 담긴 가치를 흡수한다. 그 과정에서 문화적 낙인이 내면화되고 수치심을 유발한다. 이 수치심은 단순히 직접 거부당하는 경우만이 아니라 모든 상호작용에 배어들 수 있다. 브루스가 말한 택배기사 이야기에서 보듯, 어느 틈에 나를 보는 모든 시선으로부터 비판받을 가능성을 염려하게 된다. 이 장의 초입에서 인용한 자와즈키와 라자스펠드 연구에 등장하는 실업자의 경험을 다시 떠올려보자. 지나치는 낯선 이들은 그 사람의 고용 상태를 알 수 없다. 그럼에도 불구하고 당사자는 모두가 자기를 비난하는 것 같아 시선을 떨어뜨린 채로 거리를 걷는다. 수치심으로 내면에 낙인이 찍힌 그 사람은 자신이 정말로 모자란 인간이라고 믿는다. 자존심이 강하고 자신이 선택한 생활방식이 윤리적으로 타당하다고 믿는 사람이라도 사회의 도덕적 권위가 오랜 시간에 걸쳐 우리에게 심어놓은 실직에 대한 수치심을 떨쳐내기란 어려울 수 있다. 연구를 진행하면서 나는 오늘날 낙인의 풍토 속에서 신념이라는 것이 얼마나 깨어지기 쉬운지 지켜보았다. 자신의 생활방식이 비주류적이라는 사실에 불안해하면서, 처음에는 나름의 윤리를 확고하고 일관성 있게 이야기하다가도 그다음에는 더 조심스럽고 위태로운 모습을 보이는 경우가 종종 있었다.

단절과 지지

면담 참여자들은 자신이 선택한 생활방식 때문에 낙인찍힐 수 있음을 인식하고 있었지만, 그와 동시에 자신의 생활방식을 위협하는 판단을 끊어내려고 시도한 경우가 많았다. 고프먼은 이렇게 말한다.

> 실제로 사회적 요구에 맞추어 살 수 없다 해도 당사자는 이 사실에 비교적 영향을 덜 받을 수 있는 듯하다. 소외로 인해 단절되어도 스스로 지닌 정체성에 대한 신념 속에서는 자신이 온전한 한 인간으로서 자격을 갖추었다고 느끼며, 따라서 이런 사람에게 있어서 제구실 못하는 인간은 그가 아니라 우리이다. (고프먼, 1968: 17)

매슈 콜Matthew Cole은 자기의 경험을 반추하면서 실업 상태에서 '대부분의 노동자나 소비자와 달리 "전형적이지 않은" 존재가 되는 기쁨'을 누리고, 그 과정에서 '아웃사이더다운 매력'을 키울 가능성이 있다고 말했다(콜, 2004: 12~13). 콜은 특히 맥줏집에 보드카 한 병을 몰래 품고 가서 밤새 잔을 채워 마셨던 즐거운 반란을 떠올렸다. 6장에서 보았듯이 적게 벌면서 비교적 가난한 삶을 꾸리는 방법이 다양한 만큼이나 그런 생활방식을 낙인찍으려는 시도를 회피하는 방법도 다양하다는 것을 알 수 있다.

내가 면담한 이들 중에도 이런 능력이 더 뛰어난 이들이 있었다. 엘리너는 결국 자신이 추구하는 가치에 따라 살면서 주류 사회에 남아 있기는 매우 어렵다는 것을 깨달았다. "늘 내가 사는 방식을 방어하려고 애쓰고 있다는 느낌이 들어요. 안 그래도 되면 좋겠어요. 정말 지긋지긋해요." 엘리너가 찾은 해법은 시골 지역에 있는 자율적 공동체에 들어가는 것이었다. 일과 소비에 대한 비판적 시각을 공유하는 사람들과 함께 지내는 공간이었다. 엘리너는 끊임없이 자기 행동과 선택에 대한 사과와 해명을 강요하지 않는 사회적 관계에 속하는 게 좋았다. 모든 사회적 관계에서 벗어나고 싶어 했던 루시의 사례도 이와 비슷하다. 루시는 거의 집에서만 지내면서 자신을 이해해주는 몇 사람만 주위에 두었다. 남편 매슈가 특히 든든한 지원자 역할을 하는 듯했다. 철학을 전공한 매슈는 문화적으로 용인되는 신념을 비판적으로 사고하는 법을 배웠고, 일해야 한다는 생각을 주제로 함께 토론하며 루시가 자존감을 높이도록 격려했다. 루시가 자녀를 키우려는 열망에 관해 부정적인 반응을 들었다고 전할 때면 매슈는 이렇게 말했다.

실업자라고 존중받지 못할 이유가 뭐야? 분명 시대가 변하긴 했어. 여자가 집에만 있는 건 옛날 방식이기는 해. 하지만 집에서 아이를 돌보며 지내고 싶어 한다는 이유로 얕잡아본다면 아직 멀었다는 얘기지. 그것만 해도 정규직 못지않은 일이야. 자랑스러워할 일이라고. 여자는 일하면 안 된다는 말은 절대 아니야. 그건 선택의 문제이고, 어느 쪽을 택하든 비난받아서는 안 돼.

이 부부와 면담할 때면 매슈는 자주 '사회학적 상상력'이라는 라이트 밀스의 개념을 끌어왔다. 밀스는 개인적인 문제를 전반적인 문화적·구조적 힘이라는 측면에서 생각하게 해주는 것이 사회학적 사고의 장점이라고 주장한다. 사회학적 상상력은 배제당한 사람들이 수동적으로 굴욕을 견디는 데 그치지 않고 의식적으로 우리가 사는 세상의 문화적 환경을 형성하는 규범과 가치를 비판하도록 한다. 매슈는 루시가 자기의심에 빠지기보다는 주변 세상에 더 의문을 품기를 바랐다. 현실에서 친구를 찾지 못해 글을 통해 지지를 얻으려는 사람들도 있었다. 마이크는 이렇게 말했다. "친구가 많지 않은데 그마저 뿔뿔이 흩어져 있어서 원할 때 곧바로 연락할 수가 없어요. 하지만 도서관에는 필요할 때 위로를 주는 책이 많죠. 책은 내가 의지하는 지원 체계의 일부라고 할 수 있어요." 몇몇은 일을 주제로 한 책을 추천하기도 했다. 게으름뱅이연합 회원들은 나에게 헨리 데이비드 소로나 윌리엄 버로스, 잭 케루악처럼 문학계에서 유명한 자유주의자이자 비노동자의 글이라든지, 톰 호지킨슨

의 《언제나 일요일처럼》(2004)이나 밥 블랙의 《노동의 폐지》(1986) 같은 유명한 비평 문헌을 계속 추천해주었다. 이런 책은 사람들이 비노동자로서 인정받는 기분을 누리게 해주는 동시에 일관되고 정연하게 윤리의식을 개발할 기회를 주었다. 그리고 노동 윤리를 벗어던진 이들이 비노동자로서의 정체성을 탐구하고 새로운 도덕규범을 고안해내도록 도와주었다. 엘리너가 자신이 추구하는 가치와 관련된 글을 읽고 쓰는 데에 시간을 더 들이지 못한 것을 후회한 것도 책 읽기의 이로움을 인식했기 때문일 것이다. 엘리너는 비노동자로서 자신의 윤리를 명확하고 공식적으로 정리해내려는 열망이 강했는데, 그것이 이 연구 과정에 기꺼이 참여하게 된 이유이기도 했을 것이다.

내가 만난 게으름뱅이연합 회원들은 개인적인 친구와 책 속의 친구를 넘어 더 넓은 연결 고리 속에서 인정받는 이점을 누리고 있었다. 회원들과 함께 시간을 보내며 내가 확인한 것은 이 모임이 정치적 목적을 공유하는 사회운동이라기보다는 회원들에게 동지애와 공감을 경험하게 해주는 소중한 사회관계망이라는 것이다. 게으름뱅이연합의 공동 창립자 중 한 명인 앤은 회원들이 생각하는 이곳의 매력을 이렇게 말했다.

일상에서 자신의 철학이나 세계관을 이해해줄 사람이 아무도 없는 경우가 많은 것 같아요. 대화 상대가 없으니 상당히 내향적인 사람이 되어버리죠. 그러다 보면 심하게 고립되기도 해서 참 안타까워요. '그 사람들하고는 주파수가 안 맞아', '아무도 나를 이해하지 못할 거야'라는 생각에 사람들이 다가올 기회도 주지 않게 되죠. 이게 연합을 피난처로 여기는 사람이 많은 이유예요. 여기서는 이해받을 수 있으니까요.

앤의 말을 증명하듯, 내가 만난 회원 두 명은 집에 있을 때면 거의 항상 게으름뱅이연합의 온라인 비공개 게시판을 열어둔다고 했다. 그 게시판은 내가 이 글을 쓸 당시 회원 2037명에 비회원 수백 명이 드나드는 매우 활성화된 곳이었다. 돈을 아끼는 방법이나 자급자족을 위한 실용적인 요령을 공유하는 포럼이기도 하고, 뜻이 맞는 사람들과 어울리면서 소속감과 안정감을 느낄 수 있는 소중한 기회를 얻는 곳이기도 했다. 공동체가 주는 감정적 이점을 인식한 연합 창립자들은 전국적으로 다양한 장소에서 정기적인 오프라인 모임을 조직하려 하고 있었다. 내가 참석할 수 있는 모임이 있어 찾아가 보니 정치적 결집이나 엄숙한 윤리적 논쟁을 목적으로 하는 자리가 아니라 좋은 시간을 함께 보내기 위한 모임이라는 걸 금세 알 수 있었다. 사회운동을 '거친 세상에서 피난처가 되는 섬', 즉 우정, 공동체, 낭만, 자율권을 누리게 해주는 공간이라고 했던 하이븐Max Haiven과 카스나비시Alex Khasnabish의 말을 실감케 하는 분위기였다(하이븐, 카스나비시, 2014: 10~11). 게으름뱅이들은 사회 변화를 요구하며 적극적인 캠페인을 펼치지는 않았지만 소규모로 자신들이 보고 싶은 세상, 즉 개성과 공통성, 열정과 이성을 모두 소중히 여기고 포용감을 선사하는 세상을 그려냈다. 함께 음식을 먹고 술을 마시고 음악을 들으며 마음이 통하는 사람으로 이루어진 공동체에 참여하는 기분을 만끽했다. 게으름뱅이연합이 무엇보다도 포용감을 중시한다는 점은 아마 단체 이름만 봐도 알 수 있을 것이다. 사람들을 모이게 하는 가치인 '게으름 부리기'는 가벼운 마음과 유머를 담은 저항을 연상시킨다. 단어의 부정적인 의미를 과감히 재구성해 급진적인 목적으로 사용하는 것이다. 계급이라는 개념이나 정치적 목적, 권리나 좌파 같은 표현을 벗어나 구호로 내건 '게으름 부리기'라는 말은 다양한 배경과 감수성을 지닌 사람을 아우르는 데 효과적으로 보였다.

　게으름뱅이연합처럼 존재를 따뜻하게 인정해주는 공동체가 없으면 저항 의지는 너무나 쉽게 수그러든다. 가치를 공유하는 사람들과의 교류가 줄어들자 다르게 살려는 결심도 약해졌다고 말한 리스가 그런 경우이다. "가까운 친구나 가족 중에는 [대안적 생활방식에] 관심을 갖는 사람이 없어요. 내 생각에는 그게 내 의지가 수그러든 진짜 이유인 것 같아요. 결국 두 손 들고 대학교에서 일자리를 얻었죠." 잭은 게으름뱅이가 겪는 곤경을 이렇게 요약했다.

　　내게는 공동체가 핵심이에요. 그게 없다면 모든 일이 고립 상태에서 벌어지고 말아요. 누구든 자기 존재를 정의하고 서로 북돋아줄 집단이 필요해요. 안 그러면 길을 잃고 헤매다 그냥 되돌아가자는 생각을 하게 되거든요. 9시부터 5시까지 일하는 정규직 일자리라든지, 우리 사회의 그 모든 부정적인 일들로 말이에요.

　저항문화의 이점은 수동적으로 굴욕을 견디던 상태를 벗어나 자신의 윤리와 실천을 적극적으로 방어할 기회를 준다는 데 있다. 그러나 궁극적으로 사회의 중심을 차지하는 일의 지위를 타격할 만한 역량이 있는 사회운동은 아직 나타나지 않은 듯하다. 최소한 가까운 미래에도, 삐걱대긴 하겠지만 여전히 일이 소득, 권리, 소속을 얻는 주요 원천으로 작동할 터인데 이 상황에 대대적으로 맞서려면 꼭 있어야 할 든든한 추종자와 자원, 조직력을 갖춘 공동체는 보이지 않는다. 연구를 끝내며 내게 남은 질문은, 점점 벌어지는 사회의 틈새에서 개별적으로 나타나는 일에 대한 저항의 사례들이 과연 의미 있고 바람직한 사회 변화로 전환될 수 있을 것인가, 된다면 어떻게 될 것인가이다.

8장

일하지 않아도 괜찮은 세상은 가능할까?

> 생애사적 계획에 따라 우리 존재의 경로가 그려진다. 직업, 결혼, 여가시
> 간의 관심사, 자녀, 재산과 관련된 계획이 우리를 앞질러 달린다. 그러
> 나 이 지도를 들고 길을 건너고 표지를 따라가다 보면 이따금 기이할 정
> 도로 예측 가능한 여정과 너무 정확한 지도의 모습, 오늘도 어제와 아
> 주 비슷한 길을 걸을 것 같은 느낌에 어쩐지 머뭇거리게 된다. 이게 정말
> 내 인생이 나아갈 길일까? 어째서 매일의 여정이 지루하고 타성에 젖
> 은, 판에 박힌 느낌이 드는 걸까?
>
> – 코언, 테일러,《도피 시도》(1992: 46)

위 인용문에서 코언과 테일러는 미리 정해진 규칙이 우리 삶을
지배하고 있음을 깨달을 때 밀려오는 두려움을 보여준다. "일하러

가는 길, 입는 옷, 먹는 음식에서 단조로운 일상의 괴로움이 시각적으로 드러난다."(코언, 테일러, 1992: 46) 일하는 동안에는 관리자, 고객, 절차에 지배받고, 퇴근 후 집에 돌아와서는 바닥난 시간과 기력의 한계에 구속당하며 살고 있다는 사실을 불현듯 깨달은 우리는 공포에 휩싸인다. 이 책에서 내가 살펴본 사람들은 자기 삶을 지배하는 이 단조로움을 확연히 느꼈기에 대안을 찾으러 나서지 않을 수 없었다. 상황이 허락하는 한 그들은 삶에서 일을 몰아내고 자신이 추구하는 가치와 우선순위에 걸맞은 방식으로 행동하기 위해 투쟁했다. 뒤로 밀어두었던 관심사를 되찾아 새롭게 일구었다. 휴식을 취하며 신선한 공기를 마시는 데 더 많은 시간을 썼다. 지역 사회에 더 적극적으로 참여했고, 나이 든 부모, 자녀, 그리고 자신을 돌보는 데 더 많은 시간을 썼다. 일에서 아예 손을 떼버린 이들도 있었다.

일을 포기한다는 것은 대다수에게 극단적인 선택이며, 일을 줄이는 것도 언제든지 실행 가능한 선택지는 아니다. 주기적으로 불만족스러운 감정이 부풀어 오르면 다들 익숙한 도피 전략에 의존한다. 우리는 내면에 들어앉은 지루함이라는 괴물과 싸운다. 이때 주로 활용되는 전략은 틀에 박힌 현실에서 잠시나마 도피하게 해주는 정신적 경련과 덧없는 환상, 즉 '쳇바퀴 돌기refrain'라는 범주에 속하는 것들이다. 쳇바퀴 돌기란 머릿속으로 같은 노래를 끝없이 반복 재생하거나 몽상에 빠져드는 것을 뜻한다. 코언과 테일러는 우리가 언제든지 "머릿속 스위치를 눌러 우리 앞에 버티고 서 있는 강고한 세상을 기이하게 조정"할 수 있다고 말한다(코언, 테일러, 1992:

90). 머릿속으로 누군가의 옷을 벗기거나, 상사를 암살하거나, 눈앞에 보이는 현실과는 전혀 다른 즐거운 풍경을 그려낼 수도 있다. 현실에서 벗어나기 위해 술과 마약에 의지하기도 하고 매년 해외로 휴가를 떠나기도 한다. 틀에 박힌 일상이 너무 불행한 나머지 질병마저 기꺼운 쳇바퀴 돌기가 되기도 한다. 최근 내 친구 하나는 신경 감염으로 쓰러진 사실에 기뻐하며 이런 문자 메시지를 보냈다. "오늘은 《페스트》를 읽고 자전거도 타고 스페인식 크레페도 만들고 책꽂이에 꽂힌 책도 정독하면서 나만의 시간을 만끽했어. 자유시간이 생기니까 오랫동안 잠자고 있던 내 안의 창조성이 깨어나는 기분이야. 머릿속에 별별 생각이 넘쳐나고 있어." 책임감에서 벗어나 편히 쉴 수 있도록 몸에 문제가 생기기를 바란다는 것은 일의 세계에 사는 우리가 집단으로 품고 있는 죄스러운 비밀 중 하나이다. 하지만 쳇바퀴 돌기의 문제는 그 효과가 절대 오래 가지 않는다는 것이다. 해외여행을 떠나면 평소에 맴돌던 가능성의 회로를 먼 거리에서 새롭게 바라볼 수 있을지 모른다. 앞으로는 더 많이 쉬고 더 맛있고 신기한 음식을 먹고 오랜 친구와 연락하며 지내겠다고 다짐하며 집으로 돌아온다. 그렇지만 얼마 지나지 않아 우리를 덮치는 지루한 생업에 또다시 압도당하고 만다. 일시적 도피를 영구적인 것으로 만들려 하다가는 곤란한 상황에 놓이고 만다.

우리가 시도할 만한 또 다른 도피처는 뭐가 있을까? 흔히 보이는 도피의 형태는 고프먼이 '역할 거리 두기'라고 부른 방식일 것이다. 역할 거리 두기는 우리가 맡은 역할이 불만스럽고 불편하다는 사실을 다른 사람들에게 내보이려는 시도 같은 것이다. 고프먼은 나이가 좀 많은 편인 어린이가 자신은 '회전목마 타는 어린이' 같은 유치한 역할을 할 나이가 지났다는 것을 보여주려고 일부러 안전 수칙을 어기며 험하게 회전목마를 타는 경우를 예로 든다. 일의 세계에서도 역할 거리 두기는 이와 비슷한 불응의 형태를 띨 것이다. 이를테면 팀 회의에서 구부정하게 앉아 있다거나, 서류를 대충 작성하거나, 티 나게 못 믿겠다는 태도를 취하는 식이다(영국 드라마 〈오피스〉에서 마틴 프리먼이 연기한 인물 '팀'이 정확히 이렇게 행동한다).

플레밍P. Fleming과 스파이서A. Spicer는 현대 조직문화를 연구한 내용을 바탕으로 이런 냉소주의 전략을 설명한다(플레밍, 스파이서, 2003). 냉소주의는 감정적 부담이 큰 오늘날의 업무 현장에서 흔히 활용되는 도피 전략 중 하나일 것이다. 체제를 바꾸기 어려운 상황에서 일해야 한다는 요구에 구속당하는 느낌을 덜어줄 자유로운 공간을 만들어내려는 필사의 노력이 냉소주의로 나타난다. 2장에서 살펴본 캐서린 케이시의 헤파이스토스사 연구에서 보았듯이, 일과 연관된 정체성을 형성하려는 의도적인 노력이 때로 노동자의 내면에 정반대되는 감정을 불러일으킨다(케이시, 1995). 노동자는 직장 문화와 자신을 냉소적으로 분리하면서 불신을 통해 개인성을 지키려 애쓴다. 데이비드 콜린슨David Collinson은 탁월함이라는 문화를 구축하라는 압박을 '양키식 선동'이라고 부르는 육체노동자들의 이야기를 기록했다. 회사 사보는 '괴벨스의 관보'로 통했다(콜린슨, 1992). 물론 이런 냉소주의 문화를 노동운동의 중요한 무기로 활용할 수도 있지만, 대안이 정말로 실현 가능하다고 노동자들이 확신할 때만 효과를 볼 수 있다. 플레밍과 스파이서는 냉소주의 자체는 실제로 매우 보수적인 힘을 발휘할 수 있다고 주장한다.

> 냉소적인 직원은 자율적 행위자라는 정체성을 부여받고 자신도 그렇게 생각하지만, 그러면서도 계속 회사가 요구하는 규율을 수행한다. 우리는 사회가 부여한 역할과 자신을 분리하면서도 여전히 그 역할을 수행하며, 역설적으로 그 역할을 내면화한 사람보다 더 좋은 성과를 내기도 한다. (플레밍, 스파이서, 2003: 160, 강조는 원저자)

냉소주의는 권력의 근원을 전혀 건드리지 않는 반란이다. 앞서 살펴본 '즐기는 문화'를 관리하는 방식과 매우 유사하게 냉소주의는 노동자를 피상적으로 약간의 자유를 누리는 위치에 종속시킬 수 있다. 플레밍과 스파이서는 '맥쓰레기McShit'라고 찍힌 티셔츠를 몰래 유니폼 안에 입어 (협력, 청결, 고객 서비스라는) 회사의 가치와 자신을 분리하려 한 맥도날드 노동자를 인상적인 사례로 든다. 그처럼 극도로 반항적인 복장을 통해 자기 개성을 지킬 수 있을지는 몰라도, 겉으로 회사의 가치를 받아들이는 것처럼 행동하는 한 정체성을 분리하려는 그 노동자의 시도는 피상적일 수밖에 없다고 주장한다(플레밍, 스파이서, 2003: 166).

우리는 역할 거리 두기, 냉소주의, 정체성 분리와 같은 도피 시도로 일의 요구에 구속당하는 느낌을 덜고 자기 본연의 모습으로 돌아가 숨 돌릴 소중한 공간을 얻는 한편, 주어진 역할로 인한 구속 자체를 감내해나갈 힘도 얻는다. "대학 또는 직장생활에서 요구받는 관습을 그리고 교사나 관리자로서 자기가 맡은 역할을 조롱거리로 삼을 수 있다는 사실은 실제로는 그 관례와 역할을 그대로 따르고 있다는 증거다."(코언, 테일러, 1992: 56). 냉소주의는 마크 피셔Mark Fisher가 말한 반란의 '시늉', 즉 주말에 인기 있는 반자본주의 영화를 보거나 체 게바라 티셔츠를 입거나 페이스북의 정치 관련 페이지에 '좋아요'를 누르는 식으로, 권한을 쟁취했다는 환상을 안겨주지만 근본적으로는 세상을 전혀 바꾸지 못하는 저항 행동에 불과한 경우가 많다(피셔, 2009).

일의 불편한 측면을 멀리할 방안으로서 소비자로 도피하는 방법 또한 쳇바퀴 돌기나 냉소주의처럼 약점이 많다. 소비재를 사들이면 휴식과 자기표현, 재미를 느낄 멋진 기회를 누릴 수 있어 대단히 즐거울 때가 많기는 하지만, 6장에서 보았듯이 소비주의적 즐거움에도 더욱 불편한 측면이 있다. 쳇바퀴 돌기와 마찬가지로 상품화된 즐거움도 아주 잠깐 찾아왔다 사라지는 경향이 있으며, 이런 즐거움을 누리려면 당연히 지속적인 소득이 보장되어야 한다. 나는 '탈출구가 없다'는 식의 비관주의에 굴복하고 싶지는 않지만, 자본주의가 제공하고 허가하는 기존의 도피 방법이 진정한 자유의 형태를 띠는지 아니면 지독한 상황에서 탈출로를 찾으려는 의지를 더 강하게 억압하는지 계속 자문하는 것이 중요하다고 생각한다. 사회적 대안을 향한 열망이 우리 내면에서 타오르는 불꽃이라면, 내가 보기에 위에서 설명한 비교적 무해한 도피 방법은 그 불꽃 위에 드리운 잔잔한 물안개와 같다. 우리는 내심 상사를 냉소적으로 조롱하고, 자신은 지금 하는 일보다 더 뛰어난 존재라고 인정받으려 애쓰고, 힘들여 번 돈을 소외를 잊게 해주는 오락에 전부 다 써버리느라 바쁘다. 그사이에 시간은 우리를 스쳐 지나가고 몸은 점점 늙어간다. 허락받은 현실 도피는 즐겁고 치유도 되는 동시에 자기부정적이고 일시적이기도 해서 우리가 더 큰 인내심을 품고 스스로 벗어나려고 했던 바로 그 상황 속으로 더 깊이 빠져들게 한다. 오늘날 가장 쉽게 허용되는 탈출로를 통해 단기간의 휴식이나 잠깐의 자유를 얻을 수는 있겠지만 대개 그 자유는 피상적인 형태를 띤다. 개인적으로 일을 비판하고 일해야 한다는 요구를 일시적으로 회피하고 소비재를 선택할 자유는 있지만, 다른 생활방식을 선택하거나 진정한 사회적 대안을 만드는 일에 민주적으로 참여하거나, 살아남으려면 삶을 팔아넘기라고 강요하는 현실에 맞서 싸울 자유는 없다.

나는 기존의 전형적인 탈출로가 보여주는 어리석음과 모순에 맞서려는 의미에서, 연구 과정에서 만난 일 반대자anti-worker들을 그보다 더 효과적인 대안을 대표하는 이들로 내세우고자 한다. 이 사람들은 스스로 행동함으로써 삶을 더 낫게 바꿀 수 있다고 믿었다. 일에 저항하면서, 성공하든 못하든 간에 위에서 설명한 탈출로보다 더 영구적인 도피 방법을 찾으려 했다. 어쩌면 '도피'라는 단어는 걸맞지 않을 것이다. 그들은 도피가 아니라 진정한 **자율성**을 얻으려 분투했다. 우리는 일이 건강을 증진하는 원천이자 '잠재력을 발견하는' 방법이라는 온갖 선전에 노출된 탓에 자신에게 어떤 창조와 협력의 역량이 있는지 인식하기 어렵다. 내가 만난 사람들은 모두 일 역할이 자신을 가둔다고 느꼈기에 다양한 관심과 역량을 개발할 자유를 누릴 공간을 확보하려 애썼다.

여기서 제시한 사례 연구를 통해 도출할 수 있는 결론은 여러 가지이지만, 내 생각을 정리하는 데 가장 도움이 된 핵심 사항은 인간의 행복이 가치와 행동의 연속성에 얼마나 좌우되는가 하는 것이다. 결국 불행의 싹을 틔우고 단절점에 이르게 하는 것은 이상과 현실, 이 둘 사이의 고통스러운 간극이었다. 최대한 단순한 용어를 쓰자면, 누구든 자기가 하고 싶은 일을 할 시간이 많을수록 더 큰 행복을 느낀다는 사실을 짚어낼 수 있다. 얼마나 진지하게 접근하느냐에 따라 엄청나게 진부하거나 엄청나게 심오하게 들릴 수 있는 결론이다.

> 자신이 만족할 수 있는 일을 할 때 신체적으로나 정신적으로나 더 행복하다는 주장은 당연하게 들릴지 모른다. 그렇지만 지극히 평범해 보이는 이 해법을 일상에서 실현하는 사람이 얼마나 적은지, 자신을 위해 쓸 시간이 얼마나 적은지, 해 뜨는 모습을 볼 기회가 얼마나 적은지, 사랑하는 이와 보내는 시간이 얼마나 적은지 생각하면 놀라울 따름이다.
> (오머호니, 2014: 242)

이 책 앞부분에서는 사람들이 일에 저항하는 이유에 담긴 선한 도덕감moral sense을 제시하려 노력했다. 일 반대자가 자신을 어떻게 이해하는지 주의 깊게 살펴봄으로써, 일하지 않는 사람은 도덕성이 부족하며 공허한 삶을 사는 일탈자라고 보는 사회적 고정관념을 휘저어놓을 틈을 확보하려 했다. 앞부분에 담긴 그러한 통찰이 일 그리고 현대 사회의 일 중심성이 당연하다는 인식을 깨는 데 기여하기를 바란다.

면담 내용을 분석하는 과정에서 우리는 소득 의존도를 낮추면서 행복을 누리는 방법 그리고 일 중심 사회에서 일에 저항할 때 뒤따르는 낙인과 고립감으로부터 자신을 지키는 데 사용할 만한 전략을 살펴보았다. 결국 내가 만난 사람 중 몇몇은 일 바깥으로 자기 삶을 밀어내는 데 성공했고, 적어도 당분간은 이 결실을 계속 누릴 수 있을 것이다. 이런 사례는 개별 행위자가 지닌 힘을 보여주는 증거이다. 하지만 나는 이 점을 인정하면서도 궁극적으로 개인 차원에서 일에 저항하려는 시도에는 상당한 한계가 있다고 생각한다. 오늘날 일 중심 사회와 그 상상력 부족을 아무리 비판적으로 본다고 해도, 일이 여전히 소득, 권리, 소속을 얻는 주 원천으로 구성된다는 사실은 바뀌지 않는다. 오늘날 일 중심 사회에서 어떤 형태로든 일에 강하게 저항할 수 있는 사람은 용감하고 결단력 있는 사람, 또는 건강이나 개인적 상황 때문에 일을 하기 어려운 데다 다른 선택지도 거의 없는 사람밖에 없을 거라고 보는 편이 타당하다. 일을 줄이기 어렵게 만드는 사회적 제약을 고려할 때 우리가 던져야 할 질문은 과연 자본주의의 생산성 향상으로 얻은 시간 절감의 혜택을 **모든 사람**이 누릴 수 있도록 사회를 조율할 수 있을지, 있다면 그 방법은 무엇인지이다. 이 책 서두에서 소개한 앙드레 고르츠 같은 사상가들은 언제나 일에 대한 저항을 개인이 아닌 집단의 과제로 보았다. 따라서 진지하게 일 비판에 뛰어들고자 한다면 개인적인 윤리와 흥미를 묻는 수준을 넘어 일을 더욱 폭넓게 재평가하고, 모두에게 더 큰 자유를 허용하는 토대가 될 구조적 변화를 이루어낼 방안도 고민해야 한다. 일 교리에 맞서는 데 있어서 윤리적인 성찰과 자기비판이 중요한 것은 맞다. 그러나 일 교리에 대한 도전은 반드시 사회적 비판 및 집단적 정치 행동으로도 나타나야 한다. 여기서부터는 개인이 아닌 사회적 선택으로 넘어갈 것이다.

노동시간의 인간화를 향해

최근 몇 년 사이에 일을 줄이려는 조직적 움직임에 가장 가까운 것이 있었다면 '일-생활의 균형' 개선 캠페인을 꼽을 수 있다. 영국에서 일-생활의 균형을 둘러싼 논의는 2000년대 초 통상산업부에서 일-생활의 균형 캠페인을 시작하면서 정점에 달했다. 당국은 "실제 사례 연구 결과를 제시하여 일-생활의 균형이 주는 경제적 이점과 변화의 필요성을 받아들이도록 기업가들을 설득"하는 것을 캠페인의 목적으로 내걸었다. 특히 노동시간이 가장 긴 산업 분야에 집중해 "기업가들이 노동시간에 관한 더 많은 선택지와 권한을 노동자에게 제공하도록 도울 것"이라고 선언했다. 캠페인 기간에 노동 및 비노동활동에 시간을 균등하게 배분하는 것이 왜 중요한지를 놓고 언론인, 사회학자, 인적자원 전문가 등이 폭넓게 토론을 벌였다. 그 논의는 대부분 가족과 보내는 시간의 우선순위에 집중되었고 '일-생활의 균형'이라는 문구는 그다지 특별하지 않은 일상용어로 흡수되었다.

이 공식 캠페인에 영감을 얻어 장시간 노동이 건강과 가정생활에 끼치는 부정적 영향을 보여주는 풍부한 증거를 제시하는 연구가 나오기도 했고, 캠페인 자체도 일을 둘러싼 의제를 더 쉽게 이해하게 해주었다는 호평을 받을 만했다. 그러나 일-생활의 균형이라는 수사를 궁극적으로 오늘날 일 중심 사회에서 진정한 대안을 촉진하는 동력으로 보기는 어렵다. 멜리사 그레그는 전반적으로 일-생활의 균형은 일해야 요구를 관리할 책임을 개인에게 전가하는 효과를 내는 '이념적 책략'이라 말한다. '스트레스 대처', '변화 대응', '시간 관리'에 관한 워크숍처럼 캠페인에 영감을 받아 등장한 무수한 훈련 과정에는 궁극적으로 동일한 인식이 담겨 있다. 몰입의 책임은 오직 자신에게 있으며, 그 후과에 대처하느라 분투하고 있다면 그 또한 자기 탓이라는 것이다(그레그, 2011: 4~5). 유행을 타는 '일-생활의 균형'이나 '단순한 삶' 같은 이상은 대체로 모든 것이 우리 손에 달려 있으며 우리는 삶에서 원하는 것을 이루어낼 자유가 있다고 가르치는 신자유주의 이념의 연속선상에 있다. 이 입장에서 보면 힘든 상황에 부닥친 것은 그저 잘못된 선택을 했기 때문이며,

따라서 올바른 선택을 하도록 도와줄 회복 과정도 개인적으로 시작해야 한다(살레츨, 2011). 서구인들은 바로 이 이념으로 인해 정치와 집단행동에 등을 돌린 채 자기계발, 개인의 행복, 최고의 건강이라는 이상에 사로잡히게 되었다(세데르스트룀, 스파이서, 2015).

일-생활의 균형 캠페인이 남긴 장기적인 영향이 있다면 중대한 변화를 요구하도록 노동자를 북돋우기는커녕 탈정치화한 것일 테다. 이 캠페인에서는 최대한 온건한 태도로 노동자와 기업가가 '상생'하는 상황을 균형으로 규정했다. 노동자는 스트레스를 줄일 수 있어 좋고, 기업가는 노동자의 높아진 집중력과 생산성으로 이득을 보니 좋다는 것이다. 이 틀에서는 노동자와 기업가 사이에 존재할 법한 이해관계상의 어떠한 갈등도 드러나지 않는다(쇼토스, 2004). 관리법으로 정착된 일-생활의 균형은 급진적인 이상을 받아들여 상업적 이익의 이해관계에 맞게 부드럽게 다듬은 뒤 우리 앞에 내놓는 자본주의의 탁월한 역량을 보여주는 또 하나의 사례이다.

일-생활의 균형이라는 수사는 일의 목적에 대해서도, 일에 부여된 사회적 기능이 성취될 가능성에 대해서도 의문을 제기하지 않은 채 그저 일을 조금이나마 줄일 수 있도록 (그리하여 대개 가족을 돌보는 등 다른 책임을 수행하는 데 그 시간을 쓰도록) 살며시 허락을 구하게 해줄 뿐이라는 점에서 실패작이다. 현 체제에 대한 불만을 체제 **내부**에서 수용하려 들면서 우리가 열린 태도로 여러 가지 대안을 비교할 능력을 제대로 발휘하지 못하게 한다. 게다가 어쩔 수 없이 장시간 노동을 강요받는 사람에게는 그 상황이 당사자의 경제적 형편 때문에 그런 것이라며 아무런 도움도 주지 않는다.

　일 중심 사회에 제대로 도전하고자 한다면 '균형'의 이점을 논하는 수준을 넘어서야 한다. 훨씬 더 대담하게, 지금까지와는 다른 방식으로 일을 조직하고 분배할 방안을 논의하고 그에 따라 모두에게 더 많은 자유시간을 보장해야 한다. 여기에 필요한 것은 일-생활의 균형 캠페인이 아니라 앙드레 고르츠가 **시간의 정치**라 부른 것, 즉 자율적으로 자기계발에 힘쓸 자유를 더 많이 허용하는 입장에서 노동시간을 어떻게 정하고 분배할지 열린 마음으로 토론하는 작업이 필요하다. 일과 관련한 문제는 본래 정치적인 것이므로 해법도 정치적으로 찾아야 한다는 점을 유념해야 한다.

> [해법은] 새로운 권리, 새로운 자유, 새로운 집단 보장, 새로운 공공시설, 새로운 사회규범을 어떻게 정의하느냐에 있다. 그런 측면에서 선택하는 노동시간과 활동은 이제 사회의 주변부가 아니라 새로운 사회를 그리는 청사진의 일부가 될 것이다. (고르츠, 1999: 65)

　고르츠는 자신이 구상하는 새로운 사회를 '시간을 선택하는 사회' 또는 '다중활동' 사회라고도 불렀는데, 우리는 우리가 원하는 이름을 붙이면 된다. 이름이 뭐가 되든 그 사회의 가장 중요한 특징은 사회 전반에 걸친 노동시간 단축 정책이 될 것이다. 이 정책을 통해 사회적으로 필수노동을 분배하는 방식을 개선해 실업률을 줄일 것이다. 가용 노동시간을 전체 인구에 더 균등하게 나눔으로써 사회가 소수의 직업 엘리트 그리고 다수를 차지하는 실업자, 불완전 고용자, 임시 고용자로 심하게 분열되는 상황을 뒤집는 것이 이 정책의 목표이다(고르츠, 1989: 92). 각자가 일을 줄여 더 많은 사람이 일할 수 있게 할 것이다.

> 의미 없는 일자리, 사회적 효용이 낮거나 아예 없는 새로운 일자리를 만드느라 맹렬히 뛰어다닐 것이 아니라 해야만 하는 일, 일을 줄이기로 한 만큼의 여가, 일에서 창출된 부를 더 공평하게 나눌 방안을 찾아야 한다. (헤이든, 1999: 34)

장기적으로 이런 정책은 일이 더 이상 소득, 권리, 소속을 얻는 거스를 수 없는 원천으로 작동하지 않는 사회를 재창조하고자 한다. 자유시간이 늘어나면 사람들은 저마다 자율적으로 구축한 아름다움과 유용성에 대한 기준에 따라 훨씬 다양한 생산적·비생산적 활동을 수행하는 데 그 시간을 쓸 것이다. 비노동시간은 그저 노동시간의 연속, 즉 "휴식, 이완, 회복에 필요한 시간이나 일하는 삶에 뒤따르는 부차적이고 보조적인 활동을 위한 시간, (강제적 임금 노예 상태의 이면에 불과한) 게으름을 위한 시간, 일에 대응되는 단조로운 특성으로 감각이 마비되고 소진되게 하는 오락을 위한 시간과는 다른" 훨씬 더 중요한 시간으로 변환될 것이다(고르츠, 1989: 92). 사회 발전을 주도하는 이상은 사람들이 다양한 관심과 역량을 얼마나 자유롭게 수행하고 계발하느냐에 따라 형성될 것이다. 시간이 더 많아지면 자신을 위해 일할 시간도 늘어날 것이므로 더 이상 모든 필요를 경제적 영역에 의존해 충족하지 않게 될 것이다. 경제 부문의 유급 직장으로 공식화해야 하는 일상 활동은 대폭 줄어들 것이다. 건축과 도시 설계에도 새로운 문화적 가치가 반영되어 개인의 자율적 협력을 북돋우고 지원하는 쪽을 향할 것이다. 도시, 마을, 아파트 단지는 자발적 관계망과 비공식적 생산이 이루어지는 공유 작업실과 공동 공간을 갖춘 소통과 협업, 교류를 위한 열린 공간이 될 것이다(고르츠, 1999: 100~102). 이는 북미와 영국에서 도시 공간이 주로 고립 상태의 의존적 소비자에게 맞추어 점점 더 상업화 및 사유화되고 있는 현재의 흐름을 뒤집는 결과를 가져올 것이다 (주킨, 1995: 민턴, 2009).

지금은 높고 멀게 느껴질 수 있지만, 다중활동 사회 또는 문화 기반 사회라는 이러한 이상의 주된 역할은 상상력을 자극하는 것이다. 이를 위해서는 즉각적인 상명하달식 정책 변화가 아니라 점진적인 집단적 탐험과 열린 토론이 필요하다. 현재 민주적 토론이 사실상 거의 죽어 있는 것은 바쁜 일상에 쫓겨 살다 보니 정책을 연구하거나 집단 조직화하거나 공동체에 무슨 일이 일어나고 있는지 알아볼 시간이 너무 부족해서일 것이다. 민주주의의 힘은 사람들이 이런 작업에 관여하고 참여할 시간이 얼마나 되느냐에 따라 달라질 것이다. 시간의 정치는 시민들을 미리 설계된 이상적인 계획에 참여하게 하는 것이 아니라 그들이 규정된 역할에서 점차 벗어나 정치에 적극적인 시민으로서 역할을 할 시간을 제공하는 것이다. 시간을 줄이자는 요구는 "혁명적 대안의 이상도 혁명을 하자는 요청도 아니다. 그보다는 변화를 일으킬 다양한 방법과 전망을 고안하는 활동에 참여하도록 요청하는 역할"을 한다(워크스, 2011: 222). 여기에는 자유시간이 늘어나면 사람들이 협력하고 소통하고 교류하는 새로운 관계를 형성해 자신의 미래를 구축하는 작업에 직접 참여할 수 있으리라는 기대가 담겨 있다.

시간의 정치에 대한 요구는 일련의 인도적인 이상에 따라 노동 교리를 해체하는 작업을 시작하자는 제안으로, 이미 여러 학자와 활동가가 앞장서서 이끌고 있다. GDP 증가를 사회 번영의 척도로 보는 것이 타당한지 묻는 경제학자(잭슨, 2009; 레인, 2000; 센, 1999; 스티글리츠 외, 2010), 인류 번영이 물질적 이익에 대한 자본주의의 집착과 어떤 관계인지 묻는 사회 연구자와 철학자(쇼어, 1998; 소퍼, 2008)의 연구 성과가 점차 늘어나는 데서 이런 움직임을 확인할 수 있다. 노동시간이라는 특정 주제와 관련해서는 주 5일 하루 8시간 노동이라는 규정을 탈피해나가는 여러 기관을 예시로 들 수 있다. 영국에서는 신경제재단이 노동시간 단축으로 얻을 수 있는 잠재적인 사회적·환경적 이득이 다양하다는 주장을 내놓았다(쿠트 외, 2010; 쿠트, 프랭클린, 2013). 과거에는 주 60시간 노동이 일반적이었다는 지적과 앞으로는 주 21시간 노동이 실현될 수 있다는 전망이 담긴 재단의 출판물은 주 40시간 규정에 대한 집착이 자연스럽지 않다는 사실을 보여준다. 그러나 신경제재단이 발표한 것과 같은 이런 자료의 진정한 강점은 논평과 추측의 지형 너머로 토론의 범위를 넓히도록 돕는 데 있다. 이런 출판물에는 사회적·정치적 정의는 '진정한 이상향'을 구상하는 가운데 추구해야 한다는 에릭 올린 라이트Erik Olin Wright의 주장이 담겨 있다. 문제를 비판적으로 진단하고 미래에 대한 환상을 품는 단계를 넘어 실현 가능하면서도 바람직한 대안이 무엇인지 체계적으로 분석하는 작업에 착수하는 것이다. 더불어 저항과 사회적 전환에 가장 효과적인 요소가 무엇인지 찾아내기 위해 현재를 연구하는 것이다(라이트, 2010). 일 중심성이 덜한 사회에 관한 논의가 이렇게 더 현실적인 방향으로, 더 공적이고 활기찬 과정으로 펼쳐지기를 기대하는 것이다.

현재 진행 중인 대안적 실험에서 교훈을 얻을 수 있다면 논의의 설득력이 더 높아질 것이다. 유럽에는 이미 노동시간 혁신으로 명성을 얻은 국가들이 있다. 프랑스에서는 기존의 주 40시간에 반대하며 주 35시간을 새로운 규정으로 삼는 법이 두 차례 제정되었다(1998년과 2000년). 독일에서도 2004년에 노동조합들이 앞장서서 전체 노동인구의 5분의 1에 적용되는 주 35시간 제도를 쟁취했다. 독일의 노동시간 단축 정책은 2000년대 중반에는 기업가들의 거센 저항에 부딪혔지만 이제는 실업을 해결할 방안으로서 국가적 의제가 되었다. 이 밖에도 네덜란드, 덴마크, 노르웨이, 벨기에 등 여러 나라에서 작은 승리를 거둔 사례가 있다(헤이든, 2013). 최근의 사례로는 2014년 스웨덴 예테보리시가 내놓은 공공 부문 노동자에 대한 급여 삭감 없는 하루 6시간 노동 실험안을 들 수 있다. 예테보리 부시장 마츠 필헴Mats Pilhem은 대다수 노동자가 하루 8시간 노동을 견디기 힘들어 한다는 것은 부인할 수 없는 사실이므로 이 실험안이 생산성에 부정적 영향을 주지는 않을 것이라고 확신했다(위드널, 2014).

마지막 사례로는 이미 노동시간 단축을 사회정책으로 내세운 영국 녹색당을 들 수 있다. 녹색당은 정부가 최장 노동시간에 대한 규제를 어떤 식으로든 약화하는 데 반대하면서, 가용노동을 더 공정하게 할당하고 더 많은 자유시간을 보장하기 위해 주 35시간 노동제도를 도입하겠다고 선언했다. 이 정책은 일을 "자신과 가족, 공동체를 지원하기 위해 실행하는 모든 활동"으로 정의하는 공식적인 정책 방침과 함께, 정형화된 경제 바깥에서 수행하는 활동 및 자기 조직화의 가치를 인정하는 녹색당 사명의 핵심 요소이다(녹색당, 2014b). 웨일스 녹색당이 내놓은 성명에는 "지식을 쌓고 발명하고 상호작용하고 즉흥적으로 활동하는 우리의 역량은 거의 무한하다"라는 문구가 있는데(녹색당, 2014a), 당의 노동시간 단축 정책은 이런 활동과 역량이 자라날 공간을 확충하기 위해 마련된 것이다.

물론 노동시간 혁신가들이 부딪치는 난제 중 하나는 저소득 노동자가 소득을 유지하면서 노동시간을 줄일 방법을 찾기 어렵다는 점이다. 일 중심성이 덜한 사회로의 전환을 지지하는 대다수는 노동시간 단축 정책을 도입하려면 소득 분배 수단으로서 일에 부여된 지위를 박탈해야 한다고 본다. 일자리 부족 및 불안정 현상이 나타나는 것으로 보아 일이 소득 분배 수단으로 적합하지 않다는 사실을 인정하고, 이제는 일과 소득을 분리하고 대안적인 부의 분배체제를 모색해야 한다고 주장하는 사람이 많다. 유럽 및 북미의 학자와 활동가 사이에서 가장 주목받는 대안은 기본소득이다.[1] 원리는 간단하다. 1918년에 버트런드 러셀이 설명했듯이, "일을 하든 하지 않든, 필수재를 충당할 만큼의 일정한 소득을 모든 사람에게 보장해야 한다"는 것이다(러셀, 1918). 기본소득은 모든 사람이 기본적 필요를 충족할 자원을 누릴 자격이 있다는 믿음에 근거해 소득 최저선을 설정하기 위해서 설계한 것이다. 소득을 늘리거나 전문직에 계속 종사하기를 원하는 시민은 기존의 유급 고용 체제를 활용하면 되지만, 기본소득의 취지는 사회 구성원 중 누구도 극빈 상태에 처하지 않도록 보호하는 데 있다. 사람들이 굶주림의 위협에서 벗어나 두려움 없이 더 나은 노동조건을 위한 운동을 펼치고, 일 바깥에서 더 풍부하고 다양한 삶을 누릴 관심과 역량을 계발할 수 있기를 바라는 것이다.

기본소득에는 기존 복지정책과 구별되는 새롭고 필수적인 요소가 두 가지 있다. 첫째, 기본소득은 시민권자의 권리로서 누구나 받는 **보편적인** 소득이라는 점이다. 두 번째는 일을 하든 다른 형태의 사회적 기여를 하든 상관없이 제공받는 **무조건적인** 소득이라는 점이다. 또한 기본소득은 개인 자격으로서, 개인의 권리에 따라 가족 단위의 대표자가 아닌 각자에게 주어져야 한다는 주장이 공통으로 제기된다. 기본적 필요를 채울 적정 금액이 어느 정도인지, 생애 주기에 따라 차등을 두어야 하는지, 어린이에게는 어떻게 적용할지 등 세부 사항에 관해서는 여전히 논쟁의 여지가 있다. 너무 파격적으로 보일 수도 있지만, 유럽 전역의 수많은 정당(영국 녹색당도 포함)

에서는 기본소득을 이미 공식 검토를 거친 사회정책으로 삼고 있다는 점에 주목할 만하다.[2] 기본소득은 더 이상 학계만의 관심사가 아니다. 학자들과 마찬가지로 활동가들도 다양한 각도에서 기본소득제도를 연구하면서 도덕적·철학적 정당성, 경제적·정치적 실행 가능성 그리고 이 정책이 자유와 사회 정의에 끼칠 잠재적 이익에 관해 논의하고 있다(이러한 논쟁을 살펴볼 수 있는 자료로는 칼 위더키스트 Karl Widerquist 등이 2013년에 취합한 논집이 있다).

　노동시간 단축 정책이나 대안적 소득 분배 수단을 자세히 분석하는 것은 이 책의 범위를 벗어나는 주제이지만, 한 가지 언급해둘 것은 이런 정책이 모든 사회적 병폐를 없애는 마법의 치료제가 될 수는 없다는 점이다. 노동시간 단축의 잠재적 이익은 자동으로 얻어지지 않으며, 어떠한 정책 변화든 그 실행 가능성과 공식적 목표에 대한 세심한 논쟁이 필요하다. 당분간은 노동시간의 급진적 단축을 기대하기 어려운 상황에서 활동가들이 노동조건과 생활 임금 개선을 요구하는 운동을 지속해나가는 것도 중요하다. 일 중심성이 덜한 미래를 향한 요구가 더 나은 노동조건과 생계를 꾸릴 만한 임금에 대한 당장의 요구와 생산적으로 결합할 수 있는지 그리고 그 방법은 무엇인지에 대해서는 확실히 고민할 부분이 많다. 그렇지만 나는 아무것도 달라지지 않는 진흙탕이 계속될 수도 있는 상황에서 앞에 제시한 대안들이 한 가닥 희망을 보여준다고 생각한다. 이런 대안은 '정상'이란 언제든지 재창조될 수 있는 유연한 범주임을 되새기게 하며 일 중심 사회의 대안을 찾는 희망적인 신호를 보여주는 역할을 한다. (활동가, 철학자, 연구자 또는 이 책에 등장하는 일 반대자들의) 다양한 반대 의견으로부터 얻은 통찰을 바탕으로 일이 소득, 권리, 소속을 얻는 대체 불가능한 원천이라는 노동 교리를 해체하는 작업에 동참하자. 오늘날 일 중심 사회의 병폐를 드러내고, 미래는 다를 수 있다고 주장하자.

토론하고, 연대하고, 투쟁하고, 상상하자

일 중심성이 덜한 사회에 대한 전망이 매력적으로 들리기는 해도, 문제는 현재 시간의 정치를 발전시킬 잠재력 있는 문화적 운동을 찾아보기 어렵다는 점이다. 내가 이 책에서 탐험한 일에 대한 저항은 형식을 갖춘 일관성 있는 정치 기획이 아니라, 더 정확히 표현하자면 사고방식 또는 잠재력에 가깝다. 일에 저항하는 사람들은 우리가 정의하고자 하는 전반적인 사명도, 공개적인 발언도, 존재 방식을 공유하는 수준을 넘어서는 실질적인 연합체도 갖고 있지 않다. 이들은 아직 집단적 표현이나 정치적 결속으로 나아가지는 않은 일에 대한 문화적 환멸을 구현하고 있으며, 버는 만큼 쓰는 생활방식에 대한 점점 커지는 불만이 진정한 사회적 대안으로 전환될 수 있을지는 두고 볼 일이다. 사고방식은 이미 변하고 있지만 "그 의미와 잠재적 급진주의에 대한 대중적인 설명이 턱없이 부족하다."(고르츠, 1999: 60) 이런 상황에서 노동 교리에 대한 저항을 일으키는 데 기여하려면 우리는 무엇을 할 수 있을까?

1. 토론의 문을 열자

첫 번째는 토론의 문을 열자는 것이다. 문을 열기 위해서는 무엇보다 먼저 일 비평가들이 소수의 학자만이 아니라 대중의 관심까지도 불러일으키려 합심해서 노력해야 한다. 일하는 삶과 일하지 않는 삶의 생생한 현실을 대중적으로 탐구하여, 신화화된 일의 신성성과 사람들이 실제로 경험하는 괴로운 진실 사이의 불협화음을 드러내는 데 일조하는 작업이 진행되면 좋을 것이다. 이 작업에는 일과 관련된 문제는 특정한 고용자나 일터의 적수 때문에 일어나는 것이 아니라 그 문제 전반을 관통하는 구조적 기반에서 생성된다는 사실을 더 많은 사람에게 널리 알리려는 뚜렷한 소명이 필요할 것이다.

또한 토론의 문을 열려면 비판적 대화로 들어가는 문이 얼마나 많은지도 보여주어야 한다. 이와 관련해 최근에 나온 저작들에서는 일 중심성이 덜한 사회를 지향하는 생태주의적 사례에 주목하면서, 소비재를 더 많이 생산하기 위해서가 아니라 여유시간을 더 많이 확보하기 위한 방향으로 생산성을 향상해 잠재적으로 환경적 이익을 얻어야 한다는 점을 강조한다. 또한 자유시간이 더 많이 주어지면 사람들은 자동차 대신 자전거 타기, 버리지 않고 수리하기, 포장 상품을 구입하는 대신 직접 생산하기 등 환경에는 좋지만 시간이 많이 드는 여러 가지 실천에 참여할 능력과 의향을 가질지도 모른다고 추정한다(헤이든, 1999; 2013). 6장에서 살펴보았듯이 내 연구에서도 환경친화적인 생활방식을 영위할 시간이 있을 때 얻게 되는 이점을 보여주는 초기 수준의 증거가 나타나기도 했다. 자유시간이 늘어난 사람들은 편의나 보상 형태의 소비를 기꺼이 줄이는 모습을 보였다.

생태주의가 토론으로 들어가는 하나의 문이라면 다른 한편으로 공중보건에 대한 관심을 바탕으로 대화를 시작할 수도 있을 것이다. 2014년, 공중보건 분야의 저명인사 존 애슈턴John Ashton은 고혈압, 스트레스, 우울증 등 수많은 건강 문제에 대한 해법으로 주 4일 근무를 권고했다. 이런 질병이 많이 나타나는 데는 불균등한 일 분배, 즉 한쪽에서는 장시간 근무로 인한 건강 악화로 고통받고 다른 쪽에서는 실업으로 인한 불안과 빈곤으로 고통받는 상황이 어느 정도 영향을 미친다는 것이다(캠벨, 2014). 가까운 시일 내에 질병의 사회적 요인을 꾸준히 제기하는 공중보건 관련 논의가 진행된다면 좋을 것이다. 비평가 마크 피셔는 이 작업을 질병의 '재정치화'를 추동하는 움직임이라 칭하고, 스트레스를 포함한 현대의 정서 장애는 '억류된 불만'의 형태, 즉 전반적인 체제 부조화가 국지적으로 표출되는 징후이며 이 문제를 끌어내어 현 상태에 대한 폭넓은 정치적 비판을 전개해나가는 것이 사회 분석가의 몫이라고 주장한다(피셔, 2009: 80). 이런 관점에서 보면 스트레스, 불안, 우울 등은 개인의 문제가 아니라 오늘날 일 중심 사회와 그에 뒤따르는 불안과 소외, 신체의 생장 및 회복 능력을 넘어설 정도로 쫓기는 일상으로 인한 심각한 폐단의 징후이다. 이 현대적 질병은 전문의의 진단과 의학적 치료로 해결할 개인적 병리 현상으로 볼 게 아니라, 일 중심 사회가 가하는 압박으로 인해 사실상 제정신을 유지하기 어려울 정도로 곤란한 상황이 닥쳐온 것으로 보아야 한다. 다시 말해 한계에 다다른 우리의 신체와 지구가 우리에게 사회 변화의 필요성을 경고하고 있음을 인지해야 한다.

이밖에도 토론으로 들어가는 경로는 무수히 많다. 페미니스트 중 일부는 노동시간 단축과 같은 정책으로 여성과 남성 간에 유급 및 무급 노동을 더 공평하게 분배할 수 있으리라 믿고 관심을 기울인다. 시간 단축으로 일이 좀 더 공평하게 분배되면 여성의 노동시장 참여율이 증가하고 남성은 가족과 더 많은 시간을 보낼 수 있다고 보는 시각이다. 따라서 시간 단축은 유급 노동을 수행할 권리가 가사 의무에서 벗어날 보완적 권리와 여전히 부합하지 않는 까닭에 악명 높은 '2교대' 노동에 시달리는 수많은 여성에게 실행 가능한 해법을 제시한다(혹실드, 1990을 보라). 그러나 가족과 보내는 시간의 중요성을 수사적으로 강조하면서 일을 줄이는 데 필요한 요건을 '가족의 가치'에만 맞추려는 시도는 경계해야 한다. 가족과 보내는 시간을 강조하는 전략이 지닌 약점 중 하나는 일을 줄이는 데 필요한 요건을 책임과 의무의 어휘에 가둬둔다는 점이다. "내가 보기에 임금노동을 줄이자고 주장하기 위해서 부불노동의 도덕성을 강화하면 지배적인 노동 가치 전반에 대해 꾸준히 의문을 제기하기가 어려워지는 문제가 있다."(위크스, 2011: 159).

내가 이 책에 쓴 어휘는 책임과 의무가 아닌 자유의 어휘였다. 나는 일하는 삶의 현실에서 탈출하려는 괴로운 열망에 주로 관심을 기울였고, 일을 줄임으로써 얻는 가장 중요한 이점은 다양하고 생기 넘치는 삶을 살게 되리라는 약속에 있다고 믿었다. 내 입장에서 일을 줄이자는 요청이 설득력 있게 들리는 이유는 자율성을 추구하는 인간의 능력을 칭송해서이다. 일 중심 사회가 소외와 식민화를 통해 가로막아온 능력, 즉 "자기 자신 그리고 자신이 맺는 관계를 표현하고 재창조하는 능력, 뚜렷한 한계 속에서 자기 나름의 삶을 설계할 자유" 말이다(워크스, 2011: 168). 하지만 궁극적으로 일에 맞설 강력한 근거를 쌓고자 한다면 이런 비판이 당장의 현실에 어떤 도움이 되는지 살펴보는 데에도 시간을 할애할 필요가 있다. 활동가들은 노동 교리에 대한 저항이 환경, 건강, 양성평등, 가족, 개인의 자율성, 그리고 우리가 잊지 말아야 할 재미를 위한 저항이 될 수도 있다는 점을 강조하면 좋을 것이다.

2. 사회의 주변인에게 적극적으로 관심을 기울이자

연구자로서 노동 교리에 개입하려면 사회 주변부에 있는 사람들이 추구하는 가치와 실천에 적극적으로 관심을 기울여야 한다. 내가 생각하기에 여기에서 연구자가 할 역할은 자신이 쌓은 역량과 일에 대한 통찰을 활용해 일에 저항하는 운동과 연대하는 것이다. 맥스 하이븐과 앨릭스 카스나비시는 학술기관이 사회 연구를 독점하는 오늘날에는 연구자가 사회운동**과 함께** 연구하는 것이 아니라 사회운동을 연구하는 경우가 너무 많다고 지적했다. 위에서부터 '덮쳐' 내려가 훈련받은 대로 현장을 살펴본 다음 학문적으로 유용한 알곡만 추려내고 끝내는 경우가 많다는 것이다(하이븐, 카스나비시, 2014: 13). 마이클 빌리그Micheal Billig가 주장했듯이 이런 식으로 연구한 결과물은 난해하고 자기참조적인 경우가 많다(그리고 어쨌든 학계 바깥에서는 빛을 못 보는 경우가 많다). 나는 연구자들이 학문적 자본 구축을 목적으로 하는 사회운동 연구에 맞서 하이븐과 카스나비시처럼 혁신적인 사회 변화를 추구하는 사회운동과 연대하면서 확신을 품고 연구해나가기를 기대한다.

일에 대한 저항을 장기간에 걸쳐 연구하는 학자는 사회 주변부에 있는 사람들을 그저 다시 통합되어야 할 배제된 개인이 아니라 일에 대항할 근거를 찾아낼 잠재적인 영감의 원천으로 바라보는 자세를 지녀야 한다. 해방적 사회과학이라면 일과 소비주의에 기반한 생활방식을 표준화하는 데 저항하고, 이런 표준에서 벗어나면 무조건 박탈감과 수치심을 느낀다고 주장하지 않을 것이다. 세밀한 관리 아래 단순 작업 위주로 돌아가는 고용 영역의 바깥에서 생활하고 협력하고 표현하고 창조하는 방법을 탐험하는 실험적 시도와 실천을 숙고하는 연구가 더 늘어나기를 기대해보자. 경제적 거래 관계 밖에서 기존과는 다른 방식으로 필요를 채울 가능성을 열린 자세로 탐구하는 연구가 더 많아지기를 기대해보자. 그런 작업을 통해서 연구자들은 일 중심성이 덜한 사회에 걸맞은 자기 나름의 즐거움과 충만함, 부, 행복의 개념을 이미 키워나가고 있지만 주목받지는 못한 사람들의 창의력을 더 많이 조명할 수 있을 것이다. 그리고 연구자가 의지를 품고 이런 사람들이 이룬 성과를 명확하게 전달하고자 하면 독자는 그 사례를 통해 영감을 얻을 것이다. 한때 이질적이고 파편적으로 존재하던 저항자나 주변인들도 더 큰 일체감을 누리며 집단적 목표를 달성할 수 있을 것이다.

3. 언어 투쟁에 참여하자, 제대로 무장하자

노동 교리에 맞서는 투쟁은 어느 정도는 언어를 두고 벌이는 투쟁이다. 우리는 이 책을 통틀어, 사회에는 급진적인 언어를 장악하거나 비판적 견해가 무르익기 전에 차단하여 저항을 씹어 삼키는 능력이 있음을 보여주는 몇 가지 사례를 살펴보았다. 2장에서는 한때 '자기 자신으로 존재할' 권리를 주장하면 자본주의에 위협을 가할 수 있으리라는 기대가 있었지만, 재미를 관리하는 현대 문화에 이런 기대가 어떻게 흡수되었는지 보았다. 4장에서는 일에 저항해 목소리를 낸 사람이 많았지만, 저항 행동을 일탈이자 개인적 병리 현상으로 취급하는 매체의 경향성에 의해 어떻게 억눌리고 모욕당했는지 보았다. 노동 교리를 비판하는 이들이 이러한 언어적 투쟁에 참여하고자 한다면 좀 더 제대로 무장하는 편이 좋을 것이다. 예를 들어 오늘날 만연한 '감사의 문화culture of gratitude'에 대한 비판을 발전시킴으로써 이른바 '자격의 문화culture of entitlement'를 둘러싼 도덕적 혼란에 대응하는 것은 어떨까? 감사의 문화는 생존의 압박에 짓눌린 사람이 자기계발에 도움이 되는 일이라면 유급이든 무급이든, 적절하든 적절하지 않든 가리지 않고 어디에든 자신을 던져 넣으려 할 때 번성한다. 내가 있는 학계도 그러한데, 극심한 일자리 경쟁 때문에 젊은 학자들은 어떤 자리든 일단 뛰어들고 볼 수밖에 없는 상황에 직면해 있다. 이런 치열한 경쟁 환경에서 계약, 급여, 노동조건 같은 문제로 호들갑을 떠는 것은 자세가 안 되어 있는 것으로 치부되고 만다. 애초에 기회를 얻었다는 데에 고마워해야 할 일이라는 것이다(브러닝, 2014를 보라). 일에 저항한다면서도 복지 수급권을 당연시하는 듯한 사람을 향해 눈살을 찌푸리는 대신 우리 **모두**가 조금씩 더 자격을 부여받고, 오늘날 만연한 감사의 문화에 새롭고 강력한 비판을 가하는 게 어떨까?

결국 노동 윤리의 낡은 속성을 폭로하는 방식으로 언어를 좀 더 창의적으로 활용하면서 토론을 이끌어가야 할 듯하다. 비노동활동에 담긴 문화적·사회적 가치에 관해 이야기할 방법을 다양하게 찾아내어 경제적 합리성에 도전해야 한다. **일** 개념을 유급 고용만이 아니라 훨씬 더 폭넓은 활동을 아우르는 의미로 재창조해야 하며, 일하지 않는 사람은 어떤 가치 있는 활동도 하지 않는다는 잘못된 이분법을 떨쳐내야 한다. 일에 저항하는 운동에 어떤 이름을 붙일 것인가도 대단히 중요한 질문이다. 나는 이 책 곳곳에서 면담 참여자들의 동기를 서술하면서 데이비드 캐넌의 '쓸모의 윤리' 개념을 활용했다. '쓸모의 윤리'를 받아들인다는 것은 유급 노동의 신성성에 의문을 제기하면서, 그밖에도 잠재적으로 더 가치 있는 활동이 있으며 그런 활동으로 삶을 조직화할 수 있다고 주장하는 것이다.

내가 이 용어를 빌려온 것은 일에 대한 저항을 설명하는 데 유용한 지점이 있다고 보았기 때문이다. 가장 두드러진 강점이라면 이 용어가 대체하고자 하는 '노동 윤리' 개념을 의도적으로 역이용한다는 점이지만, 이외에도 많은 강점이 있다. 우선, '쓸모의 윤리'에 기반한 운동이라는 개념은 계급이나 성 같은 기존의 사회 범주에 따라 사람들을 결집하려 드는 위험을 피하게 해준다. 일 중심성이 덜한 사회로 전환함으로써 혜택을 볼 사람은 다양하며, 특정 인구집단만이 자기주도적 삶을 열망하는 것은 아니기 때문이다. 일 중심적 존재 방식을 넘어서고자 하는 열망은 이상과 현실의 격차를 경험하는 그 어디에서나, 사회적으로 규정된 역할과 자아감 사이의 균열을 느끼는 그 어디에서나 돋아난다. 나이가 많든 적든, 남성이든 여성이든, 가족이 있든 없든, 일하든 일하지 않든, 부유하든 가난하든 마찬가지이다. 범위가 넓다는 점, 투쟁을 특정한 문화집단으로 한정하지 않는다는 점이 잠재적으로 사람들을 결집시킬 기치로서 '쓸모의 윤리'가 지닌 장점이다. 여기에서 '쓸모'가 무엇을 의미하는지는 각자가 판단할 몫이다.

'쓸모의 윤리' 개념의 또 다른 장점은 이 책을 통틀어 내가 제시한 요점, 즉 노동 윤리에 저항하는 사람은 고정관념과 달리 무조건 도덕성이 결여된 사람은 아니라는 점을 부각한다는 데 있다. **윤리**라는 표현에는 자기 삶의 의미와 방향 감각을 찾게 해주는 원칙이 일 외에 다른 방식으로도 존재한다는 주장이 담겨 있다. 이런 의미에서 쓸모의 윤리는 노동 교리에 대항하는 구호인 '게으름'이라는 개념을 대체하기 좋다고 볼 만하다. 게으름이라는 말에 해학적인 의도가 담겨 있기는 해도 (일례로 게으름뱅이연합은 다양한 사람의 상상력을 끌어내는 데 성공했지만) 일에 저항하는 것이 게으른 삶을 사는 것이라는 기존의 인식을 강화하는 결과를 낸다면 직관에 반하는 일이 된다. 면담 참여자 중에서 게으름뱅이연합과 관련이 없는 몇몇은 자신을 '게으름뱅이'라 표현하는 사람들과 같은 연구에 참여한다는 사실에 조금 당혹스러워했는데, 이 말이 자신의 활동적인 생활방식을 왜곡한다고 느꼈기 때문이다. 가능한 한, 일하지 않는 삶이 반드시 공허하고 도덕적 방향성이 없는 삶이 아니라는 사실을 보여주려 노력해야 한다.

4. 상상력의 중요성을 옹호하자

끝으로 나는 이상향적 사고와 분석을 꾸준히 이어나가려는 노력이 중요하다고 강조하고 싶다. 루스 레비타스Ruth Levitas는 이상향을 "더 나은 삶의 방식을 향한 열망의 표현"으로 정의한다(레비타스, 1990: 9). 이상향적 사고는 현재를 바탕으로 추론하기보다는 도달하려는 지점을 먼저 떠올린 다음 어떻게 그곳에 다다를 수 있을지 생각하도록 유도한다. 대안적이며 더 바람직한 미래를 상상하는 행위는 현재의 사회적 조건에서 빚어졌지만 채워지지 않는 열망을 성찰하는 데 도움이 된다. 제법 쓸 만한 기획으로 들리지만, 여기에서 '이상향적utopian'이라는 형용사는 비현실적인 개혁을 주장하거나 완벽한 사회를 향한 터무니없는 열망을 품은 사람을 무시하는 표현으로 쓰이곤 한다. 레비타스가 지적했듯이 이렇게 무시하는 태도는 선의의 해학에서부터 극도로 위협적인 수준까지 다양하게 나타난다. 이상 향적이란 한쪽 극단에서는 이상주의자를 의미하지만, 반대편 극단에서는 이상향주의와 전체주의 사이의 역사적 관계를 망각한 압제자를 떠올리게 한다(레비타스, 1990: 3). 내 경험상 **이상향적**이라는 단어에는 대체로 경멸적인 의미가 담겨 있었다.

이런 경향에 맞서 나는 이상향적인 사고방식과 대화 방식에 담긴 가치를 옹호하고자 한다. 최근의 금융위기가 우리에게 준 교훈이 있다면, 위기 그 자체로는 진정한 사회 변화를 일으키기 어렵다는 것이다. 위기가 아무리 고조된다 한들 사회 전체적으로 대안이 정말로 가능할지도 모른다는 이상을 열린 마음으로 대하지 않는 한 긍정적 변화는 절대 일어나지 않는다. 이상향적 사고의 핵심은 언제나 다르게 접근할 방법이 있음을 되새기게 한다는 데 있다. 즉 현 체제 내에 사회 문제를 꿰맞출 터무니없는 방법만 찾아다닐 게 아니라 위기 앞에서 새로운 시도를 하게 만드는 것이다. 내가 보기에는 일 중심 사회가 아무리 망가지든, 다시 말해 실업과 불안정 고용 비율이 얼마나 더 심각해지든, 노동자가 얼마나 큰 스트레스에 짓눌리든, 이 스트레스가 인종주의, 폭력, 중독이라는 형태로 얼마나 많은 피를 흘리게 하든, 경제 성장이 환경에 끼치는 압박이 얼마나 크든 간에, 우리가 적극적으로 대안을 찾을 가능성을 품고 탐험하려들지 않는 한 긍정적인 사회 변화는 일어날 수 없다. 캐시 위크스의 문장을 다시 한번 빌려오면 이상향적 사고는 "현재의 지배력을 무력화"한다는 점에서 중요하다(위크스, 2011: 205). 우리에게 너무나도 익숙한 가능성의 지평을 넘어서서 사고하도록 도와주는 것이다.

이는 미리 짜인 사회 변화의 청사진을 제시하고 강요하려는 것도, 일을 덜 하는 것이 사회적 병폐를 치유할 단 하나의 해법이라고 주장하려는 것도 아니다. 나는 이 책을 통해 그저 당연하거나 대안이 없는 것처럼 보이는 사회 세계의 일면에 질문을 던질 기회를 제공하고 싶었다. 상상력을 발휘하는 태도를 새로이 개발하자는 제안은 현재 일에 부여된 필수성이나 만족감을 부정하자는 것이 아니라 일 중심적인 사회와 건전한 비판적 거리를 형성하자는 뜻이다. 이상향적 논평은 시시한 낙관주의에 굴복하지 않으면서도 독자가 품은 열망을 일깨우고 희망의 감정에 호소하기 위해, 도발하고 조장하고 영감을 주려고 시도해야 한다. 이상향적 사고의 비현실적 속성을 지적하는 사람도 있겠지만 비평가가 할 역할은 우리가 무엇을 현실적이라 하는지는 사회적으로 구성된다는 사실을, 그리고 현 상태가 아무 문제 없이 지속되리라는 믿음에는 기만적 속성이 담겨 있음을 지적하는 것이다.

궁극적으로 일을 통해 여러 가지 필수적인 즐거움을 누릴 수 있다는 점은 부인할 수 없다. 생산과정 자체가 늘 즐겁지는 않더라도 이를 통해 사회적 상호작용이나 금전적 보상, 지위감, 공적 존재로서 자리매김할 기회 등을 얻을 수 있다. 문제는 우리가 당연히 제공받아야 할 이런 권리를 어째서 늘 충분하지도 않을뿐더러 착취적이고 환경에 해롭기 일쑤인 일이라는 활동에 굴종해야만 얻을 수 있느냐는 것이다. 우리는 왜 소득, 권리, 소속의 필요를 채울 다른 방법에 대한 정치적 토론을 시작하지 않는 것일까? 일 중심 사회에 다른 대안은 없다고 주장하는 사람이 있다면, 나는 그 사람에게 이렇게 답할 것이다. 상품 관계가 아닌 다른 방식으로 사회적 연대와 목적의식을 성취하는 미래를 상상할 수 없는 사회는 너무나도 슬픈 사회라고 말이다.

감사의 말

이 연구의 잠재력을 알아보고 열매를 맺도록 도와준 키카 스로카-밀러(Kika Sroka-Miller)와 켄 발로(Ken Barlow)를 포함해 제드 북스(Zed Books) 모든 분께 감사드린다. 또한 수년에 걸쳐 나를 너그러이 이끌어준 조언자 핀 바우링(Finn Bowring)과 랠프 페브르(Ralph Fevre), 애정어린 조언을 해 준 해나 오마허니(Hannah O'Mahoney), 그레이스 크라우제(Grace Krause), 스튜어트 태녹(Stuart Tannock), 프랑수아즈 골랭(Françoise Gollain), 개러스 윌리엄스(Gareth Williams), 케이트 소퍼(Kate Soper) 등 수많은 분께 감사드린다. 더불어 연구 과정에 반영할 수 있도록 본인의 시각과 경험을 솔직하게 나누어준 면담 참여자 여러분께도 감사드린다.

오래전부터 내 연구를 지지해주고 특히 집필하는 동안 큰 힘을 실어준 부모님께 따뜻한 감사를 전한다. 그리고 내게 의견을 제시해주거나, 푸념을 들어주거나, 비디오게임 실력으로 나를 무릎 꿇린 소중한 친구들도 고맙다. 누구를 말하는지는 본인이 잘 알 텐데, 꾸준히 나를 지지하고 대단한 유머 감각을 선사해준 당신에게도 커다란 감사의 마음을 전한다.

미주

서문 | 왜 이렇게까지 일해야 하나?

1. 이 책을 쓰면서 비판사회이론 사상가들의 주장에 큰 영감을 받았다. 그러나 이야기가 맥락에서 벗어나지 않도록, 가능하면 이론서의 주요 내용을 본문에 삽입해 진을 빼지 않으려 했다. 이 책은 비판사회이론의 자세한 논지를 전하려는 것이 아닌 만큼, 관심 있는 독자는 다음 두 권의 학술 비평서를 참고해보라. 에드워드 그랜터의 《비판사회 이론과 노동의 종말》(2009), 캐시 위크스의 《우리는 왜 이렇게 오래, 또 열심히 일하는가》(2011). 그밖에 영감을 주는 책으로는 앙드레 고르츠의 《경제 이성 비판》(1989) 과 《일 되살리기》(1999), 자율주의 사상을 담은 프랑코 베라르디의 책 《노동하는 영혼》(2009)이 있다. 일에 대한 비판을 간략히 소개하는 나의 다른 책 《일과 고용의 사회학 안내서》(프레인, 2016)도 있다.

1장 | 일이 정말 우리를 행복하게 할까?

1. 자율적 활동은 활동 그 자체를 목표로 하지만, 그렇다고 자율적 활동으로 생산한 결과물이 누구에게도 도움이 안 되거나 교환 가치가 없다는 뜻은 아니다. 예를 들어 음악가는 타인을 즐겁게 하고 음반을 팔아서 생계를 꾸릴 수도 있다. 음악가가 내적으로 선에 대한 자기 나름의 관념에 따라 행동하는 한 그 활동은 자율적이라고 말할 수 있다. 고르츠는 활동의 주목적이 자율적인지의 여부에 따라 판단한다. 만약 명성이나 수익을 보장하겠다는 유혹에 넘어가 단지 시장에서 팔기 위해 음악을 만든다면 그 음악가는 자율적인 자기 활동을 경제적 활동으로 맞바꾸는 위험에 빠진다.

2. 마르크스에게서 영향을 받은 정치적 기획은 주로 사회주의 현대화라 불린다. 이 탄탄한 이론에서는 노동자의 빈곤을 소유의 문제로 본다. 노동자(또는 프롤레타리아)가 소외되는 것은 생산관계에서 열등한 지위에 있기 때문이다. 자본을 소유하지 않은 사람은 자기가 일할 목표와 조건을 거의 또는 전혀 통제할 수 없는 임금노동을 강요당한다. 소유인 지배계급(부르주아)은 노동의 진정한 가치에 비해 적은 돈을 지불하면서 노동자를 착취하여, 그 노동의 결실로 이득을 취한다. 학생들이 처음에 주로 접하는 마르크스는 '집단 전유', 즉 생산수단을 집단으로 소유해 계급 체제를 폐지하고 착취를 뿌리 뽑으려는 노동자 투쟁을 요청한다. 그러면 소외된 노동이 노동자의 생산 역량을 진실하게 표현하는 소외되지 않은 노동으로 변한다. 그러나 집단적 전유, 또는

"순수한 마르크스주의적 주장"(Booth, 1989: 207)을 요청하던 마르크스는 초기의 노동에 대한 열의를 다소 누그러뜨렸다는 평가를 받기도 하는 후기 저작에서는 다른 입장을 보인다. 그는 스스로 "공산주의가 노동으로부터의 해방을 뜻하는지, 노동에 대한 해방을 뜻하는지 단언할 수 없다"라고 주장했다(Berki, 1979: 5). '순수한' 마르크스주의와 '후기 저작'을 구분하는 더 자세한 논의는 그랜터(2009: 4장)를 참고하라.

3. 마르쿠제가 참여한 노동시간 단축 논쟁을 더 자세히 소개하는 책이 많으니 관심 있는 독자는 참고하라. 예를 들어 그랜터, 2009: 5장; 보링, 2012, 프레인, 출간 예정.

4. 앙드레 고르츠를 더 자세히 살펴보려면 그의 사상을 알기 쉽게 소개하는 로지악과 태트먼의 글(1997)과 함께 보링의 좀 더 깊이 있는 논문(2000a)을 참고하라. 후자는 사회이론 관련 내용뿐 아니라 실존철학에 관한 초기 저작에 대해서도 상세하게 다룬다.

5. 버트런드 러셀은 교사가 하는 일에 대해서도 비슷한 주장을 했다. 교사가 지금보다 훨씬 적게 일하고, 교육 세계의 바깥에서 활동을 즐기며 사회적 교류를 해야 한다는 것이다. 그는 건전한 교육적 관계를 맺으려면 '학생들에게 보여줄 마음에서 우러나온 기쁨'이 꼭 필요한데, 그 감정을 장기간 유지하기는 어렵다고 말했다. "과로에 시달리는 교사는 아이들에 대한 자연스러운 호감을 절대로 유지할 수 없다. 장사가 잘되는 제과점에서 일하는 수습생이 마카롱을 볼 때 솟구칠 법한 감정을 느끼기 쉽다. (…) 결국 피로 때문에, 잔뜩 지친 교사는 스스로 믿고 싶은 논리가 그대로 짜증으로 드러날 수 있다."(Russell, 2004b: 146) 고르츠는 노동자(교사를 포함)가 "자기가 처한 상황을 새로운 시선으로 바라보고, 생각의 지평을 넓히고, 상상력을 발휘해" 이런 슬럼프에 빠지지 않게 해주는 것이 직업적인 안식 기간의 목적이라고 주장했다(Gorz, 1989: 194).

6. 공식적인 실업률 발표를 담당하는 국제노동기구는 노동력 조사를 원자료로 활용한다. 공식 집계와 영국의 노동조합연맹이 사용하는 종합적인 집계 사이의 차이에 관해서는 노동조합연맹(2013)을 참고하라.

7. 조지프 라운트리 재단 보고서에 따르면, 2013년 영국에서 빈곤 상태로 살아가는 사람이 1300만 명에 달했다고 한다(보고서에서는 특정 연도에 세후 소득이 국민소득 중간값의 60퍼센트에 못 미치는 경우를 '저소득' 또는 '빈곤 상태'로 분류했다). 놀라운 점은 이 중에서 670만여 명이 가족 중 한 명 이상이 일을 하고 있었다는 사실이다. 보고서는 영국 여성 노동자 27퍼센트, 남성 노동자 15퍼센트가 시간당 7.45파운드에 못 미치는 임금을 받는다고 밝혔다. 또한 정규직 일자리를 찾지 못해 시간제 노동밖에 할 수 없는 불안정 고용 상태에 놓인 까닭에 빈곤에 허덕이는 사람이 상당히 많다. 2013년 재단이 보고서 발표 직전에 집계한 바로는 영국 국민 중 140만여 명이 여기에 해당했다(MacInnes 외, 2013). 부유한 사회에서는 빈곤한 노동자가 엄청나게 많아도

별로 주목받지 못하며, 그들이 처한 상황은 일이 반드시 빈곤에서 탈출할 방편이 되지 못한다는 사실을 드러낸다. 빈곤한 노동자 상당수는 업체를 통하거나 임시로 고용되고, 고용 관련 법제나 노동조합의 보호를 충분히 받지 못할 것이다. 그래서 이런 노동자는 유급 휴가나 병가 같은 종신고용 계약의 혜택에서 배제되는 경향이 있다. 건강보험 같은 사회보장제도를 국가가 제공해주지 않아 직장에 다니는 노동자라야 보장받을 수 있는 미국에서는 이런 식의 배제가 심각한 문제를 일으키고 있다(Markova, McKay, 2008).

8. 호출형 노동계약 상태로 일하는 저임금 노동자는 상점과 즉석식품 산업 분야에 특히 많다. 항시 대기 상태를 유지하지만 노동시간으로 보장받지 못하고 오직 일하는 시간에 대해서만 급여를 받는다. 통계청에 따르면 2008년 11만 6000명이었던 호출형 노동계약자가 2012년에는 20만 명으로 늘어났다고 한다. 반면에 CIPD(공인인력개발연구소)가 내놓은 집계는 이 수치가 보수적으로 집계되었음을 시사한다. 이 기관이 2013년 8월 자체 조사한 결과 영국 내 호출형 노동계약자는 100만 명을 넘어섰다.

9. 영국에서는 숙련직 일자리 감소로 인한 폐해를 다룬 수많은 기사가 신문 1면을 장식하곤 했다. 《텔레그래프》는 8명을 뽑는 커피 체인 코스타의 가맹점에 필사적으로 채용을 염원하는 지원서가 1701장이나 날아들었다고 보도했다. 이 지원자 중 상당수가 '지나치게 높은 자격 조건'을 가졌다고 한다(Silverman, 2013). 스코틀랜드에서는 실업 상태인 졸업자를 일자리를 찾으려고 자기 이력서를 '바닥으로 던져 넣는' 사람이라고 부른다고 했다(BBC 뉴스, 2012).

2장 | 일이 괴로운 사람들

1. 내가 직장생활을 하면서 경험한 인상적인 사례를 들자면, 상점 계산원 수련생에게 다양한 고객 응대 예시에 따라 역할극을 시키는 과정이 있었다. 가짜 고객이 등장해 수련생을 함부로 대하는 역할을 했다. 관리자가 지켜보면서 칠판에 점수를 기록하는 가운데, 수련 중인 직원은 평정심을 유지하고 미소를 잃지 않으면서 고객 역할을 맡은 사람을 응대해야 했다. 과정이 끝난 후에는 나탈리 임브룰리아의 히트곡 'Wrong Impression'(몹쓸 태도)이 배경음악으로 흐르는 고객 응대 지침 영상을 보면서 실수를 지적받았다.

3장 | 내가 하는 일이 나라는 착각

1. 마르쿠제도 《일차원적 인간》에서 업무 외 시간의 질이 떨어지는 문제를 지적했는데, 재미난 것은 마르쿠제가 아도르노의 용어를 뒤집어놓았다는 것이다. 마르쿠제가 보기에 '자유시간'은 희귀한 것이며 '여가'는 "산업사회에 넘쳐나지만 (…) 산업과 정책의

지배를 받기에 자유롭지 못하다."(Marcuse, 2002: 52)

2. 신자유주의에 대해 잘 정리한 자료로는 데이비드 하비의 훌륭한 저서《신자유주의: 간략한 역사》(2005)를 추천한다.

3. 여기서는 러셀의 다소 무거운 철학적 저술은 제외하고 좀 더 쉬운 사색적인 에세이 《게으름에 대한 찬양》(Russell, 2004a)과《행복의 정복》(Russell, 2006)을 주로 인용한다. 나는 이 저작 속 러셀의 산문에 담긴 심미적 매력을 중시한다. 러셀은 "미적 가치를 전하는 언설은 사라지고 실용적인 정보를 전달하는 것만이 언어의 목적이라고 생각하는 풍조"가 갈수록 효율성에 사로잡히는 사회가 지불해야 할 비용 중 하나라고 주장했다(Russell, 2004d: 19). 러셀이 쓴 문장은 이런 풍조에 저항하며, 고유의 가치를 읽는 즐거움을 담고 있다.

4. 이 수치는 푸시Push가 실시한 학생 대출 조사 내용에서 가져온 것이다. 영국의 115개 대학 재학생 2808명이 부모, 은행, 대부업자에게서 빌린 돈을 집계한 조사이다. www.push.co.uk를 보라.

5. 2014년 savoo.co.uk가 졸업생 1505명에게 경험을 쌓기 위해서 무급 인턴으로 일할 의사가 있는지 설문한 내용이다. 85퍼센트 정도가 그럴 의사가 있고, 65퍼센트는 인턴 종료 후 채용을 보장하지 않더라도 할 의사가 있다고 답했다(HR Review, 2014).

6. 〈미국 역사 속 노동시간〉이라는 경제사협회 자료에 담긴 수치이다(http://eh.net/encyclopedia/hours-of-work-in-u-s-history/).

7. 2011년 10월 13일자, 〈디지털 광고 지출액 증가로 주목받는 모바일〉이라는 이마케터 디지털 인텔리전스 자료에 담긴 수치이다(www.emarketer.com/Article.aspx?R=1008639).

4장 | 일하지 않을 용기

1. 턴투어스의 이 보고서는 여러 가지 미신을 타파하고자 하는데, 복지국가에는 아이가 많고 여러 세대가 복지에 의존하는 이른바 '문제 가구'가 수두룩하다는 생각도 그중 하나이다. 쉽게 생활비를 충당할 수 있어서 수당을 받는 삶을 선택한다는 유해한 관념을 깨는 증거도 함께 제시한다.

2. 시민상담소 보고서에 영국의 관련 정책 변화 내용이 더 자세하게 정리되어 있다(Citizens Advice Bureau, 2013).

3. 인터넷 대충 검색해보기만 해도 잠시 자원 활동에 참여했다는 이유로 수급권을 박탈당한 장애인의 사연이나 아토스가 퇴행성 또는 만성 질환이 '호전되었다'고 판단한 사례, 극단적으로는 자살로 이어지기까지 하는 극심한 빈곤의 사연 등 분통 터지는 이야기가 넘쳐난다. 2013년, 시민상담소는 이런 사연을 수집해 위에 인용한《처벌받

는 빈곤Punishing Poverty》 보고서를 발표했다.

4. 이 유산에 관해서는 야호다와 동료들이 지목한 심리적 필요를 검토한 다양한 연구를 소개하는 워터스와 무어의 글(Waters, Moore, 2002)을 참고하라.

5. 언급해둘 만한 단어가 몇 가지 더 있다. 합의된 테러Consensus Terrorism: '직업적 태도와 행동을 결정하는 과정', 감정 케첩 터트리기Emotional Ketchup Burst: '의견과 감정을 내부에 억누르고 있다가 한꺼번에 터트려 일이 잘 돌아가고 있다고 생각하던 고용주와 친구들을 충격과 혼란에 빠뜨리는 행위', 곤두박질치기Overboarding: '원래 갖고 있던 관심과 별 상관없어 보이는 직업이나 생활방식에 마구 뛰어드는 식으로 미래에 대한 공포를 보상하는 행위.'(Coupland, 1991)

6. http://www.euromayday.org.

5장 | 회사를 떠난 사람들, 진짜 삶을 시작하다

1. 이 책에서는 윤리적 통례에 따라 참여자를 익명으로 표시하기로 했지만, 내가 만난 사람 중에는 이 결정에 반대하는 이들도 있었다. 이들은 1970년대에 언론인 버나드 레프코위츠가 면담한 비노동자들과 무척 닮았다. 레프코위츠는 이렇게 썼다. "내가 면담한 사람들은 대부분 솔직하게 털어놓은 이야기를 익명으로 처리해달라고 요청하지 않았다. 그들은 일하지 않는 삶으로 전환한 결과 용기를 얻었다고 믿었다. 만약 다른 이름으로 표기한다면 자신이 죄책감이나 부끄러움을 느끼는 듯이 비칠 거라고 생각했다."(Lefkowitz, 1979: 서문) 익명에 반대한 참여자들은 자신의 생활방식을 스스로 선택했음을 자랑스러워했고, 이 책에 이름이 실리기를 원했다. 그 마음을 이해하지만 나는 받아들이지 않고 익명을 쓰기로 했다. 그들이 내게 들려준 이야기에 대해 어떤 책임도 져서는 안 된다고 생각해서이다. 여기 나오는 이름은 모두 가명이며, 신분을 드러낼 만한 세부 정보는 변형했다. 이렇게 바꾼 부분을 제외하면 인용문은 모두 구술한 그대로 반영했다.

2. 피터 버거와 스탠리 풀버그는 의지를 지닌 인간 존재를 현실 그대로가 아니라 사회적 역할과 법칙으로 접근하는 한, 사회학은 그 자체로 사물화에 기여한다고 주장한다. 사물화하는 사회학은 "더 이상 누구도 존재하지 않는" 세상을 그려낸다. 사회적 소통은 "외면적 교환"이라는 형태로 자연스럽게 부딪치는 역할 세계라는 기계적인 개념으로 상정된다(Berger, Pullberg, 1966: 66).

3. 내가 글을 쓰는 사이에 상황이 바뀌었다. 둘 다 유명 안경 체인점의 고객 상담원으로 취직했다.

4. 일 중심 사회에서 건강 문제는 일자리가 불안정할 때 특히 심각하다. 무력감, 수면 장애, 부부관계 파탄, 계획 수립과 실행 능력 감퇴를 동반하는 고용 불안정에 관한 연

구를 두루 인용한 놀런 외(Nolan et al, 2000), 버나흐와 먼태너(Benach, Muntaner, 2007)를 참고하라.

5. 사회학과 학생이라면 고르츠의 관찰 내용을 환자 역할에 관한 탤컷 파슨스의 고전적 이론과 연결할 수 있을 것이다. 파슨스는 건강 상태를 규정해 근본적으로 누가 아프고 누가 아프지 않은지 결정하는 사회적 권위자의 역할을 의료기관이 맡는다고 말한다. 파슨스가 말한 '환자 역할'이라는 것을 얻어 일을 해야 한다는 보편적인 책임에서 예외를 인정받으려면 의사가 내리는 의학적 진단이 필요하다. 일하지 않을 이 권리는 보통 환자가 회복하려는 노력을 두드러지게 드러내 보이는 여러 가지 새로운 책임을 받아들이는 데 동의하느냐 여부에 좌우된다. 환자는 일 역할을 하루빨리 되찾기 위해 반드시 의사의 권고를 따르고, 처방약을 먹고, 휴식과 회복에 모든 시간을 쏟아부어야 한다.

6장 | 덜 벌어도, 더 자유롭게

1. 이 인용문은 원출처가 뚜렷하지 않으나 복수의 웹사이트에서 미국 언론인 엘런 굿맨의 글로 소개된다.

2. 내 친구의 기발한 표현을 빌리면, 앨런은 개떡 같은 회사의 대표이다. 개떡 같은 회사 대표는 일 역할이 사회에 주는 효용에는 별 관심이 없다. 그들이 만드는 일자리는 마음에 맞지도 전문적이지도 않은 데다 아무런 열정도 불러일으키지 않아, 사명감을 느끼기 어렵고 정체성과 도덕성을 갖출 기회도 못 된다. 여가시간을 즐길 비용을 마련하는 수단일 뿐이다 보니 급여 수준이 가장 중요하다. 개떡 같은 회사에서 일하는 데는 정신적인 노력이 별로 필요하지 않지만 돈벌이는 꽤 된다.

3. 킴 험프리스는 저서 《과잉Excess》(2010)에서 이 같은 반자본주의 형태를 훌륭하게 비평했다.

4. 소퍼는 프랑크푸르트학파의 비평에 영감을 받은 것이 분명하다(Soper, 1999를 보라). 현대 사회의 '반쾌락주의적 내성anti-hedonist tolerance'에 대해 언급한 다음 문장은 마르쿠제가 쓴 '억압적 관용repressive tolerance'이라는 개념을 의도적으로 차용한 듯하다. "기술 변화가 주는 영향과 그 속에서 무엇을 잃었거나 잃고 있는지를 느끼지 못한 채 감각적 만족을 상실하는 과정에 거의 무의식적으로 적응하는 우리의 능력."(Soper, 2008: 579)

5. http://www.slowfood.com을 보라.

1. 기본소득은 시민임금, 보장소득, 사회배당, 보편수당, 시민수당 등으로도 불린다. 더 알아보고 싶은 독자는 기본소득을 추진하기 위한 국제 연합체인 기본소득지구네트 워크(www.basicincome.org)를 보라.

2. 영국 녹색당 공식 정책 선언문은 이렇게 제안한다. "개인이 기본적인 필요를 채울 수 있는 시민소득을 도입해 면세 혜택과 사회보장수당 대부분을 대체할 것이다. 검증이 필요하지 않으며 일을 하는지, 또는 적극적으로 일을 찾고 있는지를 증명할 필요가 없 다. 시민소득은 실업과 빈곤의 덫을 없애는 동시에 각자가 어떤 형식과 주기에 따라 일할지 스스로 선택할 수 있도록 돕는 사회 안전망으로 작동할 것이다. 그리하여 시 민소득제도를 통해 복지국가는 시민이 개인적으로 만족하며 사회적으로 유용한 일 에 참여하는 복지 공동체로 발돋움할 수 있을 것이다."(Green Party, 2014b)

참고문헌

Adorno, T. (2001) 'Free Time', in T. Adorno, *The Culture Industry*, London: Routledge. (초판 1977년 출간)

Adorno, T. (2005) *Minima Moralia: Reflections from a Damaged Life*, London, Brooklyn: Verso. (초판 1951년 출간) (아도르노 지음, 김유동 옮김, 《미니마 모랄리아》, 길, 2005)

Anthony, P. D. (1977) *The Ideology of Work*, London, New York: Tavistock Publications.

Arendt, H. (1998) *The Human Condition*, Chicago: University of Chicago Press. (초판 1958년 출간) http://dx.doi.org/10.7208/chicago/9780226924571.001.0001. (한나 아렌트 지음, 이진우 옮김, 《인간의 조건》, 한길사, 2015)

Bains, G. (2007) *Meaning Inc. The Blueprint for Business Success in the 21st Century*, London: Profile Books.

Baker, D., K. North and The ALSPAC Study Team (1999) 'Does Employment Improve the Health of Lone Mothers?', *Social Science & Medicine*, 49, 1, pp 121~131. http://dx.doi.org/10.1016/S0277-9536(99)00104-5.

Bauman, Z. (2000) *Liquid Modernity*, Cambridge: Polity. (지그문트 바우만 지음, 이일수 옮김, 《액체 근대》, 강, 2009)

Bauman, Z. (2001) 'Consuming Life', *Journal of Consumer Culture*, 1, 1, pp 9~29. http://dx.doi.org/10.1177/146954050100100102.

Bauman, Z. (2005) *Work, Consumerism and the New Poor*, Maidenhead: Open University Press. (지그문트 바우만 지음, 이수영 옮김, 《새로운 빈곤》, 천지인, 2010)

Baumberg, B., K. Bell and D. Gaffney (2012) *Benefits Stigma in Britain*, London: Elizabeth Finn Care / Turn2Us.

BBC News (2012) 'Scottish Graduates Told to Dumb Down CVs', 27 July (www.bbc.co.uk/news/uk-scotland-19006651에서 볼 수 있다).

BBC News (2013) 'Amazon Workers Face Increased Risk of Mental Illness', 25 November (www.bbc.co.uk/news/business-25034598에서 볼 수 있다).

Beck, U. (2000) *The Brave New World of Work*, Malden: Polity Press.

Beder, S. (2000) *Selling the Work Ethic*, London: Zed Books.

Beecher, J. (1986) *Charles Fourier: The Visionary and His World*, Berkeley, London: University of California Press.

Bell, D. (1973) *The Coming Post-Industrial Age: A Venture in Social Forecasting*, London: Heinemann.

Bell, D. (1976) *The Cultural Contradictions of Capitalism*, New York: Basic Books.

Benach, J. and C. Muntaner (2007) 'Precarious Employment and Health: Developing a Research Agenda', *Journal of Epidemiology and Community Health*, 61, 4, pp 276~277. http://dx.doi.org/10.1136/jech.2005.045237.

Berardi, F. (2009) *The Soul at Work: From Alienation to Autonomy*, Los Angeles: Semiotext(e). (프랑코 베라르디 지음, 서창현 옮김, 《노동하는 영혼》, 갈무리, 2012)

Berger, P. and T. Luckmann (1967) *The Social Construction of Reality*, Harmondsworth: Penguin. (피터 버거·토마스 루크만 지음, 하홍규 옮김, 《실재의 사회적 구성》, 문학과지성사, 2014)

Berger, P. and S. Pullberg (1966) 'Reification and the Sociological Critique of Consciousness', *New Left Review*, 35, pp 56~71.

Berki, R. N. (1979) 'On the Nature and Origins of Marx's Concept of Labour', *Political Theory*, 7, 1, pp 35~56.

Bies, R. J. and J. Moag (1986) 'Interactional Justice: Communication Criteria of Fairness', in R. J. Lewicki, B. H. Sheppard and M. H. Bazerman (엮음) *Research on Negotiation in Organizations*, vol 1, pp 43~55. Greenwich, CT: JAI Press.

Billig, M. (2013) *Learn to Write Badly: How to Succeed in the Social Sciences*, Cambridge: Cambridge University Press.

Black, B. (1986) *The Abolition of Work and Other Essays*, Port Townsend: Loompanics Unlimited.

Blauner, R. (1964) *Alienation and Freedom: The Factory Worker and His Industry*, London: Pluto Press.

Booth, W. (1989) 'Gone Fishing: Making Sense of Marx's Concept of Communism', *Political Theory*, 17, 2, pp 205~222. http://dx.doi.org/10.1177/ 00905917890170 02003.

Bowles, S. and H. Gintis (1976) *Schooling in Capitalist America*, London: Routledge.

Bowring, F. (1999) 'Job Scarcity: The Perverted Form of a Potential Blessing', *Sociology*, 33, 1, pp 69~84. http://dx.doi.org/10.1177/S0038038599000048.

Bowring, F. (2000a) *André Gorz and the Sartrean Legacy: Arguments for a Person-Centred Social Theory*, London: Macmillan. http://dx.doi.org/10.1057/9780230288744.

Bowring, F. (2000b) 'Social Exclusion: Limitations of the Debate', *Critical Social Policy*, 20, 3, pp 307~330. http://dx.doi.org/10.1177/026101830002000303.

Bowring, F. (2011) 'Marx's Concept of Fettering: A Critical Review', *Critique: Journal of Socialist Theory*, 39, 1, pp 137~153. http://dx.doi.org/10.1080/03017605.2011.537457.

Bowring, F. (2012) 'Repressive Desublimation and Consumer Culture: Re-Evaluating Herbert Marcuse', *New Formations*, 75, 1, pp 8~24. http://dx.doi.org/10.3898/NewF.75.01.2012.

Braverman, H. (1974) *Labor and Monopoly Capital: The Degradation of Work in the Twentieth Century*, New York, London: Monthly Review Press.

Brennan, T. (2003) *Globalisation and Its Terrors: Daily Life in the West*, London, New York: Routledge.

Brown, P. and A. Hesketh (2004) *The Mismanagement of Talent*, Oxford, New York: Oxford University Press. http://dx.doi.org/10.1093/acprof:oso/9780199269532.001.0001.

Brown, P., H. Lauder and D. Ashton (2011) *The Global Auction: The Broken Promises of Education, Jobs and Incomes*, Oxford, New York: Oxford University Press. (필립 브라운·휴 로더·데이비드 애쉬턴 지음, 이혜진·정유진 옮김, 《더 많이 공부하면 더 많이 벌게 될까》, 개마고원, 2013)

Brunning, L. (2014) 'Higher Education and the Culture of Gratitude', *Times Higher Education* 웹사이트, 7 August (www.timeshighereducation.co.uk/comment/opinion/higher-education-and-the-culture-ofgratitud/2014988.article에서 볼 수 있다).

Cameron, D. (2010) 'Leader's Speech', Conservative Party Conference, Birmingham (www.britishpoliticalspeech.org/speech-archive.htm?speech=214에서 볼 수 있다).

Campbell, D. (2014) 'UK Needs Four-Day Week to Combat Stress, Says Top Doctor', *Guardian Online*, 1 July (www.theguardian.com/society/2014/jul/01/uk-four-day-week-combat-stress-top-doctor에서 볼 수 있다.)

Cannon, D. (1994) *Generation X and the New Work Ethic*, London: Demos.

Casey, C. (1995) *Work, Self and Society: After Industrialism*, London, New York: Routledge.

Cederström, C. and Fleming P. (2012) *Dead Man Working*, Alresford: Zero Books.

Cederström, C. and A. Spicer (2015) *The Wellness Syndrome*, Cambridge: Polity.

Chertovskaya, E., P. Watt, S. Tramer and S. Spoelstra (2013) 'Giving Notice to Employability', *Ephemera*, 13, 4, pp 701~716.

Citizens Advice Bureau (2013) *Punishing Poverty: A Review of Benefits Sanctions and Their Impact on Clients and Claimants*, Manchester: Manchester CAB Service.

Cohen, S. and L. Taylor (1992) *Escape Attempts: The Theory and Practice of Resistance to Everyday Life*, London: Routledge.

Cole, M. (2004) 'Unemployment and the Moral Regulation of Freedom'. PhD thesis, University of Bristol.

Cole, M. (2007) 'Re-Thinking Unemployment: A Challenge to the Legacy of Jahoda et al', *Sociology*, 41, 6, pp 1,133~1,149. http://dx.doi.org/10.1177/0038038507082319.

Collinson, D. (1992) *Managing the Shop Floor: Subjectivity, Masculinity and Workplace Culture*. Berlin: de Gruyter. http://dx.doi.org/10.1515/9783110879162.

Cook, K. E. (2012) 'Single Parents' Subjective Wellbeing Over the Welfare to Work Transition', *Social Policy and Society*, 11, 2, pp 143~155. http://dx.doi.org/10.1017/S1474746411000546.

Coote, A. and J. Franklin, eds (2013) *Time on Our Side: Why We All Need a Shorter Working Week*, London: New Economics Foundation.

Coote, A., J. Franklin and A. Simms (2010) *21 Hours*, London: New Economics Foundation.

Coote, A. and S. Lyall (2013) *Strivers v. Skivers: The Workless Are Worthless*, London: New Economics Foundation.

Costea, B., K. Amiridis and N. Crump (2012) 'Graduate Employability and the Principle of Potentiality: An Aspect of the Ethics of HRM', *Journal of Business Ethics*, 111, 1, pp 25~36. http://dx.doi.org/10.1007/s10551-012-1436-x.

Coupland, D. (1991) *Generation X*, London: Abacus.

Cremin, C. (2003) 'Self-Starters, Can-Doers and Mobile Phoneys: Situations Vacant Columns and the Personality Culture in Employment', *Sociological Review*, 51, 1, pp 109~128. http://dx.doi.org/10.1111/1467-954X.00410.

Cremin, C. (2011) *Capitalism's New Clothes: Enterprise, Ethics and Enjoyment in Times of Crisis*, London: Pluto.

Csikszentmihalyi, M. (1990) *Flow: The Psychology of Optimal Experience*, New York: Harper and Row. (미하이 칙센트미하이 지음, 최인수 옮김, 《몰입》, 한울림, 2004)

Dalla Costa, M. and S. James (1973) *The Power of Women and the Subversion of the Community*, Bristol: Falling Wall.

De Geus, M. (2009) 'Sustainable Hedonism: The Pleasures of Living Within Environmental Limits', in K. Soper, M. Ryle and L. Thomas (엮음) *The Politics and Pleasures of Consuming Differently*, pp 113~129. Basingstoke, New York: Palgrave Macmillan.

Department for Social Security (1998) *New Ambitions for Our Country: A New Contract for Welfare*, London: Department for Social Security.

Department for Work and Pensions (2013) *Improving Health and Work: Changing Lives*, London: Department for Work and Pensions.

Department of Health (2010) *Healthy Lives, Healthy People: Our Strategy for Public Health in England*, London: Department of Health.

Dittmar, H. (2007) 'The Costs of Consumer Culture and the "Cage Within": The Impact of the Material "Good Life" and "Body Perfect" Ideals on Individuals' Identity and Well Being', *Psychological Inquiry*, 18, 1, pp 23~31. http://dx.doi.org/10.1080/10478400701389045.

Dooley, D. and R. Catalano (1988) 'Recent Research on the Psychological Effects of Unemployment', *Journal of Social Issues*, 44, 4, pp 1~12. http://dx.doi.

Ehrenreich, B. (2002) *Nickel and Dimed: Undercover in Low-Wage USA*, London: Granta Books. (바버라 에런라이크 지음, 최희봉 옮김, 《노동의 배신》, 부키, 2012)

Elraz, H. (2013) 'The Sellable Semblance: Employability in the Context of Mental Illness', *Ephemera*, 13, 4, pp 809~824.

Engels, F. (1987) *The Condition of the Working Class in England*, Stanford: Stanford University Press. (초판 1845년 출간)

Featherstone, M. (1991) *Consumer Culture and Postmodernism*, London: SAGE.

Fernie, S. and D. Metcalf (2000) '(Not) Hanging on the Telephone: Payment Systems in the New Sweatshops', in D. Lewin and B. Kaufman (엮음) *Advances in Industrial and Labour Relations*, Greenwich, CT: JAI Press.

Fevre, R. (2003) *The New Sociology of Economic Behaviour*, London: SAGE.

Fisher, M. (2009) *Capitalist Realism: Is There No Alternative?* Alresford: Zero Books. (마크 피셔 지음, 박진철 옮김, 《자본주의 리얼리즘》, 리시올, 2018)

Fiske, J. (1989) *Reading the Popular*, London: Routledge. (존 피스크 지음, 박만준 옮김, 《대중과 대중문화》, 커뮤니케이션북스, 2016)

Fleming, P., B. Harley and G. Sewell (2004) 'A Little Knowledge Is a Dangerous Thing: Getting Below the Surface of the Growth of "Knowledge Work" in Australia', *Work, Employment and Society*, 18, 4, pp 725~747. http://dx.doi.org/10.1177/0950017004047951.

Fleming, P. and A. Spicer (2003) 'Working at a Cynical Distance: Implications for Power, Subjectivity and Resistance', *Organization*, 10, 1, pp 157~179. http://dx.doi.org/10.1177/1350508403010001376.

Fleming, P. and A. Spicer (2004) '"You Can Checkout Anytime, but You Can Never Leave": Spatial Boundaries in a High Commitment Organisation', *Human Relations*, 57, 1, pp 75~94. http://dx.doi.org/10.1177/0018726704042715.

Fleming, P. and A. Sturdy (2011) '"Being Yourself" in the Electronic Sweatshop: New Forms of Normative Control', *Human Relations*, 64, 2, pp 177~200. http://dx.doi.org/10.1177/0018726710375481.

Franklin, K. (2013) *How Norms Become Targets: Investigating the Real Misery of 'Fit for Work' Assessments*, Centre for Welfare Reform (www.centreforwelfarereform.org/library/type/pdfs/how-norms-become-targets.html에서 볼 수 있다).

Frayne, D. (2016) 'Critiques of Work', in S. Edgell, H. Gottfried and E. Granter (엮음) *The SAGE Handbook of the Sociology of Work and Employment*, London: SAGE.

Fromm, E. (1979) *To Have or To Be?* London: Abacus. (에리히 프롬 지음, 차경아 옮김, 《소유냐 존재냐》, 까치, 1996)

Fryer, D. and S. McKenna (1987) 'The Laying Off of Hands: Unemployment and the Experience of Time', in S. Fineman (엮음) *Unemployment: Personal and Social Consequences*, London: Tavistock.

Galbraith, J. K. (1958) *The Affluent Society*, London: Hamish Hamilton. (존 케네스 갤브레이스 지음, 노택선 옮김, 신상민 감수, 《풍요한 사회》, 한국경제신문, 2006)

Goffman, E. (1968) *Stigma: Notes on the Management of Spoiled Identity*, Harmondsworth: Penguin. (어빙 고프먼 지음, 윤선길 옮김, 《스티그마》, 한신대학교출판부, 2009)

Goffman, E. (1972) *Encounters: Two Studies in the Sociology of Interaction*, London: Allen Lane.

Gollain, F. (2004) *A Critique of Work: Between Ecology and Socialism*, London: International Institute for Environment and Development.

Gorz, A. (1967) *Strategy for Labor*, Boston: Beacon Press.

Gorz, A. (1980) *Ecology as Politics*, London: Pluto Press.

Gorz, A. (1982) *Farewell to the Working Class*, London: Pluto Press. (앙드레 고르 지음, 이현웅 옮김, 《프롤레타리아여 안녕》, 생각의나무, 2011)

Gorz, A. (1985) *Paths to Paradise: On the Liberation from Work*, London: Pluto Press.

Gorz, A., with R. Maischien and M. Jander (1986) 'Alienation, Freedom and Utopia: Interview with André Gorz', *Telos*, 70, pp 199~206. http://dx.doi.org/10.3817/0386067199.

Gorz, A. (1989) *Critique of Economic Reason*, London, New York: Verso.

Gorz, A. (1999) *Reclaiming Work*, Cambridge: Polity Press.

Gorz, A. (2010) *The Immaterial*, Calcutta: Seagull Books.

Graeber, D. (2013) 'On the Phenomenon of Bullshit Jobs', *Strike! Magazine Online*, 17 August (http://.strikemag.org/bullshit-jobs/에서 볼 수 있다.)

Granter, E. (2009) *Critical Social Theory and the End of Work: Rethinking Classical Sociology*, Farnham: Ashgate.

Green Party (2014a) 'How many of us would like to work shorter hours, spend more time with the family, more time in self advancement? The answer is most of us', Wales Green Party 웹사이트. (wales.greenparty.org.uk/news.html/2014/09/22/luddite-at-the-end-of-the-tunnel/에서 볼 수 있다.)

Green Party (2014b) 'Workers' rights and employment', Green Party 웹사이트. (http://policy.greenparty.org.uk/wr.html에서 볼 수 있다.)

Gregg, M. (2011) *Work's Intimacy*, Cambridge: Polity.

Haiven, M. and A. Khasnabish (2014) *The Radical Imagination*, London: Zed Books.

Harvey, D. (2005) *A Brief History of Neoliberalism*, Oxford: Oxford University Press. (데이비드 하비 지음, 최병두 옮김, 《신자유주의》, 한울, 2009)

Hayden, A. (1999) *Sharing the Work, Sparing the Planet*, London: Zed Books.

Hayden, A. (2013) 'Patterns and Purpose of Work-Time Reduction: A Cross-National Comparison', in A. Coote and J. Franklin (엮음) *Time On Our Side: Why We All Need a Shorter Working Week*, pp 125~142. London: New Economics

Foundation.

Hochschild, A. (1983) *The Managed Heart: Commercialisation of Human Feeling*, Berkeley, Los Angeles: University of California Press. (앨리 러셀 혹실드 지음, 이가람 옮김, 《감정노동》, 이매진, 2009)

Hochschild, A. (1990) *The Second Shift: Working Parents and the Revolution at Home*, London: Piatkus. (앨리 러셀 혹실드 지음, 백영미 옮김, 《돈 잘 버는 여자 밥 잘 하는 남자》, 아침이슬, 2001)

Hochschild, A. (2012) *The Outsourced Self*, New York: Picador. (앨리 러셀 혹실드 지음, 류현 옮김, 《나를 빌려드립니다》, 이매진, 2013)

Hodgkinson, T. (2004) *How To Be Idle*, London: Hamish Hamilton. (톰 호지킨슨 지음, 남문희 옮김, 《언제나 일요일처럼》, 필로소픽, 2014)

Holehouse, M. (2012) 'Iain Duncan Smith: It's Better to Be a Shelf Stacker Than a Job Snob', *Telegraph Online*, 21 February (www.telegraph.co.uk/news/politics/9095050/Iain-Duncan-Smith-its-better-tobe-a-shelf-stacker-than-a-job-snob.html에서 볼 수 있다.)

Honneth, A. (1995) *The Struggle for Recognition*, Oxford, Cambridge: Blackwell. (악셀 호네트 지음, 이현재·문성훈 옮김, 《인정투쟁》, 사월의책, 2011)

Honore, C. (2004) *In Praise of Slowness*, New York: Harper Collins. (칼 오너리 지음, 박웅희 옮김, 《시간자결권》, 쌤앤파커스, 2015)

Horkheimer, M. (1974) *Critique of Instrumental Reason*, New York: Continuum. (막스 호르크하이머 지음, 박구용 옮김, 《도구적 이성 비판》, 문예출판사, 2022)

HR Review (2014) 'Most Graduates Happy to Take on Unpaid Internships, Even With No Job Guarantee', *HR Review* 웹사이트, 30 July (www.hrreview.co.uk/hr-news/l-d-news/graduates-happy-to-take-on-unpaidinternships/52291에서 볼 수 있다.)

HSE (2014) 'Health and Safety Statistics: Annual Report for Great Britain' (www.hse.gov.uk/statistics/overall/hssh1314.pdf 에서 볼 수 있다.)

Huffington Post (2013) 'Benefit Reforms Are Putting Fairness Back at the Heart of Britain', 6 April (www.huffingtonpost.co.uk/2013/04/06/benefit-reforms-cameron-welfare-_n_3029737.html에서 볼 수 있다.)

Humphery, K. (2010) *Excess: Anti-Consumerism in the West*, Cambridge: Polity.

Hunnicutt, B. (1988) *Work Without End, Philadelphia*: Temple University Press.

Illich, I. (1978) *The Right to Useful Unemployment*, London, Boston: Marion Boyars.

(이반 일리치 지음, 허택 옮김, 《누가 나를 쓸모없게 만드는가》, 느린걸음, 2014)

Iyengar, S. and M. Lepper (2000) 'When Choice Is Demotivating: Can One Desire Too Much of a Good Thing?', *Journal of Personality and Social Psychology*, 79, 6, pp 995~1,006. http://dx.doi.org/10.1037/0022-3514.79.6.995.

Jackson, T. (2009) *Prosperity Without Growth: Economics for a Finite Planet*, London, New York: Earthscan. (팀 잭슨 지음, 전광철 옮김, 《성장 없는 번영》, 착한책가게, 2015)

Jahoda, M. (1982) *Employment and Unemployment: A Social-Psychological Analysis*, Cambridge: Cambridge University Press.

Jahoda, M., P. F. Lazarsfeld and H. Ziesel (1972) *Marienthal: The Sociography of an Unemployed Community*, London: Tavistock. (초판 1933년 출간) (마리 야호다 외 지음, 유강은 옮김, 《실업자 도시 마리엔탈》, 이매진, 2015)

Jowitt, J. (2013) 'Strivers v. Shirkers: The Language of the Welfare Debate', *Guardian Online*, 8 January (www.theguardian.com/politics/2013/jan/08/strivers-shirkers-language-welfare에서 볼 수 있다.)

July, M. and H. Fletcher (2007) *Learning to Love You More*, London, New York: Prestel. (미란다 줄라이·해럴 플레처 엮음, 김지은 옮김, 《나를 더 사랑하는 법》, 앨리스, 2009)

Kelley, R. (1994) *Race Rebels: Culture, Politics and the Black Working Class*, New York: Free Press.

Kelvin, P. and J. Jarrett (1985) *Unemployment: Its Social Psychological Effects*, Cambridge: Cambridge University Press.

Kerr, W. (1966) *The Decline of Pleasure*, New York: Simon and Schuster.

Kettering, C. (1929) 'Keep the Consumer Dissatisfied', *Nation's Business*, 16, p 31.

Keynes, J. M. (1932) *Essays in Persuasion*, New York: Harcourt Brace.

Lafargue, P. (1975) *The Right To Be Lazy*, Chicago: Charles H. Kerr. (초판 1883년 출간) (폴 라파르그 지음, 차영준 옮김, 《게으를 권리: 폴 라파르그 글모음》, 필맥, 2009)

Lane, R. (2000) *The Loss of Happiness in Market Democracies*, London, New Haven: Yale University Press.

Law, A. (1994) 'How to Ride the Wave of Change', *Admap*, January.

Leader, D. and D. Corfield (2007) *Why Do People Get Ill?* London: Penguin. (대리언 리더, 데이비드 코필드 지음, 배성민 옮김, 《우리는 왜 아플까》, 동녘, 2011)

Lefkowitz, B. (1979) *Breaktime: Living Without Work in a Nine to Five World*, New

York: Hawthorn.

Lepore, M. (2012) 'I Have Never Taken a Vacation Because of My Job', *The Grindstone* (www.thegrindstone.com/2012/03/29/work-life-balance/people-who-have-never-taken-a-vacation-579/2/에서 볼 수 있다.)

Levitas, R. (1990) *The Concept of Utopia*, Oxford: Peter Lang.

Lewis, J. (2013) *Beyond Consumer Capitalism*, Cambridge: Polity. (저스틴 루이스 지음, 엄창호 옮김, 《소비 자본주의를 넘어서》, 커뮤니케이션북스, 2016)

Linder, S. (1970) *The Harried Leisure Class*, New York, London: Columbia University Press.

Lodziak, C. (2002) *The Myth of Consumerism*, London: Pluto.

Lodziak, C. and J. Tatman (1997) *André Gorz: A Critical Introduction*, London, Chicago: Pluto.

MacInnes, T., H. Aldridge, S. Busche, et al. (2013) *Monitoring Poverty and Social Exclusion 2013*, York: Joseph Rowntree Foundation.

Marcuse, H. (1998) *Eros and Civilisation*, London: Routledge. (초판 1956년 출간) (헤르베르트 마르쿠제 지음, 김인환 옮김, 《에로스와 문명》, 나남출판, 2004)

Marcuse, H. (2002) *One-Dimensional Man*, New York: Routledge. (초판 1964년 출간) (헤르베르트 마르쿠제 지음, 박병진 옮김, 《일차원적 인간》, 한마음사, 2009)

Markova, E. and S. McKay (2008) *Agency and Migrant Workers: Literature Review*, London: TUC Commission on Vulnerable Employment.

Marx, K. (1906) *Capital*, Chicago: Charles H. Kerr and Co. (초판 1867년 출간) (카를 마르크스 지음, 김수행 옮김, 《자본론 1》, 비봉출판사, 2015)

Marx, K. (1959) *Economic and Philosophical Manuscripts of 1844*, Moscow: Foreign Language Publishing House. (초판 1844년 출간) (카를 마르크스 지음, 강유원 옮김, 《경제학-철학수고》, 이론과실천, 2006)

Marx, K. (1970) The German Ideology, London: Lawrence and Wishart. (초판 1845년 출간) (카를 마르크스, 프리드리히 엥겔스 지음, 김대웅 옮김, 《독일 이데올로기 1》, 두레, 2015)

Marx, K. (1972) *Grundrisse*, London: Macmillan. (초판 1939년 출간) (카를 마르크스 지음, 김호균 옮김, 《정치경제학 비판 요강 1, 2, 3》, 그린비, 2007)

Marx, K. (1981) *Capital*, vol 3, Harmondsworth: Penguin. (초판 1894년 출간) (카를 마르크스 지음, 김수행 옮김, 《자본론 3》, 비봉출판사, 2015)

Mead, G. H. (1962) *Mind, Self and Society*, London: University of Chicago Press. (초판

1934년 출간) (조지 허버트 미드 지음, 나은영 옮김, 《정신 자아 사회》, 한길사, 2010)

Merton, R. (1938) 'Social Structure and Anomie', *American Sociological Review*, 3, 5, pp 672~682. http://dx.doi.org/10.2307/2084686.

Mills, C. W. (1956) *White Collar*, Oxford, New York: Oxford University Press.

Mills, C. W. (1959) *The Sociological Imagination*, New York: Oxford University Press. (C. 라이트 밀즈 지음, 강희경·이해찬 옮김, 《사회학적 상상력》, 돌베개, 2004)

Minton, A. (2009) *Ground Control: Fear and Happiness in the Twenty-First Century City*, London: Penguin.

Moir, J. (2012) 'A Human Right Not to Stack Shelves? She's Off Her Trolley' *Daily Mail Online*, 13 January (www.dailymail.co.uk/debate/article-2086000/Cait-Reilly-Human-right-stack-shelves-Poundland-Shestrolley.html에서 볼 수 있다.)

More, T. (1962) *Utopia*, London: Dent. (초판 1516년 출간) (토머스 모어 지음, 주경철 옮김, 《유토피아》, 을유문화사, 2007)

Morris, W. (1983) 'Useful Work Versus Useless Toil', in V. Richards (엮음) *Why Work? Arguments for the Leisure Society*, pp 35~52. London: Freedom Press.

Nolan, J., I. Wichert and B. Burchell (2000) 'Job Insecurity, Psychological Well-Being and Family Life', in E. Heery and J. Salmon (엮음) *The Insecure Workforce*, pp 181.209. London: Routledge.

Nussbaum, M. (2010) *Not for Profit: Why Democracy Needs the Humanities*, Princeton: Princeton University Press. (마사 C. 누스바움 지음, 우석영 옮김, 《학교는 시장이 아니다》, 궁리, 2016)

O'Mahoney, H. (2014) 'Volunteer Sea Turtle Preservation as a Hybridisation of Work and Leisure: Recombining Sense-Making and Re-Visioning the Good Life in Volunteer Tourism', PhD thesis, Cardiff University.

Offe, C. (1985) *Disorganised Capitalism*, Cambridge: Polity.

Ollman, B. (1971) *Alienation: Marx's Conception of Man in Capitalist Society*, London, New York: Cambridge University Press.

Packard, V. (1957) *Alienation: Marx's Conception of Man in Capitalist Society*, Harmondsworth: Penguin.

Perlin, R. (2012) *Intern Nation: How to Earn Nothing and Learn Little in the Brave New Economy*, London: Verso. (로스 펄린 지음, 안진환 옮김, 《청춘 착취자들》, 사월의책, 2010)

Pirsig, R. M. (1974) *Zen and the Art of Motorcycle Maintenance*, London: Vintage. (로

버트 메이너드 피어시그 지음, 장경렬 옮김, 《선과 모터사이클 관리술》, 문학과지성사, 2010)

Ransome, P. (1995) *Job Security and Social Stability: The Impact of Mass Unemployment on Expectations of Work*, Aldershot: Avebury.

Rifkin, J. (2000) *The End of Work: The Decline of the Global Work-Force and the Dawn of a Post-Market Era*, London: Penguin. (제러미 리프킨 지음, 이영호 옮김, 《노동의 종말》, 민음사, 2005)

Russell, B. (1918) *Proposed Roads to Freedom*, New York: Blue Ribbon Books. (버트런드 러셀 지음, 장성주 옮김, 《버트런드 러셀의 자유로 가는 길》, 함께읽는책, 2012)

Russell, B. (2004a) *In Praise of Idleness*, Abingdon, New York: Routledge. (초판 1935년 출간)(버트런드러셀지음,송은경옮김,《게으름에대한찬양》, 사회평론, 2005)

Russell, B. (2004b) 'Education and Discipline', in B. Russell (엮음) *In Praise of Idleness*, pp 141~147. Abingdon, New York: Routledge. (초판 1935년 출간)

Russell, B. (2004c) 'In Praise of Idleness' in B. Russell (엮음) *In Praise of Idleness*, pp 1~15. Abingdon, New York: Routledge.

Russell, B. (2004d) '"Useless" Knowledge', in B. Russell (엮음) *In Praise of Idleness*, pp 16~27. Abingdon, New York: Routledge. (초판 1935년 출간)

Russell, B. (2006) *The Conquest of Happiness*, Abingdon: Routledge. (초판 1930년 출간) (버트런드 러셀 지음, 이순희 옮김, 《행복의 정복》, 사회평론, 2005)

Ryle, M. and K. Soper (2002) *To Relish the Sublime? Culture and Self-Realisation in Postmodern Times*, London, New York: Verso.

Salecl, R. (2011) *The Tyranny of Choice*, London: Profile Books. (레나타 살레츨 지음, 박광호 옮김, 《선택이라는 이데올로기》, 후마니타스, 2014)

Schor, J. (1998) *The Overspent American*, New York: Harper Perennial.

Schwartz, B. (2004) *The Paradox of Choice: Why More Is Less*, New York: Harper Collins. (배리 슈워츠 지음, 김고명 옮김, 《점심메뉴 고르기도 어려운 사람들》, 예담, 2015)

Sen, A. (1999) *Development as Freedom*, Oxford, New York: Oxford University Press. (아마티아 센 지음, 김원기 옮김, 유종일 감수, 《자유로서의 발전》, 갈라파고스, 2013)

Sennett, R. (1998) *The Corrosion of Character: The Consequences of Work in the New Capitalism*, New York: Norton. (리차드 세넷 지음, 조용 옮김, 《신자유주의와 인간성의 파괴》, 문예출판사, 2002)

Shipman, T. (2011) 'State Workers Get Paid 7.5% More Than Private Sector Staff *Daily*

Mail Online, 1 December (www.dailymail.co.uk/news/article-2068378/State-workers-paid-7-5-private-sector-staff.html에서 볼 수 있다.)

Shorthose, J. (2004) 'Like Summer and Good Sex? The Limitations of the Work Life Balance Campaign', *Capital and Class*, 82, pp 1~8.

Silverman, R. (2013) 'Desperate 1,701 Fight for Eight Costa Jobs', *Telegraph Online*, 19 February 2013 (www.telegraph.co.uk/finance/newsbysector/retailandconsumer/9881606/Desperate-1701-fight-for-eight-Costa-jobs.html에서 볼 수 있다.)

Soper, K. (1999) 'Despairing of Happiness: The Redeeming Dialectic of Critical Theory', *New Formations*, 38, pp 141~153.

Soper, K. (2007) 'The Other Pleasures of Post-Consumerism', *Soundings*, 35, pp 31~40.

Soper, K. (2008) 'Alternative Hedonism, Cultural Theory and the Role of Aesthetic Revisionsing', *Cultural Studies*, 22, 5, pp 567~587. http://dx.doi.org/10.1080/09502380802245829

Soper, K. (2013) 'The Dialectics of Progress: Irish "Belatedness" and the Politics of Prosperity', *Ephemera*, 13, pp 249~267.

Southwood, I. (2011) *Non-Stop Inertia*, Alresford: Zero Books.

Stiglitz, J., A. Sen and J. P. Fitoussi (2010) *Mis-Measuring Our Lives: Why GDP Doesn't Add Up*, New York: The New Press. (아마티아 센·조지프 스티글리츠·장 폴 피투시 지음, 박형준 옮김, 《GDP는 틀렸다》, 동녘, 2011)

Taylor, P. and P. Bain (1999) '"An Assembly-Line in the Head": Work and Employee Relations in the Call Centre', *Industrial Relations Journal*, 30, 2, pp 101~117. http://dx.doi.org/10.1111/1468-2338.00113.

Terkel, S. (2004) *Working*, New York, London: The New Press. (초판 1972년 출간) (스터즈 터클 지음, 노승영 옮김, 《일》, 이매진, 2007)

Thompson, E. P. (1967) 'Time, Work-Discipline and Industrial Capitalism', *Past & Present*, 38, 1, pp 56~97. http://dx.doi.org/10.1093/past/38.1.56.

Thompson, E. P. (1976) 'Romanticism, Moralism and Utopianism: The Case of William Morris', *New Left Review*, 99, pp 83~111.

Thompson, P., C. Warhurst and G. Callaghan (2001) 'Ignorant Theory and Knowledgeable Workers: Interrogating the Connections Between Knowledge, Skills and Services', *Journal of Management Studies*, 38, 7, pp 923~942. http://

dx.doi.org/10.1111/1467-6486.00266.

Thoreau, H. (1962) 'Life Without Principle', in H. Thoreau, *Walden and Other Writings*, edited by J. Krutch, New York: Bantam Books.

Toynbee, P. (2003) *Hard Work: Life in Low-Pay Britain*, London: Bloomsbury. (폴리 토인비 지음, 이창신 옮김, 《거세된 희망》, 개마고원, 2004)

Trade Union Congress (2013) '"Total" Unemployment in the UK is Nearly Five Million. Almost Double the Official Figures', 5 September (www.tuc.org.uk/ economic-issues/economic-analysis/labour-market/%E2%80%98total-unemployment-uk-nearly-five-million-%E2%80%93-almost에서 볼 수 있다.)

Trade Union Congress (2015) 'Workers Contribute £32bn to UK Economy from Unpaid Overtime', 27 February (www.tuc.org.uk/economic-issues/labour-market/fair-pay-fortnight-2015/workplace-issues/workers-contribute-%C2%A332bn-uk에서 볼 수 있다.)

Turn2Us (2012) *Read Between the Line: Confronting the Myths About the Benefits System*. London: Elizabeth Finn Care / Turn2Us.

Tyler, I. (2013) *Revolting Subjects: Social Abjection and Resistance in Neoliberal Britain*, London, New York: Zed Books.

Waters, L. E. and K. A. Moore (2002) 'Reducing Latent Deprivation during Unemployment: The Role of Meaningful Leisure Activity', *Journal of Occupational and Organizational Psychology*, 75, 1, pp 15~32. http://dx.doi.org/10.1348/096317902167621

Weber, M. (2002) *The Protestant Ethic and the Spirit of Capitalism*, New York: Charles Scribner's Sons. (초판 1903년 출간. 영문판 1930년 출간) (막스 베버 지음, 박성수 옮김, 《프로테스탄티즘의 윤리와 자본주의 정신》, 문예출판사, 1996)

Weeks, K. (2011) *The Problem with Work*, Durham, NC, London: Duke University Press. http://dx.doi.org/10.1215/9780822394723. (케이시 윅스 지음, 제현주 옮김, 《우리는 왜 이렇게 오래, 열심히 일하는가?》, 동녘, 2016)

Weller, S. (2012) 'Financial Stress and the Long-Term Outcomes of Job Loss', Work, Employment and Society, 26, 1, pp 10~25. http://dx.doi.org/10.1177/0950017011426307

Whiteside, N. (1991) *Bad Times: Unemployment in British Social and Political History*, London: Faber and Faber.

Widerquist, K., J. A. Noguera, Y. Vanderborght and J. De Wispelaere, 엮음 (2013)

Basic Income: An Anthology of Contemporary Research, Chichester: Wiley-Blackwell.

Willis, P. (1991) *The Common Culture: Symbolic Work at Play in the Everyday Cultures of the Young*, Milton Keynes: Open University Press.

Withnall, A. (2014) 'Sweden to trial six hour public sector workday', *Independent Online*, 9 April (www.independent.co.uk/news/world/europe/sweden-to-trial-sixhour-public-sector-workday-9248009.html에서 볼 수 있다.)

Wright, E. O. (2010) *Envisioning Real Utopias*, London, New York: Verso. (에릭 올린 라이트 지음, 권화현 옮김, 《리얼 유토피아》, 들녘, 2012)

Wright, S. (2002) *Storming Heaven: Class Composition and Struggle in Italian Autonomist Marxism*, London: Pluto Press.

Zawadzki, S. and P. Lazarsfeld (1935) 'The Psychological Consequences of Unemployment', *Journal of Social Psychology*, 6, 2, pp 224~251. http://dx.doi.org/10.1080/00224545.1935.9921639.

Zukin, S. (1995) *The Cultures of Cities*, Cambridge: Blackwell.